U0682737

绿色发展：自然资本政策
与金融机制国际经验

〔美〕丽莎·曼德尔 〔中〕欧阳志云 〔美〕詹姆斯·萨尔兹曼

〔美〕格雷琴·C. 戴莉 **主编**

武清博 肖 静 李双媛 欧阳志云 **译**

郑 华 徐卫华 林亦晴 **校对**

科 学 出 版 社

北 京

图字号：01-2020-1647

内 容 简 介

本书介绍了包容性绿色发展这种全新的社会发展模式的理念与国际实践经验，重点阐述了自然资本融入社会决策的举措、自然资本保值增值的具体措施与融资机制，分析了多个国家或地区为保护或增强自然资本而制定的发展战略与政策机制，为协调生态保护与区域发展的关系提供国际观点与解决路径。

本书适合绿色发展、生态保护与管理、投资融资等方面的科研、教学、管理及其他相关从业人员阅读。

Copyright©2019 Island Press

Published by arrangement with Island Press

Translation copyright© ［2023］by Science Press

审图号：GS（2021）6863 号

图书在版编目（CIP）数据

绿色发展：自然资本政策与金融机制国际经验 /（美）丽莎·曼德尔 (Lisa Mandle) 等主编；武清博等译. —北京：科学出版社，2023.5

书名原文：Green Growth That Works：Natural Capital Policy and Finance Mechanisms Around the World

ISBN　978-7-03-075454-7

Ⅰ.①绿… Ⅱ.①丽… ②武… Ⅲ.①世界经济-绿色经济-经济发展-研究 Ⅳ.①F11

中国国家版本馆 CIP 数据核字（2023）第 087339 号

责任编辑：刘　超 / 责任校对：樊雅琼
责任印制：吴兆东 / 封面设计：无极书装

科 学 出 版 社 出版

北京东黄城根北街 16 号
邮政编码：100717
http://www.sciencep.com

北京中科印刷有限公司 印刷

科学出版社发行　各地新华书店经销

*

2023 年 5 月第 一 版　开本：720×1000　1/16
2023 年 9 月第二次印刷　印张：15
字数：340 000

定价：165.00 元

（如有印装质量问题，我社负责调换）

目　　录

第一部分　引言及背景

第三部分　国　家　案　例

第一部分　引言及背景

第一章　保护人与自然的理由与行动

丽莎·曼德尔，欧阳志云，詹姆斯·萨尔兹曼，伊恩·贝特曼，卡尔·福克，安妮·D·格雷，李聪，黎洁，李树苗，刘建国，斯蒂芬·波拉斯基，玛丽·鲁克尔肖斯，巴斯卡·维拉，阿尔瓦罗·乌曼·奎萨达，徐卫华，郑华，格雷琴·C·戴莉

工业革命以来，人口增长和经济发展极大地改变了我们生活的地球，在显著改善人类福祉的同时，也深刻地伤害了地球上的土地、水域和生物多样性等自然资本。经济快速发展让数亿人摆脱了贫困，提高了人们的生活水平和预期寿命，但这种成功的代价同样也给人类的未来福祉蒙上了阴影。

森林、草原、湿地、珊瑚礁等生态系统及其所含物种正在大规模退化或消失，给世界的未来带来了巨大风险。日益加剧的洪水、沙尘暴、极端气候事件以及空气和水环境污染，正威胁着我们的粮食、水、气候、能源、健康和生计安全。这些危害极大地抵消了经济增长所带来的成就。

令人欣慰的是，世界正在觉醒。决策者、开发机构、企业和私人投资者正与民间社会组织及科学家一道，共同探索一种全新的发展模式，即开辟一条通向包容性绿色增长的道路。这是一次雄心勃勃的探索，旨在改善人类生存条件与生活环境，并为支持生命的生态系统提供保障。

二十多年的研究和实践证明，包容性绿色增长这一目标是可以实现的。当前所面临的挑战是在更大的范围内将想法转化为行动（Guerry et al.，2015），以及相关价值观的确立和机制的建设。

要实现包容性绿色增长的目标，先要认识到自然资本对人类福祉具有重要价值。需要说服公共部门或私营部门的决策者，使他们相信：与单纯投入相比，投资自然和基于自然的解决方案更能带来可观的收益。这一认知在相关科学研究（Jansson et al.，1994；Daily，1997），以及2005年千年生态系统评估、生物多样性及生态系统服务政府间科学政策平台（Intergovernmental Science-policy Platform on Biodiversity and Ecosystem Services，IPBES）等国际计划的推动下，已经得到快速发展。

把包容性绿色增长的想法转变为行动，还需要建立创新且有效的政策和融资机制，推动自然资本的再生，增强生态系统服务的供给（Daily and Ellison，2002），同时提升自然福祉和人类福祉，二者不可分割，相互促进。

在本书中，我们将重点放在支持包容性绿色增长的自然资本方面，强调维护经济和国家安全的最新创新成果，并论述了确保自然系统安全在包容性和道德层面上的理由。我们重点分享了世界各国在实施创新政策和金融机制方面的经验。本书对于自然资本的关注，与围绕包容性增长（de Mello and Dutz，2012）、包容性发展（Teichman，2016）和绿色经济（Jacobs，1993）的其他举措相辅相成、互为补充。

认识自然资本价值的事例已经屡见不鲜，人们从历史上可以找到不同社会形态下保护自然的诸多明智之举。然而，时至今日，许多人类活动在运作中依然没有考虑自然资本，还大大贬低了自然资本的价值。由于自然资本提供的服务一般都是公共产品，没有明确反映在市场价值中，因此，当自然资本遭受损失时往往得不到认可或控制，直到后果日趋严重、不容忽视。中国发生过一个例子：长江上游多年来的大规模森林砍伐，可能是 1998 年洪灾的重要原因之一。1999 年，中国政府启动了当时世界上规模最大的生态补偿，即生态系统服务付费项目——以防洪和扶贫为双重目标的退耕还林项目（Liu et al.，2018）。

社会中最弱势的群体往往对自然的直接依赖度最高，相应地，他们应对或替代生态系统服务效益损失的能力也最低（Gadgil and Guha，1992；MEA，2005）。在自然灾害和极端气候事件面前，贫困和边缘化人口及社区往往最先受到伤害（Hamann et al.，2018）。由于自然资本损害往往对最弱势的人群造成最严重的打击，因此，在生态系统服务框架下，必须充分考虑到包容性和公平性（Vira，2015）。然而，归根结底，全人类的福祉都仰赖于大自然。尽管财富能起到一定的缓冲作用，但如果继续坚持目前的消耗自然资本的行为方式，风险还将不断增加，最终无人能够幸免。

随着自然资本丧失所带来的后果和影响日趋明显，在过去 20 年里，世界各地卓有远见的领导人都开始有针对性地开展创新实践。2000 年，生态系统服务这一术语还鲜为人知，但时至今日全球已经有 500 多个生态系统服务付费项目，年付款额超过 360 亿美元（Salzman et al.，2018）。这类项目已经成为中国社会发展、生态环境保护和国家安全战略的核心组成部分（Ouyang et al.，2016；Bryan et al.，2018）。这些创新最初采取的形式是一种一次性的特定机制，随着时间的推移，正发展成为更加完善、可检验的工具和战略，供决策者放心使用。

在生态系统服务付费实践中，仍然存在一个核心问题：如何设计制订经济和其他激励措施，从而使对自然资本的投资更具吸引力和普遍性？迄今为止相关法律机制主要是建立规章制度，依靠规范性监管来指导行为。虽然这很重要，但显然还不够。只有更多地关注针对森林、湿地、牧场和珊瑚礁等自然资本存量的管理者，即土地所有者和其他生态系统服务提供者的激励机制，才能制定出极具潜力的战略方案。

准确评估自然资本，建立有效的地方保护和恢复机制很有必要，但这还不够。首要的挑战在于，需要在更大的规模和程度上采取行动，调整相关方法并扩展其应用范围，使之成为主流，从而带来全球性的改变。幸运的是，人们对行动必要性的意识越发强烈，促成变革的动力正在逐步壮大。在全球范围内，政府、私人机构和全社会对相关的国际倡议已表现出明显兴趣。

2015 年通过的《2030 年可持续发展议程》（*2030 Agenda for Sustainable Development*）提出了实现经济、社会和环境可持续发展的三重底线议程（Elkington，1998）。目前，《生物多样性公约》的战略计划已经更新，有望成为"自然新政"的组成内容：国际社会"确保将自然所提供的解决方案和效益，纳入一系列的改革行动之中，这些行动具有系统性、包容性，且有利于人类福祉、经济和地球。"自 2014 年以来，自然资本联盟（Natural Capital Coalition）召集了来自世界各地近 250 家企业和组织，以推进企业保护和增强自然资本的全球愿景。自然资本项目（Natural Capital Project）是由科学研究机构和自然保护组织共同建立的，该项目致力于将自然价值纳入政府、企业、多边开发银行和其他机构的决策中。该项目团队在 60 多个国家直接开展合作研究和示范，其开发的 InVEST 软件已在 180 多个国家应用于评估生态系统服务，支持多种政策和融资机制。

本书的编撰源于中国政府部门邀请，体现了保护自然资本对重要政策和金融解决方案的迫切需求。2017 年，中国国家发展和改革委员会发展规划司提出，希望编撰一份有关绿色金融与发展的国际经验报告。中国国家领导人亦宣布，在 21 世纪实现生态文明是中国梦的一部分。这意味着中国将不断开拓、试验和全面实施改革性的政策和金融机制，以改善人民福祉，尤其是贫困和弱势群体的福祉，保护和恢复生态系统，提升其当前和未来提供生态产品和服务的能力。

在起草报告时，我们发现了许多促进绿色和包容性发展的重要政策和金融创新实例。但这些资料散落在各种学术文献、白皮书和报告中，或尘封在指导实施相关举措的领导们的脑海里。在为中国领导层整理这些信息时，我们意识到，这些信息或许可以更广泛地服务全球大众。

本书旨在为相关政策和融资机制在现实世界中的实施提供指导，以确保在实现包容性绿色增长的道路上，有效提升自然资本和生态系统服务的效益。通过一系列案例研究，我们解决了以下关键问题：如何引导经济和其他激励措施，使保护和恢复举措变得更有吸引力并成为主流方式？有哪些方法、在什么条件下是行之有效的？政府、企业、土地所有者、非政府组织和其他行动者可以扮演什么样的角色？他们如何相互补充？有哪些机遇可以用来扩展和改进这些成功模式？

在本章剩余部分中，我们将介绍贯穿本书的几个关键概念（框 1.1），概述本书的组织结构，并为今后的行动提出建议。

框 1.1 关键概念

1. 包容性绿色增长

包容性绿色增长指"在利用自然资源方面卓有成效，在减少污染和环境影响方面具有环保和清洁的特点，在应对自然灾害、促进环境管理和提升自然资本以预防自然灾害方面具有很强的恢复力。但是，绿色增长本身是不具备包容性的。其结果可能对贫困人群有利，但需要制定具体政策才能确保贫困人群不会被排除在受益群体之外，且在过渡时期他们不会受到伤害。只有努力使相关政策具有包容性，绿色政策的福利影响才能最大化"（World Bank，2012）。这种方法有时被称为包容性绿色发展或绿色经济（UNEP，2011）。其原则是：减少贫困、提高获得医疗、教育和基础设施服务的机会，同时在促进生计和经济发展的自然资产领域进行投资。

2. 自然资本

自然资本是指生态系统中为人们提供利益流的非生物和生物存量。本书主要关注自然资本的生物存量，包括：具有肥力的土壤以及森林、沼泽、农田等生态系统资产，以及生态系统所孕育的各种生物。

3. 生态系统产品和服务

生态系统产品和服务来自自然资本存量，通常与其他资本（包括人力资本、智力资本和物质资本等）的流量共同产生。这些获益也被称为大自然对人类的贡献（Díaz et al.，2018），对人类的生存和福祉至关重要。生态系统产品和服务包括：从自然界中得到的食物、燃料到纤维等一切物质，由自然界中获取的清洁水，以及自然界对极端事件（如沿海风暴和内陆洪水）的缓冲作用。生态系统服务还包括各种非物质效益，如促使人身心健康、文化认同、地域认同以及与自然相关的旅游和娱乐活动等。

4. 相互作用和利益权衡

相互作用和利益权衡是生态系统变化中所固有的。在生态系统中，各种要素都是相互关联的。因此，分析生态系统产品和服务的生产过程中的利益权衡很关键（Howe et al.，2014）。例如，木材可以是具有价值的收入来源，但树木采伐会降低一个地区的游憩价值和水质净化服务，导致下游水体的泥沙淤积。

5. 恢复能力

恢复能力是一个系统在面对冲击或干扰时保持基本结构，应对和反馈并继续发展的能力（Walker et al.，2004）。这种能力包括相互联系的社会和生态层面，如：生态系统的再生能力及其在面对变化时提供生态系统服务的能力，以及系统的自我组织、学习和适应能力（Folke et al.，2002）。

一、本书如何编排

本书审视了相关的政策和融资机制，这些机制被用于引导经济资源和其他利益，以保障和增强自然资本。这些机制通常还通过减贫和获得生态系统产品及服务来提升社会公平和福祉。自然和社会科学界、政府部门、私营企业、金融机构和民间组织的一系列专家为我们提供了相关的案例。本书中的案例来自世界各地的发展中国家和发达国家，本书许多作者有幸参与了这些案例中政策和融资机制创新设计、实施、评价、推广的某个环节或全过程。

本书第一部分，我们概述了将自然资本纳入社会决策的举措及其实践情况，以及自然资本在全球范围内推广应用的途径。

第二部分共分为六章，每章着重介绍一项保障或增强自然资本的具体政策或融资机制。这些机制包括：政府补助、监管驱动的缓解措施、自愿保护措施、水基金、市场化交易以及双边和多边付款（图 1.1）。为了便于交流，并阐述全球范围内采用的各种方法，每一章都提供了案例分析。为便于比较，在适用的前提下，案例分析都会遵循以下格式。

1）问题。案例中提出了通过相关政策试图解决的一些挑战。这些挑战可能是饮用水水源受到污染、生物多样性丧失或农村贫困等问题。提出问题、明确问题性质，才能选择最适当的政策工具。

2）生态系统服务。案例中描述了生态学基础如何产生收益。不是所有的自然资本在提供服务方面都同样有效。例如，对于某条河流，与关注下游草原相比，注重上游森林保护对维持洪水调蓄和水质净化功能可能更为有效。

3）生态系统服务的受益者。案例中明确哪些当事方可以从相关生态系统服务受益，或在服务丧失时面临风险。生态系统服务付费是由需求所驱动的，也就是由感知到的生态系统服务稀缺性所驱动的。所谓稀缺性可以指水质、防洪、气候稳定或生物多样性方面的恶化或丧失而导致。由于许多服务属于公共产品，可能需要通过监管来扩大需求，这防止了"搭便车"的现象，也避免了把分散的受益人组织起来所产生的组织成本。

4）生态系统服务的提供者。案例中明确谁在提供生态系统服务。在大多数情况下，提供者主要是土地所有者。为了改变他们的行为，激励措施与机会成本相比必须具有竞争力，才能让相关的保护措施具有吸引力，就像木材或棕榈油种植园能带来的价值那样有吸引力。

5）交换条件。案例中交换条件是指进行交换的必要条件。如果涉及付费，那么各方的义务是什么？例如，土地所有者是否能因其投入（改变土地管理）或产出（实际提供所需的服务）而获得相应的收益？

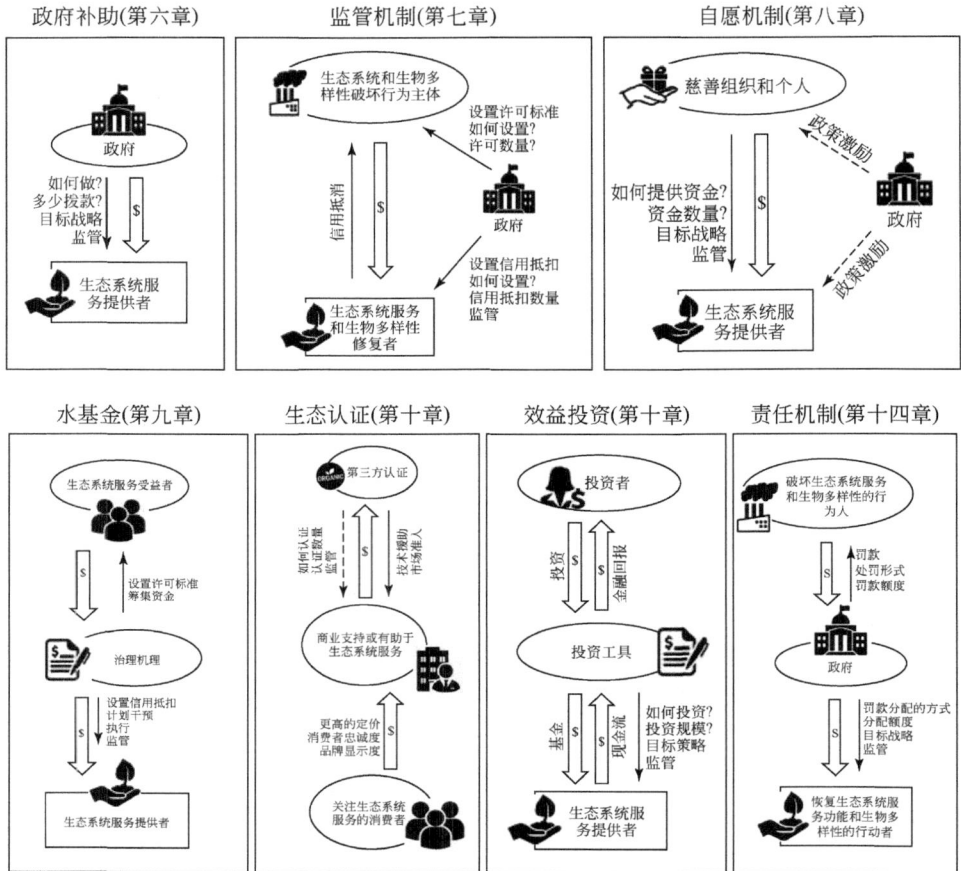

图 1.1 保障和增强自然资本以支持包容性绿色增长的政策和融资机制。

6）价值转移机制。案例中阐述交易的操作过程。对于生态补偿而言，如何确定补贴资格及如何分配补偿资金就属于价值转移机制。从这一角度来看，机制尤为重要，只有有效的机制才能将服务提供者和受益者有效对接。

7）监测与验证。主要论述如何确保得到补偿或生态系统服务提供者能切实采取适当的土地管理措施。监测与验证在任何政策机制中都是极其重要的环节。监测不足容易引起生态保护不到位，导致生态系统服务供给效率低下。

8）有效性。有效性是指保护项目或措施是否真的产生了实际影响。生态系统服务付费和生态补贴可以顺利运作，但这不会改变生态系统服务的实际流动或自然资本的状况。人们可以从生态系统服务提供（生物物理指标）、效率（经济指标）或改善社会福利（如减贫、两性平等或保障财产权）等角度来衡量生态保护项目的有效性。由于大多数政策和项目从未开展过有效性评估，人们根本不知道这些政策或项目到底是否有效。

9）主要经验教训。案例中为那些有兴趣将类似方法应用于其他场景的人总结了经验教训，提炼了重要结论。

10）主要参考文献。案例中列出了有关机制和案例研究的详细文献资料。

本书第三部分共有六章，每一章都侧重分析了在特定国家或区域内为保护或增强自然资本而设立的政策机制或战略。第十二章和第十三章以中国和哥斯达黎加案例为主，介绍了目前全球范围内最全面、最系统的将政策和金融手段促进包容性绿色增长的方法，这些方法始于 20 世纪 90 年代末，并从国家层面一直运作到地方。接下来的三章，描述了一系列其他国家鼓舞人心的创新和前沿成果。最后一章则将重点放在目前开始在城市中初显成效的创新举措及其发展潜力。

另有一些专栏穿插在整本书中，阐述了其他的创新方法，涉及大量的策略和机制。这给我们带来了一个有趣的挑战：面对如此之多的案例，我们很难用足够的篇幅来一一罗列分析。因此，我们将一些最新的案例作为专栏穿插在各章节中，您可以根据列出的主要参考文献去了解更多信息，并持续关注这些案例的后续进展。

二、如何阅读本书

这本书不必从头读到尾，建议您选择最感兴趣的部分重点阅读。

在整本书中，强调了政府、私营部门和民间社会团体所发挥的不同作用，以及它们经常相互补充的互动情况。

1）私营部门所起到的重要作用，可参见第十章（基于市场的机制）、第七章（监管机制）和第二章中有关蒙古国的案例。

2）关于公私合作的案例，可参见第八章中的亚马孙地区保护区计划和第九章中的水基金的有关内容。政府可以作为相关机制的主要参与者（参见第六章政府付款；第十一章双边和多边机制），也可以通过监管来促成土地所有者、企业和民间社会组织的合作（可参见第七章监管机制）。

案例研究横跨多个区域和多种生态系统。要查找特定地区的特定案例，可参见表 1.1。大多数机制都具有很强的灵活性，可以适应不同的环境，因此，我们建议您跳出案例中的特定生态系统服务或生态系统类型的研究框架，进一步思考相关机制是否具备更广阔的应用潜力。

3）海洋和沿海生态系统的案例，可参见第十四章，重点讲述了美国沿海地区的情况；第十六章则主要涉及了加勒比地区。

4）森林生态系统服务的案例，可参见第十一章（双边和多边机制）和第十三章（哥斯达黎加）。

5）以淡水为基础的生态系统服务机制，例子不胜枚举。本书中可以具体参考水基金（第九章）、澳大利亚的水资源共享投资伙伴关系（第十章），以及澳大利亚墨尔本（第十七章）和美国华盛顿（第七章和第十章）的雨水管理案例。

表 1.1　本书中案例研究的章节分布

案例区域		所在章节
中国		第二章案例 3，第十二章
蒙古国		第二章案例 2
印度尼西亚		第十一章案例 1
澳大利亚		第十章案例 3，第十七章案例 1
缅甸		第十六章案例 3
肯尼亚		第九章案例 2
南非		第六章案例 3
法国		第十七章案例 2，第十七章案例 3
英国		第十五章
巴西		第八章案例 1，第九章案例 3，第十一章案例 2
厄瓜多尔		第九章案例 1
哥斯达黎加		案例 13
加勒比地区		第二章案例 1，第十六章案例 1，第十六章案例 2
美国	美国东海岸	第六章案例 2，第七章案例 1，第十章案例 4，第十四章案例 2
	加利福尼亚州	第七章案例 3，第七章案例 4，第十章案例 1，第十四章案例 3
	美国其他地区	第六章案例 1，第七章案例 2，第八章案例 2，第十四章案例 1

生态系统服务的效益价值，可以通过多种方式体现出来，从生物物理指标到受益人数，再到货币价值。当货币估价确实起到一定作用时，往往要考虑到具体收益的价值，同时还要了解这些收益的提供者和受益者，以及相关备选方案的实施成本。

货币估价所能发挥的作用，具体可参见纽约市供水（第六章）、塔纳河上游水基金（第 10 章）、伯利兹沿海地区综合管理（第十六章）和南非水资源项目（第六章）案例。

其中许多政策和机制是由实现包容性绿色增长的愿景所推动的。然而，迄今为止，共同繁荣目标中的"包容性"部分尚未明确将"绿色"和"增长"或"发展"纳入整体考量。

关于如何将公平性、包容性和减贫目标纳入相关机制的案例，可参见南非的水资源项目（第六章）、华盛顿特区的雨洪截留信用体系（第七章），以及中国的多个项目（第十二章）。

三、未来展望

我们希望您能从阅读本书中受到启发，让相关的机制应用到更多的地区和场景，为实现包容性绿色增长所需的规模化效应做出贡献。规模化推广可以为目前的方法提供机会，并能进一步改进和优化这些方法。需要进一步关注的领域主要包括以下 5 个方面。

1）评估有效性。本书中列出的案例研究中，只有少部分在环境、经济和社会层面上进行过全面、严格的有效性评估。部分原因在于许多机制一开始并非为评价而设计；还有部分原因在于评价所需的数据和资源不易获取。要想评估项目产出是否有效比较困难，但这对明确不同机制的适用场景来说却至关重要。

2）增强包容性。将自然资本纳入政策和金融机制，通常会更多地关注环境和经济成果，而较少考虑公平、环境和减贫问题。这一领域的下一个前沿领域是：在政策和金融机制评估以及未来新政策的设计实施过程中，整合这些被忽视的方面。

3）多种评估方法。并非所有成功的政策和金融机制都依赖于对生态系统服务的货币估价。相关机制的产出，也可以用各种非货币标准来衡量，比如生物物理指标、受益人数指标或权益影响指标等。对于纽约市供水的成本效益分析（第六章）案例来说，货币估价可能有助于提供一个下限值来开展成本-收益分析。据估计，在纽约市，采取流域保护措施，比建造和运营水处理厂的替代方案更为经济。但决策也不一定非要基于这些景观所提供收益的货币化价值（其意义尚有争议）。基于非货币价值的标准来开展评估（如自然景观为人类福祉提供的身心健康价值），也是一个重要的前沿领域，对于提升包容性收益而言尤其如此。

4）鼓励私营部门的参与。鼓励私营部门参与到保障和增强自然资本的行动中，对于推进包容性绿色增长至关重要。各大公司的经济和地域规模，甚至超过了大多数国家政府和几乎所有的非政府组织。尽管私营部门的参与正在不断增加，但目前仍需要他们能更迅速、更广泛地参与进来。

5）科技前沿。在过去 15 年，自然科学和社会科学界在展示自然资本存量和生态系统服务流动价值方面取得了巨大进展。但是，在揭示人与自然之间的密切关系方面，依然大有可为。通过分享遥感和其他全球数据，人们已经取得了长足的进展，这些进展包含着大量信息，有力促进政策的设计和执行。例如，通过优化激励和干预目标，可以有效降低交易成本并提高效率。

主要参考文献

Bryan, Brett A., Lei Gao, Yanqiong Ye, Xiufeng Sun, Jeffery D. Connor, Neville D. Crossman, Mark Stafford-Smith et al. 2018. "China's response to a national land-system sustainability emergency." *Nature* 559, no.7713: 193.

Daily, Gretchen C. 1997. *Nature's Services*. Island Press, Washington, DC.

de Mello, Luiz, and Mark A. Dutz. 2012. *Promoting Inclusive Growth: Challenges and Policies.*

Elkington, John. 1998. "Accounting for the triple bottom line." *Measuring Business Excellence* 2, no.3: 18-22.

Folke, Carl, Steve Carpenter, Thomas Elmqvist, Lance Gunderson, Crawford S. Holling, and Brian Walker. 1992. "Resilience and sustainable development: Building adaptive capacity in a world of transformations." *AMBIO* 31, no.5: 437-40.

Gadgil, Madhav, and Ramachandra Guha. 1992. *This Fissured Land*. Oxford: Oxford University Press.

Guerry, Anne D., Stephen Polasky, Jane Lubchenco, Rebecca Chaplin-Kramer, Gretchen C. Daily, Robert Griffin, Mary Ruckelshaus et al. 2015. "Natural capital and ecosystem services informing decisions: From promise to practice." *Proceedings of the National Academy of Sciences* 112, no.24: 7348-55.

Hamann, Maike, Kevin Berry, Tomas Chaigneau, Tracie Curry, Robert Heilmayr, Patrik JG Henriksson, Jonas Hentati-Sundberg et al. "Inequality and the biosphere." *Annual Review of Environment and Resources* 43: 61-83.

Howe, Caroline, Helen Suich, Bhaskar Vira, and Georgina M. Mace. 2014. "Creating winwins from trade-offs Ecosystem services for human well-being: A meta-analysis of ecosystem service trade-offs and synergies in the real world." *Global Environmental Change* 28: 263-75.

Jacobs, Michael. 1993. *The Green Economy: Environment, Sustainable Development and the Politics of the Future*. Vancouver: University of British Columbia Press.

Jansson, AnnMari, Monica Hammer, Carl Folke, and Robert Costanza, eds. 1994. *Investing in Natural Capital*. Washington, DC: Island Press.

Kareiva, Peter, Heather Tallis, Taylor H. Ricketts, Gretchen C. Daily, and Stephen Polasky, eds. 2011. *Natural Capital: Theory and Practice of Mapping Ecosystem Services*. Oxford: Oxford University Press.

Lambin, Eric F., and Patrick Meyfroidt. 2011. "Global land use change, economic globalization, and the looming land scarcity." *Proceedings of the National Academy of Sciences* 108, no.9: 3465-72.

Liu, Jianguo. 2014. "Forest sustainability in China and implications for a telecoupled world." *Asia &*

the Pacific Policy Studies 1，no.1：230-50.

Liu，Jianguo，Andres Vina，Wu Yang，Shuxin Li，Weihua Xu，and Hua Zheng. 2018. "China's environment on a metacoupled planet."*Annual Review of Environment and Resources*，no.43：1-34.

MEA. 2005. *Millennium Ecosystem Assessment*. Washington，DC：Island Press.

Ouyang，Zhiyun，Hua Zheng，Yi Xiao，Stephen Polasky，Jianguo Liu，Weihua Xu，Qiao Wang et al. 2016. "Improvements in ecosystem services from investments in natural capital." *Science* 352，no.6292：1455-59.

Paris：OECD and the World Bank. Diaz，Sandra，Unai Pascual，Marie Stenseke，Berta Martin-Lopez，Robert T. Watson，Zsolt Molnar，Rosemary Hill et al. 2018. "Assessing nature's contributions to people." *Science* 359，no.6373：270-72.

Salzman，James，Genevieve Bennett，Nathaniel Carroll，Allie Goldstein，and Michael Jenkins. 2018. "The global status and trends of Payments for Ecosystem Services." *Nature Sustainability* 1，no.3：136.

Teichman，J. A. 2016. *The Politics of Inclusive Development*. New York：Palgrave Macmillan.

UNEP（United Nations Environmental Programme）. 2011. Towards a Green Economy. United Nations Environment Programme.

Vira，Bhaskar. 2015. "Taking natural limits seriously：Implications for development studies and the environment." *Development and Change* 46，no.4：762-76.

Walker，Brian，Crawford S. Holling，Stephen R. Carpenter，and Ann Kinzig. 2004. "Resilience，adaptability and transformability in social-ecological systems." *Ecology and Society* 9，no.2.

World Bank. 2012. *Inclusive Green Growth：The Pathway to Sustainable Development*. Washington，DC.

第二章　推广包容性绿色增长的途径

玛丽·鲁克斯豪斯，格雷琴·C·戴莉，斯图尔特·安斯蒂，凯蒂·阿科马，奥南·巴亚斯加兰，卡特·布兰登，贝基·卓别林-克雷默，海伦·克劳利，马库斯·费尔德曼，安妮特·基尔默，李聪，黎洁，李树苗，米歇尔·勒梅，刘建国，卡尔·奥布斯特，欧阳志云，斯蒂芬·波拉斯基，恩赫图夫申·希列格丹巴，萨姆丹吉格梅德·图尔加尼亚姆，雷·维克图林，格雷格·沃森，徐卫华，郑华

世界正处于急需保护地球生命支持系统并为之扫除障碍的关键时期。来自政府、多边组织、企业、研究机构和社区的领导人迎来了推广有效实践的机遇，向世人展示生态系统的改善如何作用于提升人类福祉。许多地区已经逐步开始在相关领域开展创新活动，尤其在中国和拉丁美洲。目前已有部分行之有效的途径，将自然资本的各种价值纳入政策制定和投资过程，如将主要开发银行、政府部门和私人投资者的基础设施发展战略通报给交通和其他关键管理部门；与各利益相关方共同实施土地和海洋资源使用战略，以此平衡各方的价值冲突；与企业合作，将供应链上的替代资源开发方案所包含的风险和机遇逐一量化。要想从现有的成功经验中扩大实施规模，取决于三方面的因素：共同产出新知识以优化决策，推广生态系统与人类福祉相互依存的理念；开发可行的方法和工具以复制成功经验并不断学习；通过提升领导人参与度，促进长期能力建设。

自然资本指地球上的生态系统、水域和生物多样性，以及由此产生的维持生命的商品和服务。保护和恢复自然资本被许多人视为保护生物多样性最有希望的途径。这也是支持可持续、包容性增长的重要方式。越来越多的证据表明，如果能向人们阐明自然界与人类福祉之间的关系，就可以激发更多人采取行动，并实现双赢（Guerry et al.，2015）。目前采取的很多创新行动颇富创造力但高度分散，这些行动向我们展示了推广这些经验的可能性。

在这一章中，我们将概述如何在科学、政策、金融和参与机制方面推广那些关键性进展，以便将自然资本纳入到资源和土地利用的决策和投资过程。具体而言，我们总结了实用的、以科学为基础的方法和工具，以便更好地理解和阐明生物多样性、生态系统服务和人类福祉之间的关系。这些方法和工具已被用于描述生态系统服务的价值和分布情况，并将其纳入有影响力的决策过程。

一、规模化推广的进展及途径

要想将生物多样性和生态系统服务纳入日常决策的主流，通常需要采取系统的方法，用与政策和金融有关的货币语言来描述其价值。对于传统商品经济而言，市场价格可以代表其价值，但大部分的自然价值却只能依靠其他方式来量化其价值（MEA，2005；NRC，2005）。将生物多样性和生态系统服务纳入日常决策主流化的过程中，还需要进行政策或体制改革，以便决策者（相关的政策倡导者、管理者、投资者和个人）能充分认识到其行动对应的成本和收益。为了将短期的个人利益与长期的社会福利联系起来，我们还需要在自然资本管理领域制定配套的激励和处罚机制（Guerry et al.，2015）。

1. 进展

目前，四项重大进展有望推进上述主流化进程。

首先，千年生态系统评估，这是全球科学发展进程中卓有远见的一步，是对世界生物多样性和主要生态系统服务现状及趋势的首次全面评估。这一评估结果显示，地球上三分之二的生态系统服务正在逐渐衰退，这一点已引起全世界各国领导人的关注（MEA，2005）。

其次，将生态系统状况和过程与人类福祉联系起来的相关数据及科学正在迅速普及。遥感、计算和数据科学，以及人工智能等领域的技术进步，正在形成一个庞大的实时数据库，不断增强人类提取相关信息的能力。生态科学则绘制了从地方到全球范围内生态系统服务和利益流向之间的对应关系（Guerry et al.，2015；Liu et al.，2015；Ouyang et al.，2016）。经济评估方法已被应用于评估相关收益的货币价值及其在社会不同尺度的分布情况（NRC，2005；Bateman et al.，2013）。此外，其他领域的方法目前也正应用于评估和其他相关进程中，以便更好地了解生物多样性和生态系统服务在心理、社会和文化领域的重要性，以及人们对于自然所持的共同价值观（Pascual et al.，2017）。

再次，生态系统服务付费、生态系统管理、森林和其他生境恢复方面的投资项目，以及区域和国家级规划等方面的各类试验项目正在大量开展，以期逐步筛选出最有潜力的方法（Arkema et al.，2015；Ouyang et al.，2016；Beatty et al.，2018）。

最后，为评估联合国可持续发展目标所取得的进展，国际核算倡议方面也表现出了良好的发展态势。在公共和私营部门，鼓励和支持领导者将自然资本流量及存量方面的因素纳入到地方（社区和企业）和国家决策中。在联合国、世界银行［如财富核算和生态系统服务价值评估伙伴关系（Wealth Accounting and Valuation of Ecosystem Servies，WAVES）］等国际组织和其他多边机构领导下，并在自然资本联盟等企业主导的倡议下，核算网络得到了迅速发展。值得注意的是，联合国环境经济核算体系（UN-System of Environmental-Economic Accounting，UN-SEEA）（United Nations et al.，2014）在全球自然资本账户方法及测试应用方面取得了巨大进展。预计到 2020 年，至少有 100 个国家将拥有环境经济核算账户。此外，自然资本协议（NCC，2016）已被广泛接受，成为将自然资本纳入商业决策的参考。

2. 途径

当前需要制定覆盖面广的行动战略来推行自然资本解决方案，从而促进包容性绿色增长。目前已出现几种规模化推广的途径。正如 Lambin、Leape 和 Lee 所强调的那样，由小规模解决方案成长为从个人到社区、从地方政府到国家政府、从投资者到拥有全球供应链的大企业所共同实施和推广的行动战略。如果企业、政府、私人投资者和个人都能全面参与进来，那么相关解决方案就有可能表现出更良好的持续性。

实现规模化推广的第一个途径是通过共同发展新科学，将自然资本价值纳入决策和投资过程。由于研究人员与现实世界的知识生成工具和知识使用者之间不断增加互动，决策的可信度、相关性和影响力在不断提升，全球机构中基于科学的规模化推广进程也在不断加速。

在这些进程中，学习活动贯穿始终，以便进行迭代测试和测量，以适应自然资本领域的工作方法。这些行动让各种各样的决策过程开始综合考虑土地和沿海地区的空间和气候适应规划、生态系统服务付费、许可和缓解措施的影响评估、企业风险缓解和生境恢复等方面的因素（Guerry et al.，2015；Beatty et al.，2018）。在我们收集的各个案例中，涌现了各种跨学科的前沿科学（Arkema et al.，2015；Ouyang et al.，2016）。只有严格且持续地评估投资和政策对自然和人类福祉指标方面的影响，我们才能沿着这条道路迈出重要的一步。

实现规模化推广的第二个途径是将新兴科学纳入提升自然资本方法的工具中。大量鼓舞人心的案例和不断增长的需求，持续推动着利益相关者参与到相关框架和工具的开发中。它们已经融入迭代决策过程中，并在评估、实施和调整等各个环节发挥作用。基于 InVEST 软件（Sharp et al.，2018）的新兴科学和同类软件，让相关工具的开发出现了爆炸式增长，这也使得从业者和决策者能够越来越容易地根据人们的具体需求来估算生态系统服务的价值（Guerry et al.，2015；Beatty et al.，2018；World Bank，2018）。虽然这方面仍有很大的改进空间，但其影响是显著的。InVEST 软件经过数百名研究、从业和管理者的共同开发和测试后，已经成为广泛用于量化自然资本的软件，被 160 多个国家所采用（Posner et al.，2016）。例如中国已经在发展和保护规划中正式应用这些工具（Ouyang et al.，2017；

Xu et al.，2017）。

实现规模化推广的第三条途径是让领导者和实践者参与能力建设，并推广这些成功经验。这一过程中有两个重点：①开展自然资本方法和决策支持软件方面的培训，从而建立一个专业群体，系统地将自然资本纳入主流；②召集社区、政府、投资者和企业领导，分享决策场景中的成功经验和障碍。通过让领导者参与多部门决策过程，可以极大地促进规划、缓解和投资项目中的协调方亮，从而产生更好的成果，并推广有意义的改革，如下面的案例所示。

二、规模化推广示范

越来越多的证据表明，自然资本和其他信息正在改变着世界各地的政策和投资进程。各国政府制定的发展规划和补偿措施，以及企业提高透明度、将市场转向更具持续性的商品供应链的举措，都很好地体现了这一转变。在这里，我们从诸多案例中重点选取了其中的三个。

1. 案例 1　在拉丁美洲和加勒比地区推广具有气候适应性的沿海开发投资

海平面上升、海洋温度升高和河流径流变化造成的沿海气候影响，正不断加剧着拉丁美洲和加勒比地区的社会政治和环境矛盾，也给社会弱势群体带来了不小的影响。为解决这一问题，美洲开发银行和自然资本项目正在与这一地区的政府部门和利益相关方共同开发一系列生态系统服务科学和沿海发展规划决策工具。美洲开发银行是该地区领先的多边投资机构，致力于沿海恢复项目的开发和投资，以及可持续和绿色基础设施建设，每年投入约 20 亿美元开展气候金融方面的项目（IDB，2018a）。

自然资本项目支持各地政府和社区开展各类智能气候管理和可持续发展计划。在伯利兹，推行了综合沿海地区管理计划（Integrated Coastal Zone Management，ICZM）（Clarke et al.，2016）；在巴哈马，开展了安德罗斯岛总体规划。这两项计划都采用了生态系统服务方法，通过协调各利益相关方，实现提升基础设施、水资源和粮食供应、沿海灾害风险管理、旅游收益及保护珊瑚礁和红树林等沿海生物多样性等方面的目标。这些计划得到了正式批准，并通过公共和私人投资（包括美洲开发银行的投资）实施。通过在伯利兹开展综合沿海地区管理计划，伯利兹堡礁保护区系统这一联合国教育、科学及文化组织世界遗产地于 2018 年得以从"世界濒危遗产"名录中除名。安德罗斯岛（巴哈马）的试点执行项目，则支持社区和私营部门发展以可持续利用自然资源为导向的生计项目（如观鸟和飞蝇钓）等旅游项目，以及针对海绵和龙虾捕捞的可持续供应链等。

这两个案例中，利益相关者的科学参与和科学决策支持工具都亟待拓展和推广。如果投资进程中未能充分考虑可持续性、自然资本和生态恢复原则，一味盲目加快对沿海基础设施发展的投资，那么在气候变化风险不断加剧的情况下，整个拉丁美洲和加勒比地区以自然资源为基础的经济将有可能遭到严重破坏。为大力推广现有成功经验，美洲开发银行和自然资本项目正在通过以下方法帮助拉丁美洲和加勒比地区国家政府：①提升对沿海地区抗灾能力的绿色政策的认知；②推出标准化指南来识别绿色和混合（绿色+灰色）基础设施替代方案（Mandle、Griffin et al.，2016；IDB，2018b）；③在数据匮乏的情况下，设计指导"低遗憾"绿色解决方案，并同时改进信息采集现状；④对从业者进行技术培训，培训重点为如何设计绿色基础设施解决方案、如何使用开源决策支持工具、如何监测项目成果等（Mandle et al.，2016）。此外，美洲开发银行最近并购了一个自然资本实验室，以推动公私部门在生态保护、景观提升、生物多样性和海洋生态系统融资方面的创新。

目前，我们面临着调整和标准化自然资本发展规划工具的关键机遇。只有抓住这一机遇，才能将新的数据技术（例如遥感、无人机、移动设备等）纳入相关的创新应用中（覆盖城市居民、农户、本土居民等受益者）；并促进城市、沿海地区和国家气候智能发展的政策和金融创新。随着技术能力的提高和相关意识的提升，相关方的通力合作可以在拉丁美洲和加勒比地区扩大实施跨部门、可持续发展规划的成果，并与全球其他类似的合作项目互通有无、共同进步。

2. 案例 2　推进蒙古国牧场经济的可持续发展

地球上的干旱地区都面临着一个重大挑战，那就是如何在恶劣且不断变化的气候条件下，逐渐实现生计的可持续性。对牧场生态系统而言，这一任务尤其艰巨。牧场中的牲畜生产力、生态系统服务和人们的生活质量，经由牧场的生态条件而高度关联在一起。这一案例取自蒙古国，但能产生的影响远远大于这一地区。随着商业、金融发展以及民间社会等全球行动者的积极参与和共同创新，我们应该分析案例中到底哪些因素在起作用，然后把相关成功经验扩大推广。通过证明新的遥感技术和生态系统服务分析，可以有助于可持续供应链认证和国际金融公司的发展和绩效评估。这也将有助于实现全球的项目验证需求，而这些需求能有效提升人们对项目成果的信心。

由于全球的羊绒需求量增加、对畜牧业的限制松动，以及全球气候变化中冬季气候变得复杂多变，蒙古国的山羊养殖密度在过去 30 年里增加了四倍。牲畜密度的增加给人和野生动物带来了严重影响，牧民的经济确定性降低，沙尘暴日趋频繁，野驴、斑羚和其他珍稀野生动物种群生存的牧场生境遭到挤压。为建立更具可持续性和恢复力的牧场系统，多个相关利益团体共同合作，推出了一个创新项目——可持续羊绒项目。通过合作社与牧民合作，奢侈品企业开云集团（旗下拥有古驰、圣罗兰和巴黎世家等多个品牌）开始建立可持续的高品质羊绒生产供应链。由蒙古国政府和力拓集团共同开发的奥尤陶勒盖金铜矿项目，也正采用国际金融公司绩效标准，降低大型金铜矿开采业务对牧民生计和牧场健康带来的影响。野生动物保护协会负责牧场状况的实地监测，确保对野生动物的保护，并与当地游牧牧民合作，改善牧场管理，提升牧民技能，从而推动形成可持续的羊绒供应链。

目前，自然资本项目正在帮助可持续羊绒项目，跟踪验证新的金融和管理干预措施给戈壁沙漠带来的综合影响，同时还大力推进遥感技术和生态系统服务模拟，以检测放牧方式变化所带来的影响，以此增加野外采样量，分析放牧密度、羊绒质量、牧民收入、牧场条件和野生动物种群之间的关系。在向可持续放牧转变的过程中，牧民在短期内很容易受到影响，只有当他们看到自己的行为与牧场、牧群规模和生计之间的具体关系，他们才可能加深对项目的信任。2018 年是牧民向该项目出售羊绒的第三个阶段，该项目今后还将继续探索最佳的财政和社会激励措施，以鼓励更多的牧民积极参与到项目中来。

可持续羊绒项目中，不同的合作者怀有不同的动机，但有一点是共同的——大家都希望能拥有更健康的牧场，以实现生计的可持续性。通过有效对接以下举措，可以实现更具恢复力的生态系统：①在推行可持续的羊绒市场项目中采取市场激励措施；②奥尤陶勒盖金铜矿、国际金融公司融资标准和蒙古国政府采取的降低生态环境影响政策；③公开共享并验证牧场生态系统状况、野生动物状况、放牧强度和牧民生计状况。可持续的全球供应链、国际金融公司绩效标准的应用、供应链验证系统和采用遥感技术等降低生态环境影响政策等，这些都是可以进行规模化推广的成功经验。

3. 案例 3 在中国推广自然资本模式——提升生态系统生产总值（GEP）

近几十年来，在全球范围内，中国在三个方面引人注目——全球最高的经济增长率和减贫率，全球最高的环境退化率，以及在国家层面调和这一冲突的巨大政治意愿。国家领导人积极致力于扭转中国的环境退化状况，宣布中国将向包容性绿色增长过渡，在"二十一世纪实现生态文明这一中国梦"。

为给予生态和经济同等重要的地位，中国正在制定推行一项新的生态系统生产总值即生态产品总值（Gross Ecosystem Product，GEP）项目，作为可持续改善生态系统的行动指南。GEP 项目将有助于揭示生态系统对社会和经济贡献，突出区域间的生态联系，引导生态系统服务受益者向提供这些服务的区域提供财政补偿，为制定绿色金融政策提供信息，并作为政府进行生态保护绩效评估的重要指标。GEP 的定义与国内生产总值（GDP）的定义类似——使用市场和非市场估值方法，将生态系统产品和服务的数量乘以价格，并进行汇总，得出一个可处理的单一指标；随着时间的推移，该指标能反映出生态系统服务到底处于提升还是退化的状态。而 GEP（自然资本指标）可以与 GDP（传统经济绩效指标）和人类发展指数（HDI，重点关注健康、教育和生活水平）一起，作为实现中国梦的三个关键维度。

开发和测试 GEP 体系的初始阶段主要围绕着 4 个要素开展，并借鉴了过去 20 年相关领域的开创性工作成果。这 4 个要素分别是：①用自然资本系统跟踪生物物理存量的规模和状况（Ouyang et al.，2016）；②将这些存量转化为可量化的生态系统服务流量的系统方法（Ouyang et al.，2017；Sharp et al.，2018）；③生态系统服务价值评估的系统方法；④将③中的价值汇总为与 GDP 可比的单一 GEP 指标。以上 4 个要素相结合，就能得出可以用功能量和价值量单位来衡量的 GEP 值。

截至 2018 年 10 月，中国正在国家层面和 23 个县、7 个市和 4 个省开发和测试 GEP 体系（Ouyang et al.，2017）。初步结果表明，GEP 核算有助于评估生态保护绩效、地方政府的工作情况，以及生态补偿和相关保护政策的有效性。目前中国正在努力将 GEP 体系与联合国牵头的中国生态系统核算项目相结合。今后世界各国政府亦有可能广泛采用这套简单易行的生态绩效衡量标准。

三、经 验 教 训

将自然资本纳入决策过程是一项长期进程，需要在知识、社会、治理机构以及文化方面取得共同的进步。每一个新的案例都有助于发展本文所阐述的变革理论，其中包括三个关键要素：共同开发全新的基于科学的解决方案来改变决策过程；开发新的工具以加速并推广新案例的成功经验；通过加强领导参与，实现长期能力建设。这些用于推广经验的要素都在我们目前的能力范围内。

首先，由于加强了对生态系统服务和自然资本的重视，越来越多的项目或企业改善了决策机制、机构管理和人类福祉，而这些案例又能让领导者更有信心去推广相关做法。这里所举的例子，既能检验我们对现实世界中问题的认识，同时也是令人信服的故事，生动地阐释了生态系统服务是如何发挥作用的。

其次，政府、企业和个人必须要能顺利地将生态系统服务和自然资本纳入其决策中，而且必须是以透明、可信和可预测的方式来完成这一过程。社会上许多部门可能对这些概念持开放的态度，但还不清楚如何具体应用这些概念。

最后，显而易见的成果可以更有效地吸引领导者，从而引导更广泛的认知和关注。开展企业、政府、社区和投资者能力建设，有助于将这些方法纳入决策主流，从而改变那些能影响我们自然和社会的决策。

主要参考文献

Arkema，Katie K.，Gregory M. Verutes，Spencer A. Wood，Chantalle Clarke-Samuels，Samir Rosado，
Maritza Canto，Amy Rosenthal et al. 2015. "Embedding ecosystem services in coastal planning
leads to better outcomes for people and nature." *Proceedings of the National Academy of Sciences*
112，no.24：7390-95.

Bateman，Ian J.，Amii R. Harwood，Georgina M. Mace，Robert T. Watson，David J. Abson，Barnaby
Andrews，Amy Binner et al. 2013. "Bringing ecosystem services into economic decision-making：
Land use in the United Kingdom." *Science* 341，no.6141：45-50.

Beatty，C. R.，L. Raes，A. L. Vogl，P. L. Hawthorne，M. Moraes，J. L. Saborio，and K. Meza Prado.
2018. *Landscapes，at Your Service：Applications of the Restoration Opportunities Optimization
Tool（ROOT）*. Gland，Switzerland：IUCN.

Chaplin-Kramer，R.，R. P. Sharp，C. Weil，E. M. Bennett，U. Pascual，A. L. Vogl，K. K. Arkema
et al. Forthcoming. Global modeling of nature's contributions to people. *Science*.

Clarke，C.，M. Canto，and S. Rosado. 2016. *Belize Integrated Coastal Zone Management Plan*. Coastal
Zone Management Authority and Institute（CZMAI）.

Guerry，Anne D.，Stephen Polasky，Jane Lubchenco，Rebecca Chaplin-Kramer，Gretchen C. Daily，
Robert Griffin，Mary Ruckelshaus et al. 2015. "Natural capital and ecosystem services informing
decisions：From promise to practice."*Proceedings of the National Academy of Sciences* 112，no.24：
7348-55.

Inter-American Development Bank（IDB）. 2018a. *Sustainability Report 2017*. Inter-American
Development Bank. ——. 2018b. *What Is Sustainable Infrastructure? A Framework to Guide
Sustainability across the Project Cycle*. Technical Note IDB-TN-1388.

Liu，Jianguo，Harold Mooney，Vanessa Hull，Steven J. Davis，Joanne Gaskell，Thomas Hertel，
Jane Lubchenco et al. 2015. "Systems integration for global sustainability." *Science* 347，no.6225：
1258832.

Mandle，L.，R. Griffin，J. Goldstein，R. Acevedo-Daunas，A. Camhi，M. Lemay，E. Rauer，
V. Peterson. 2016. *Natural Capital & Roads：Managing Dependencies and Impacts on Ecosystem
Services for Sustainable Road Investments*. Monograph del BID：476.

Mandle，Lisa，James Douglass，Juan Sebastian Lozano，Richard P. Sharp，Adrian L. Vogl，Douglas
Denu，Thomas Walschburger，and Heather Tallis. 2016."OPAL：An open-source software tool for
integrating biodiversity and ecosystem services into impact assessment and mitigation decisions."
Environmental Modelling & Software 84：121-33.

Millenium Ecosystem Assessment（MEA）. 2005. *Ecosystems and Human Well-being：Synthesis*.
Washington，DC：Island Press.

NCC（Natural Capital Coalition）. 2016. "Natural capital protocol." www.naturalcapitalcoalition. org/protocol.

NRC（National Research Council）. 2005. *Valuing Ecosystem Services*. Washington，DC：National Academies Press.

Office of the Prime Minister of The Bahamas. 2017. "Sustainable Development Master Plan for Andros Island." http://www.vision2040bahamas.org/media/uploads/andros_master_plan.pdf.

Ouyang，Z.，L. Jin. 2017. *Developing Gross Ecosystem Product and Ecological Asset Accounting for Eco-Compensation*. Beijing：Science Press.

Ouyang，Zhiyun，Hua Zheng，Yi Xiao，Stephen Polasky，Jianguo Liu，Weihua Xu，Qiao Wang et al. 2016."Improvements in ecosystem services from investments in natural capital."*Science* 352，no.6292：1455-59.

Pascual，Unai，Patricia Balvanera，Sandra Diaz，Gyorgy Pataki，Eva Roth，Marie Stenseke，Robert T. Watson et al. 2017. "Valuing nature's contributions to people：The IPBES approach." *Current Opinion in Environmental Sustainability* 26：7-16.

Posner，Stephen M.，Emily McKenzie，and Taylor H. Ricketts. 2016. "Policy impacts of ecosystem services knowledge." *Proceedings of the National Academy of Sciences* 113，no.7：1760-65.

Sharp R.，R. Chaplin-Kramer，S. Wood，A. Guerry，H. Tallis，T. Ricketts et al. 2018. *InVEST User Guide*. http://data.naturalcapitalproject.org/nightly-build/invest-users-guide/html/.

United Nations，European Commission，Food and Agriculture Organization of the United Nations，International Monetary Fund，Organisation for Economic Co-Operation and Development，and World Bank. 2014. *System of Environmental-Economic Accounting 2012 Central Framework*. New York：United Nations. https://seea.un.org/sites/seea.un.org/files/seea_cf_final_en.pdf.

World Bank. 2019. *Evaluation of Approaches to Global Ecosystem Services Modeling*. R. Chaplin-Kramer，L. Mandle，and J. Johnson，eds. World Bank Report.

Xu，Weihua，Yi Xiao，Jingjing Zhang，Wu Yang，Lu Zhang，Vanessa Hull，Zhi Wang et al. 2017. "Strengthening protected areas for biodiversity and ecosystem services in China." *Proceedings of the National Academy of Sciences* 114，no.7：1601-6.

第三章 推广小办法，带来大变革

埃里克·F·兰宾，吉姆·莱普，李凯

要想制订并推行良好的解决方案，最终促成大规模复杂问题的解决，并非易事。多中心治理模式肯定了多载体形式在推动变革中的重要性。我们认为，多个自下而上的小型解决方案可以产生协同效应并相互促进，从而带来快速变化。当然，前提是除了制定小型解决方案外，还应不断扩大推广相关行动。要想通过采用小型解决方案来制造改变整体格局的临界点，需要建立一套推广机制，这一机制包括：①改变影响消费者行为的社会规范；②支持小型解决方案或使其成为强制性解决方案的公共政策；③主要私营企业承诺在其价值链和行业中贯彻相关解决方案。这一可持续发展的变革理论，能有效地鼓励每一个看似渺小的个体行动，通过每个行动者力所能及的努力，在各地推行小型解决方案，然后在此基础上不断扩大，最终促成整个系统的变革。

生物多样性丧失、自然生态系统退化、气候变化对生态系统的影响，以及海洋鱼类资源枯竭都是复杂的问题，并缺乏简单易行且"包治百病"的解决方案（DeFries and Nagendra，2017）。这些问题大多关系到多个地区、行业和利益相关者，涉及范围极广。同时还会牵扯到整体方面的问题——个人对代价高昂的行动做出独立的决定，但这些决定的结果很有可能对整体有利或有害。因此，虽然只有通过合作才能为所有人带来更好的结果，但个人却往往出于自身利益考虑而不予配合，阻碍了整体行动。

这类问题面临的一个主要挑战是，如何设计和实施适合于每种情况的解决方案，同时还能有效促成情况的转变（DeFries and Nagendra，2017）。许多方案只解决了问题的一小部分，难以带来大的影响。在某些情况下，地方干预会出现漏洞——一个地方或部门的成功，往往会掩盖其他地方或部门的不可持续行为。例如，一个国家在保护森林的同时，增加木材进口，这不过是将该国的毁林活动转移到了其他地方而已（Meyfroidt et al.，2010）。这样的情况，让业已获得的微小收益显得更加微不足道，甚至荡然无存。

要解决较大的问题，最常见的方法是，合理确定解决方案的规模，使之能合理匹配问题的规模，以便更好地制订应对大问题的解决方案。《联合国气候公约》

通过让所有国家和众多观察员参与到多边协议中来解决气候变化挑战，就是个不错的例子。要想让所有国家和部门做出有意义的承诺，可能需要经过多年谈判才能实现，这一过程充满了制度复杂性和执行中的各种问题，例如，各地都希望能因地制宜，不断要求破例或调整规则；在缺乏制裁手段的情况下，如何处理不遵守承诺的现象，以及如何设计退出机制等。

另一种相反情况是，致力于解决大问题的很多行动方案，一开始都仅仅是小规模的局部解决方案，人们寄望于这些方案能有足够的吸引力，让更多人借鉴采纳，促成大规模的系统性转变。这一做法在票房大获成功的法国纪录片《明天》（*Demain*）中得到了充分说明。片中，人们通过简单的局部可持续解决方案来应对全球性挑战，如建设城市蔬菜园、在工厂或城市中倡导零废弃物行动、开展地方可再生能源项目等。这些方法都很有吸引力，容易在个人、社区或地方的层面上实施，因此也被称为"公众力所能及的"行动（Berry，1991）。但这类小规模解决方案往往很难推广开来。如何能在更大的范围内广泛且迅速地推行此类小型解决方案，而不是局限于关心可持续发展的这一小部分人，其实才是让人头疼的问题。

大多数的成功案例都有一个共同点——它们都属于具有高度扩展可能的小规模解决方案，与有效拓展其影响力的机制相结合，最终促成了这些解决方案的规模化推广。这种结合可能是有意而为，也有可能是随机发生的。在这类案例中，一旦相关解决方案在当地具备了一定的吸引力，就可能促成多个行动者开展协调行动，最终让方案中最成功的部分得以推广实施。例如，当一小部分生产者自愿采用可持续生产标准，且该标准被纳入到强制性公共政策或大企业的采购实践中，整个辖区或供应链中的所有生产者都会被带动，最终出现上述情况。又如，通过制定新政策（如征收拥堵费）、进行土地利用规划、为安全骑行进行基础设施投资等措施，为城市人口出行方式的转变创造了一个临界点，最终导致越来越多的个人选择骑自行车出行。从 2016 年起，哥本哈根街头的自行车数量已经超过了汽车数量。同样，通过财政激励及公私部门对充电设施的投资，也可以创造临界点，让更多人选择电动汽车。2017 年，中国的电动汽车销量占全球总量的一半，原因就在于中国从 2014 年起，取消了电动汽车购置税，并在全国范围内大量布局充电站和充电桩。可见，上述方法包括两个部分——具有扩展可能和吸引力的小规模解决方案，以及能让这些方案得到有效推广的机制。

有人认为要解决大问题，最好是先推行多个小型解决方案，行之有效后自下而上加以推广，这么做比采用自上而下的大型方案来得有效，而这种想法也正在获得越来越多的关注。学者们不再只关注全球层面上的努力，而是开始呼吁采用多中心方法，在多个维度上产生效益（Ostrom，2010）。当不同规模的决策中心在形式上相互独立时，治理结构呈现出多中心的状态。大量研究表明，多中心治理结构中，中小型单位是处理大问题的重要组成部分，因为小型解决方案之间具有相互增强的潜力。考虑到社会变化的复杂性，多中心解决方案能够让大量的实验在不同的条件下开展，从而对比出最有效、最容易推广放大的选项。与之相比，自上而下的解决方案却是在假设仅靠一人之力就能够得出行之有效的最佳答案。

总而言之，人们越来越认识到：①小型解决方案比大型解决方案更容易实施；②一些成功的小型解决方案可以被放大推广或用于促成大规模的改变。接下来，我们将详细讨论下列两个命题，重点审视公共部门与市场变化之间的关系。

一、解决大问题的小办法

中国哲学家老子在公元前六世纪写道："千里之行，始于足下"。如果解决方案的全面程度与其所试图解决的问题大小相比，规模有限，那么我们就可以将其定义为小型解决方案。如果一个解决方案仅由个人消费者、企业、社区或政府以自下而上的方式实施，那么这个解决方案就可以算小型解决方案。例如，在1992年里约热内卢联合国环境与发展会议上，为解决森林退化问题而制定全球公约宣告失败；然后，自然资源保护者们转向了一个小型解决方案——号召单个企业或森林土地所有者转向可持续生产。森林管理委员会随之成立，为可持续管理森林的产品提供了一个认证和标签制度，也创造了一套全新的机制，创始人希望借此将这类小型解决方案推广扩大。

小型解决方案之所以颇具吸引力，正是因为无数的个人、家庭、社区、私人企业和政府部门一点一滴的行为，逐渐累积最终形成巨大的影响。同理，小型解决方案正好可以有效针对形成这些问题的根本原因和驱动因素加以解决。小型解决方案较之大型解决方案更容易实现，主要有几方面的原因：小型解决方案通常比大型解决方案更容易被利益相关者理解，因为它们往往更简单、清晰，成效也更显著（Heath and Heath，2010）。实施小型解决方案的阻力较小，因为这些方案大多是实施者力所能及的，如果是基于自愿原则实施的，那么采用率会比较高，如果是强制实施的，那么依从性也会比较高。小型解决方案多半是在同一个地区或部门内实施的，涉及的利益相关者多半都来自同一个社会网络中，彼此间容易获得更高程度的信任。因为沟通成本低，局部解决方案更适合特定的环境。小型解决方案并不需要全球共识，甚至不需要集体决策——它们完全可以由个体行动者或"自愿联盟"主导实施（Hawken，2008）。此外，与复杂的大型解决方案相比，小型解决方案的实施成本和监督成本也更低。这也解释了"放眼全球，立足本地"这一口号背后的原理。

二、扩展小型解决方案

根据创新扩散理论，一个新的观念、实践或对象，会随着时间的推移，通过某种渠道在一个特定社会系统的各成员间交流扩散（Rogers，2003）。因此，扩散现象被视为带来社会变革的一种力量，具有拓展影响力的潜力。

1. 创新扩散理论

创新行为的采纳过程是一个非线性过程：该过程中的各个临界点，分别对应着采纳和遵从的阈值。根据扩散理论，创新在一个区域或部门内的扩散过程，可以用逻辑斯蒂曲线（或 S 形曲线）来表示（Rogers，2003）。创新成果的潜在使用者中，采纳者的比例先是缓慢增加，然后迅速增加，随后又会随着饱和度的提高而增速减缓。扩大采纳规模意味着要引导创新行为走上这条曲线（即让其起飞），在采纳过程中的加速时期促成第一个拐点的出现，并提高采纳饱和点，从而使其在曲线趋于平缓之前达到更高的扩散水平。

一项创新成果的潜在用户，只有在接收到某些信息，并结束对变革的抵制，且在获得必要的技术诀窍后，才会真正采纳该创新（Casetti，1969）。Rogers（2003）解释创新成果的采纳率取决于它最易被感知到的某些属性，例如，相对优势（是否被认为优于其所替代的解决方案）、兼容性（是否与潜在采纳者所秉持的价值观和需求一致）、复杂程度（是否易于理解和使用）、试验性（能否在有限的基础上进行试验）和可观察性（该创新的成果对他人而言是否显而易见）等。常见的说法是，当新用户听到某创新的好处时，就会将其传播开来，然后学习如何在自己的活动中使用它。一旦这些新用户试用成功，就会有越来越多的人知晓这一消息，从而不断加速该创新的采用率，直到不再有人对此感兴趣，创新周期逐步放缓。

针对这些变化过程的研究，大多是在个人或企业层面上开展的。有很多例子都可以说明，一旦新的消费行为从边缘化转变为新的社会规范（如戒烟、偏重素食或购买电动汽车等）时，新的消费行为也就最终到达了被采纳的临界点（Nyborg et al.，2016）。

2. 可扩展的解决方案

一些小型解决方案比其他同类方案更具可扩展潜力。解决方案的可扩展性首先取决于它是否具备吸引力，比如说，某方案解决了一个重要问题，那么它在关键利益相关者眼中就是值得信赖的，或者说是能带来收益的。

解决方案的可扩展性还取决于它是否具备高度适应性，以及是否易于在各种环境条件下实施。首先，某个小型解决方案应该要能自证其所倡导的理念，并用于测试其到底是否可行，是否能不断改进设计，最终证明其有效性和效率。这就需要它能够在不同环境的使用过程中，通过总结失败教训和迭代调整来实现快速学习。

3. 实现扩展的机制

可持续性转变有一个特点，那就是一系列的参与者之间会进行强大且在不断发展中的互动。这些参与者包括各种非政府组织、企业、国家和地方政府，以及国际组织。某些因素会加速实现全系统的转变。

三、凸显问题

凸显存在的问题，是变化的开始——一些关键行动者意识到了问题的存在，采取行动改变现状能最好地保障他们的利益。如果在收集、披露和广泛传播有关行动者做法的数据和信息时确保透明度，就可以让存在的问题凸现出来，从而促使更多人采纳新的做法。行动者们都会试图避免负面宣传，维护自己的声誉，这时公开透明的信息就能成为改变行为的强大动力（Thaler and Sunstein，2008）。人们都倾向针对可量化的情况开展行动，除此之外，还应让行动者们意识到，不可持续的行为具有哪些风险。例如，在中国，公共与环境事务研究所因创建"中国水污染地图"而闻名。这是一个关于中国工厂污染信息的公共数据库，有力促进了政府执法机构和工厂企业采取行动。提升透明度有助于公共或私人行动者发现和管理问题或风险（Gardner et al.，2018）。在一个更加透明的世界里，采取可持续的采购行为，可以在预防灾难或应对危机方面发挥重要作用。服装业对孟加拉国拉纳广场事故的反应，以及粮农企业对亚马孙森林砍伐的态度，都可以说明这一点。

非政府组织往往在提升透明度方面发挥着重要作用，他们使公众看到问题，给政府或企业施加压力，迫使其解决问题，并监督问责。在诸如缺水或采矿等地方问题上，来自当地社区非政府组织的压力，可以迫使企业采取行动来保住其经营许可证。各类国际运动同样也让跨国企业重视其供应链中各环节可能产生的社会影响，并承担更广泛的社会责任，以此促使其采取行动维护自己的品牌形象。

四、先行优势

通常，规模较小或层级较低的政府或企业会较早采取行动，它们发挥的作用也很关键——证明解决方案实用可行，并鼓励其他人效仿。从国家层面来看，20 世纪 80 年代以来，哥斯达黎加政府一直是森林保护及创建首批国家生态系统服务付费计划（Payment for Ecosystem Services，PES）的先驱。可以说，哥斯达黎加案例的成功，启发了全球一批国家和国际组织制定推广"减少森林砍伐和森林退化导致的温室气体排放"，REDD+计划。这一计划旨在减少与毁林和森林退化相关的排放、促进森林保护、推广可持续管理，并增加森林碳储量。正是 REDD+计划，为森林的碳储存功能赋予了经济价值。

从私营部门层面来看，早期采纳者也同样有助于推动建立可持续产品市场，改变消费者的行为规范和期望，从而创造企业间的竞争压力。例如，美国的全食超市、英国的桑斯伯瑞超市、南非的伍尔沃斯超市和瑞士的米格罗斯集团等零售企业，其业务就是部分建立在对其可持续承诺上的。这些企业的成功也证明了他们做法的可行性，同时他们也改变了顾客的消费期望——对很多企业而言，顾客仅仅是一个需要去关注和讨好的群体。

五、行业巨头的参与

某个解决方案要想实现规模化推广，还需要获得行业巨头的采纳。在市场行动中，一旦早期采纳者铺平了道路，那么面向消费者的大型企业（包括零售商和消费品企业）往往会采取下一步的行动。这类企业特别在意公众关切，对威胁其品牌价值的潜在风险也异常敏感。因此，在全食超市、桑斯伯瑞超市等企业率先开始采购通过海洋管理委员会（Marine Stewardship Council，MSC）认证的可持续海产品后，沃尔玛集团也宣布将改变其采购渠道，随后在整个渔业领域引发了可持续认证的热潮，并创造了 MSC 市场份额增长的明显拐点。由此可见，面向消费者的企业在引导供货商和生产商方面可以发挥很关键的作用。例如，随着越来越多的消费者企业开始从其供应链中剔除与森林砍伐有关的环节，嘉吉、威尔玛等主要贸易和种植企业也随之开始做出类似的承诺。

几十年来，美国加利福尼亚州在环境保护方面一直扮演着重要的角色。加利福尼亚州人口约占美国人口的 12%，经济体量相当于世界第五大经济体。加利尼亚州在 20 世纪 50 年代提出的空气质量倡议，在环境标准方面具有领导地位。例如，70 年代，加利福尼亚州首创了冰箱等家用电器的能效标准，这些标准被证实既有效又经济，随后被联邦监管机构所采纳。加利福尼亚州采纳的这些创新举措，既开创了政治领域的开放性，推动了联邦和州政府共同采取行动，同时还因为制造商遵守加州的相关标准而提升了市场对新倡议的接受度。

六、密集的社会网络

密集的社会网络（即有许多相互连接的组织）也有助于创新举措的广泛传播，

同时也让这些社会网络中的行动者面临着来自其他同行的采纳压力（Rogers，2003）。在社会网络密集的社区中，社会压力更容易让社区内的行动者采纳和遵循小型解决方案。因此，社会网络之间的联系，可以成为规模化推广的一条有效途径，并通过各部门内的参与者网络来实现，比如，C40 城市倡议或企业消费品论坛。还有一些重要的社会网络平台可以将各部门的行动者联系起来，例如可持续海鲜产业首脑级会议、热带森林联盟和世界经济论坛（World Economic Forum）等。在私营部门领域，这些平台中有一部分也支持在可持续性方面开展竞争前合作。但需要注意的是，密集的社会网络同样也会被用于捍卫根深蒂固的利益和共同底线，成为推广创新的障碍，许多行业协会，包括美国商会和欧洲企业家圆桌会议都不例外。

供应链也是将经济行为体紧密联系在一起的网络，可以促进新做法和标准的采纳。如上所述，如果供应链中占经济主导地位的行为体，对迈向可持续发展具有强烈的动机，那么在某些情况下，该行为体甚至可以直接推行可持续发展标准，以此影响带动数百万的生产商（Thorlakson et al.，2018）。

七、领　导　力

领导力是提升实践效果的关键。有魅力的领导者能成为变革的推动者，特别是在需要开展跨供应链及跨部门行动时。联合利华集团的保罗·波尔曼、巴塔哥尼亚公司的伊冯·乔伊纳德和荷兰皇家帝斯曼集团（DSM）的谢白曼等企业负责人，都在各自的行业里发挥了这种作用，大力推动了可持续发展标准的采纳。作为其他企业领导的良好榜样，他们积极带动了合作供应商和客户，并与政府、民间社会甚至竞争对手建立了伙伴关系。穆罕默德·尤努斯是小额信贷领域一位同样颇具魅力的倡导者，正是他将格莱珉银行的经验带到了全球许多国家。

八、适当的时机

选择最适当的实施时机，也是成功推广小型解决方案的重要因素。这一概念在古希腊被称为"Kairos"，意即"采取行动的最佳时机"。如果某个小型解决方案在合适的时间点推出，那么它就有可能产生大规模影响，因为只有在合适的时间点，潜在的采纳者对这一方案才最具开放性和接纳可能。例如，有机农业在欧洲发展的时间点，正好与臭名昭著的食品污染同时发生，于是消费者开始对不含化学物质、来源可溯的食品产生了大量的需求。

九、政策互动

在某些情况下，由不同行动者采取的小型解决方案之间可以相互催化和借力，产生一种一加一大于二的效果。政府、非政府组织和私营企业各自政策间的频繁互动，是推广干预措施、促进可持续实践的关键（Lambin and Thorlakson，2018）。来自不同决策中心的各种策略可以是互补的、协作的或相互协调的，也可以是相互替代或相互拉拢的。公共和私人环境治理机制很少有独立运作的，这些机制间往往是以有利于可持续性的方式相互促进（或在某些情况下相互阻碍）（Lambin and Thorlakson，2018）。

这样的互补性，极大地促进了可持续性干预措施的推广。各种认证体系的出现就是个例子。这些非强制性的可持续标准的演变进程，其实就是私人和公共政策之间的互动结果。当政府在其环境政策中采用这些标准时，非政府组织或多方利益相关者所倡议制定的这些自愿性可持续标准就变得越来越受重视。例如，玻利维亚的《森林法》中，可持续森林管理方面的法律标准就直接照搬了森林管理委员会（Forest Stewardship Council，FSC）所制定的标准（Ebeling and Yasue，2009）。巴西米纳斯吉拉斯州政府颁布的米纳斯咖啡认证标准则是根据 UTZ 的咖啡认证标准（Glasbergen and Schouten，2015）制定的。

认证管辖方法规定，在整个认证管辖范围内，必须严格遵守可持续性标准，各国政府正式认可（并实施）非政府组织或商品圆桌会议所设计的标准。例如，在厄瓜多尔、马来西亚的沙巴州和印度尼西亚的中加里曼丹省，政府正在对辖区内所有棕榈油生产活动开展"可持续棕榈油认证"（Roundtable for Sustainable Palm Oil，RSPO）管辖（Lambin and Thorlakson，2018）。进口国也可以为相关的认证体系进行合法性论证，并鼓励本国市场接纳相关认证。例如，欧盟的森林执法、治理和贸易行动计划（Forest Law Enforcement，Governance and Trade，FLEGT）将森林管理委员会（FSC）和森林认证认可计划（Programme for the Endorsement of Forest Certification，PEFC）制定的标准，作为所有地区和生产国出产合法和可持续木材的证据（Gulbrandsen，2014）。美国《莱西法案》还公开认可了私人木材认证计划，认为该计划遵循了"适当保护"原则（Overdevest and Zeitlin，2014）。因此，通过将新思想和新做法"社会化"并赋予其合法性，公共部门的倡议可以成为传播新型可持续实践的重要平台。

此外，企业如果能公开承诺只采购或生产经认证的产品，那么企业也一样可以帮助推广可持续性标准。当可持续性标准成为企业内部行为准则的一部分时，这些标准同时也适用于这些企业的整个运营和供应链。许多企业和供应链合作，共同采用可持续性认证体系，从而在认证过程中实现规模经济，并提升自身声誉。

2015 年，85%以上承诺减少使用棕榈树、木材纸浆、大豆和牲畜供应链的企业，都依赖第三方认证来表明其已履行自身的商品供应承诺（Peters Stanley et al.，2015；Lambin et al.，2018）。越来越多的企业开始采用非政府组织主导的认证来履行其承诺，比如，星巴克目前是"公平贸易咖啡"计划的最大美国采购方，宜家的可持续发展承诺则依赖于森林管理委员会（FSC）等认证。许多企业，如沃尔玛或星巴克，也长期依靠与非政府组织的合作伙伴关系来开发和实施其企业的可持续发展计划（Elder and Dauvergne，2015）。

共享自行车项目的发展是另一个很好的例子，同样也说明了公共和私人参与者之间是如何通过相互作用来促进小型解决方案推广的（https://www.citylab.com/city makers connections/bike share）。1965 年，阿姆斯特丹的一批积极分子提出了第一个自行车共享计划。由于自行车被盗严重，计划很快就以失败告终。直到 30 年后，这一想法才在哥本哈根由两位企业家重新变成现实。在随后的几年里，由于发明了磁卡防盗系统，共享自行车计划才开始渐成气候。巴黎市政推出的 Velib 自行车共享计划成为了一个转折点——在过去的 12 年里，该项目共实施了 75 个自行车共享项目；在随后的 10 年里更是启动了多达 1600 多个项目（Economist，2017）。共享自行车项目首先横扫欧洲，然后进入北美、亚洲和世界其他地区。私营部门对这方面激增的兴趣做出了回应——他们为共享系统带来了新的技术。一些市政府将自行车共享服务的管理权下放给了私营企业。有的初创企业在这一领域率先实现了创新：中国的摩拜等公司开发了不设站点的自行车共享方式，客户可以把自行车停放在适当的地方，随后的用户也可以直接就地取用。据估计，今天世界上有一千个城市都有共享自行车。截至 2017 年，仅中国的共享自行车项目就有约 1600 万辆的自行车保有量。

十、结 论

通过适当的推广机制，小型解决方案也可以触发一系列导致大规模变革的事件。这些连锁效应通过类似的利益相关方网络（企业或政府机构）相互模仿、相互竞争，或者开展竞争前合作。这些网络同样也可以由不同的利益相关方（非政府组织、企业和政府）组成，它们通过协同行动，比如在认证可持续生产或采用公共政策时，将可持续性所带来的改善成果锁定在相关的经济活动中。在某些情况下，多个参与者的独立行为可能在某些随机的时刻汇聚成强大的力量。但在多数情况下，参与者需要通过共同协作来解决问题。这两种情况都对应于多中心的治理模式，在此种模式下，各种各样的解决方案相互促进，积土成山，并最终形成合力，促成通往变革的良性循环。

主要参考文献

Berry，Wendell. 1991. "The futility of global thinking." In *Learning to Listen to the Land*，Bill Willers，ed.，150-156. Washington，DC：Island Press.

Casseti，Emilio. 1969. "Why do diffusion processes conform to logistic trends?" *Geographical Analysis* 1：101-110.

DeFries，Ruth，and Harini Nagendra. 2017. "Ecosystem management as a wicked problem." *Science* 356：265-270.

Ebeling，Johannes，and Mai Yasue. 2009. "The effectiveness of market-based conservation in the tropics：Forest certification in Ecuador and Bolivia." *Journal of Environmental Management* 90：1145-1153.

Economist. 2017. "How bike-sharing conquered the world." *Economist*. December. https://www.economist.com/christmas-specials/2017/12/19/how-bike-sharing-conquered-the-world.

Elder，Sara D.，and Peter Dauvergne. 2015. "Farming for Walmart：The politics of corporate control and responsibility in the global South." *Journal of Peasant Studies* 42：1029-1046.

Gardner，Toby A.，Magnus Benzie，Jan Borner，Elena Dawkins，Steve Fick，Rachael Garrett，Javier Godar，Andreanne Grimard，Sarah Lake，Rasmus K. Larsen et al. 2018. "Transparency and sustainability in global commodity supply chains." *World Development*. https://doi.org/10.1016/j.worlddev.2018.05.025.

Glasbergen，Peter，and Greetje Schouten. 2015. "Transformative capacities of global private sustainability standards." *Journal of Corporate Citizenship* 58：85-101.

Gulbrandsen，Lars H. 2014. "Dynamic governance interactions：Evolutionary effects of state responses to non-state certification programs." *Regulation & Governance* 8：74-92.

Hawken，Paul. 2008. *Blessed Unrest：How the Largest Social Movement in History Is Restoring Grace，Justice，and Beauty to the World.* New York：Penguin Books.

Heath，Chip，and Dan Heath. 2010. *Switch：How to Change Things When Change Is Hard.* New York：Crown Business.

Lambin，Eric F.，Holly K. Gibbs，Robert Heilmayr，Kimberly M. Carlson，Leonardo Fleck，Rachael Garrett，Yann le Polain de Waroux，Constance L. McDermott，David McLaughlin.

Lambin，Eric F.，and Tannis Thorlakson. 2018. "Sustainability standards：Interactions between private actors，civil society and governments." *Annual Review of Environment and Resources* 43. doi.org/10.1146/annurev-environ-102017-025931.

Meyfroidt，Patrick，Tom K. Rudel，and Eric F. Lambin. 2010. "Forest transitions，trade，and the global displacement of land use." *Proceedings of the National Academy of Sciences* 107（49）：20917-20922.

Nyborg，Karine，John M. Anderies，Astrid Dannenberg，Therese Lindahl，Caroline Schill，Maja Schluter，Neil W. Adger，Kenneth J. Arrow，Scott Barrett，Stephen Carpenter et al. 2016. "Social norms as solutions." *Science* 354（6308）：42-43.

Ostrom，Elinor. 2010. "Polycentric systems for coping with collective action and global environmental change." *Global Environmental Change* 20：550-557.

Overdevest，Christine，and Jonathan Zeitlin. 2014. "Assembling an experimentalist regime：Transnational governance interactions in the forest sector." *Regulation & Governance* 8（1）：22-48.

Peter Newton et al. 2018. "The role of supply-chain initiatives in reducing deforestation." *Nature Climate Change* 8：109-116.

Peters-Stanley，Molly，Stephen Donofrio，and Ben McCarthy. 2015. *Supply-change：Corporations，Commodities，and Commitments That Count.* Washington，DC：Forest Trends.

Rogers，Everett. 2003. *Diffusion of Innovations.* 5th ed. New York：Free Press of Glencoe.

Thaler，Richard H.，and Cass R. Sunstein. 2008. *Nudge. Improving Decisions about Health，Wealth，and Happiness.* New Haven and London：Yale University Press.

Thorlakson，Tannis，Joann de Zegher，and Eric F. Lambin. 2018. "Companies' contribution to sustainability through global supply chains." *Proceedings of the National Academy of Sciences*，115（9）：2072-2077.

第四章　生物圈管理的协作途径

卡尔·福克，比阿特丽斯·E·克罗纳，维克托·加拉兹，莱恩·J·戈登，利森·舒尔茨，亨里克·厄斯特布洛姆

怎样才能让人类在行动过程中重新认识到自然资本的重要性，将人类发展与生物圈重新联系在一起，并帮助稳定地球生态，使其更加有利于人类主导的这一全球化世界呢？为此，我们列出了7个跨学科合作案例，这些合作项目都致力于将人类发展向可持续性和生物圈管理的方向扭转。这些项目都是在保持自然恢复力的基础上开展的持续实验，反映了科学变革与当地利益相关方、国际机构和跨国行动者所开展的合作。项目重点关注如何在不同环境中管理自然资本、生物多样性和生态系统服务，探索提升人类福祉、生计和减贫成效等方面的成果经验、世界观和价值观。这些合作项目都具有类似的出发点——人与自然是相互交织的社会生态系统，为此我们应尊重复杂性，鼓励包容性决策，提升生态的恢复能力和学习能力，并充分利用我们面临的各种机遇和创新成果。

我们所处的世界复杂多变。人类因素已日趋成为驱动地球系统动态变化的主要力量，让如今的地球呈现出迥异于过去 120 万年冰期-间冰期交替的面貌（Steffen et al.，2018）。日光之下，定有新事。

新的情势表现出诸多特征，如社会与生态系统相互交织，系统间跨尺度的相互作用，以及包含各种系统临界点和真实不确定性的复杂动力。目前人类活动的速度、连通性和影响范围，将从前并无联系的部门和生态系统联系在一起，产生新的动力，导致跨国家和区域的连锁反应，从而影响人类福祉和基本生态系统服务。因此，局地事件可能升级为全球性挑战，局部地区亦受到全球动态的影响（Reyers et al.，2018）。

在这一新情势下，人类面临着一个重大挑战——如何将人类活动向可持续发展方向转变，即①认识到自然资本的重要性；②重新把发展与生物圈联系起来；③协助将地球稳定在一个有利于全球化，并以人类为主导的状态中。

正是在这种背景下，我们着手应对积极管理自然资本和丰富多彩的生物圈（包括生物多样性）的挑战。实现生物圈管理，首先要求人类能够融入生物圈。生物圈的承载能力是人类未来发展的基础，因此可持续发展要求在本地乃至全球范围

内改善和协调人类活动与生物圈之间的关系。要想充分利用有利条件、稳定地球的生态系统，需要逐步建立应对复杂情况和各种变化的生态恢复力（Folke et al.，2016）。

在这一章中，我们介绍了当前正在开展的 7 个案例，这些案例均是在科学-实践-政策-商业领域内迈向生物圈管理的具体实践。它们都建立在提高生态恢复力的基础上，体现了致力于变革的跨学科平台协作，同时这些案例也是通过行动共同产出知识的过程。科学作为客观的知识来源，在这些行动中发挥着重要作用。

一、科学促成协作变革

生物圈管理并非一种强加于人的自上而下的全球方法，也不仅仅是一种自下而上的方法。它是一种让人们参与跨层次、跨尺度合作的进程。在适当的制度框架下，人们通过共享愿景和创造力，不断学习，获得经验，逐步提升适应变化、自我调整和转型的能力。它也可以被看作是一种新兴伦理，体现了人类对生物圈应有的责任——人类是生物圈的一部分，生物圈是人类赖以生存的基础。

跨学科科学指科学作为一个独立的行为主体，与实践、政策和商业因素相互作用，共同产出知识的过程。跨学科科学在下列生物圈管理领域中发挥着重要的作用。

1. 因地制宜促转型

虽然生物圈管理涉及跨尺度协作，但它归根结底还是要因地制宜，从一方水土和一方人的直接互动中落地生根。许多案例研究都说明了因地制宜的重要性，即在跨尺度甚至全球范围内，根据各地实际情况修改调整治理方式，从而促成迈向生物圈管理的转型。

例如，通过研究对比瑞典的克里斯蒂安斯塔德生物圈保护区的局地适应性治理、澳大利亚的大堡礁地区的区域适应性治理和南大洋渔业的全球适应性治理，我们发现，生物圈管理具有三个共同特征。①建立对自然资本的动态认识，让行动者在知情的情况下学习并做出反应；②借鉴国家和非国家行动者的不同能力水平，获取更广泛的治理工具和方法；③实现地球陆地和海洋景观的协调发展，采用规模适当的整体策略来解决问题（Schultz et al.，2015）。

联合国教育、科学及文化组织开展的生物圈保护区项目是因地制宜原则的另一个突出案例。该项目由相关科学家和一系列行动者共同参与，旨在维护和发展生态及文化多样性，确保生态系统为创造人类福祉服务。世界生物圈保护区网络目前包括 122 个国家的 686 个保护区，其中一些保护区从 20 世纪 70 年代中期就开始实施。通过对其中 11 个保护区的 177 次跟踪调查，我们发现，当把各地特色与全球性框架相结合时，生物圈保护区的概念才能真正被激活，并对行动产生影响。在相对富裕的努萨地区（澳大利亚），生物圈保护区则被视为彰显地方特色的平台（Schultz et al.，2018）。

在迈向生物圈管理的转型过程中，忽视地方特色的管理体系会使我们错失利用和强化本地特性和地域知识来促进工作的宝贵机会（Marshall et al.，2012）。

2. 良好人类世的种子

这里所说的"种子"是指以标准形式存在的一系列倡议和行动（社会、技术、经济或社会-生态的思维方式或行为方式）。它们目前还没有成为主导或占据突出地位，但却代表着实践、世界观、价值观和地域多样性的发展趋势。Bennett 等（2016）在全球范围内收集了所谓"良好人类世种子"的案例及其关键信息。他们所采用的全球性参与行动，有助于确定和认识一些关键部分和进程，而这些部分和进程会促使某些倡议和行动的涌现和发展壮大，并最终从根本上改变人类社会和生态之间的关系。

对 100 个选定的"种子"进行分析后发现，现有实践可在以下方面发挥作用。①理解良好人类世的价值和特征；②确定能产生与形成从根本上改变社会-生态关系倡议的进程；③建立具有创造性的、自下而上的方案，以明确的途径通向更为积极的发展之路。研究还发现，通过塑造积极愿景所展望的现实，会使得这些愿景成为迈向可持续发展的转变进程中的关键组成部分。

"种子项目"从范围和过程上来说，属于跨学科项目，代表了预测未来的一种新方法。这一方法有可能帮助加快迈向生物圈管理的转变。该项目是生态系统变化与社会项目（Program of Ecosystem Change and Society，PECS）的一部分，是千年生态系统评估（Millennium Ecosystem Assessment，MEA）中亚全球评估项目的后续，也是未来地球行动（Future Earth）的核心项目。生态系统变化与社会项目旨在梳理整合社会-生态系统管理以及自然资本、人类福祉、生计、平等和贫困等问题之间的关系。该项目强调生态系统服务不是由生态系统所单独产生的，而是由社会-生态系统在本地和全球互动的背景下产生的。

3. 多重证据库、生物多样性公约，以及联合国生物多样性和生态系统服务政府间科学政策平台

在复杂的适应系统中，没有一个行动者能够掌握全局情况。了解情况需要不断学习，并利用所有现有知识来源，包括局地具体情况，本土信息和科学知识。在实践中，由于存在不同的验证体系以及不同类型的知识掌握者之间存在不对称权力关系，整合不同类型的知识具有一定的挑战。我们在推行《生物多样性公约》以及联合国生物多样性和生态系统服务政府间科学政策平台（IPBES）时，同样

经历了这种困境。为此，我们建立了多重证据库。生物圈管理方法认为，不同的知识体系是不可相互比较的，当把不同的科学分支与当地的知识体系联系起来时，往往会加剧权力不对称。因此，该方法强调充分发挥知识体系内部而不是不同知识体系间的互补性和有效性，以及对知识贡献的综合评估（Tengö et al.，2014）。

基于多个知识体系来编织整合各类知识，涉及 5 个迭代步骤：①动员——通过创新并利用过去的知识经验，鼓励开发基于知识的产品；②转化——将知识产品或结果转化为适当的形式，以便能够跨过各行动者之间的差异，实现相互理解；③协调——让不同知识体系间进行协调互动，从而发展出相互尊重且有用的知识表示形式；④综合——为实现特定目的，形成广泛接受的共同知识库；⑤运用——利用共同知识库作出决定/采取行动，再将相关经验反馈到知识体系中（Tengö et al.，2017）。

这一方法在联合国生物多样性和生态系统服务政府间科学政策平台中得到了重视。该平台的核心原则承认并尊重本土和地方知识体系对保护和可持续利用生态系统所做出的贡献，它与斯德哥尔摩恢复力中心（Stockholm Resilience Centre）的知识接口——瑞典国际生物多样性计划（SwedBio）——相对接。后者旨在促进知识体系和各地文化（例如当地决策者和当地科学知识）之间的结合，并使从业人员、决策者和科学家之间进行对话和交流，从而制定和实施多种规模的政策。目标是为减轻贫困、实现公平、可持续生计，以及提升生物多样性和生态系统服务做出贡献。

瑞典国际生物多样性计划组织了一系列对话，促进多个行动方相互交流，以便制定重要的国际政策和实践流程。这一举措对发展中国家具有明显的现实意义。例如，多国政府与生物多样性公约秘书处共同举行的基多对话，有助于各国更好地理解将生物多样性纳入主流的进程。这些对话也说明了共同产出知识以及开展跨学科协作的作用，从而推进了生物多样性公约的发展。

4. EAT 和 EAT 斯德哥尔摩食物论坛

食物生产是导致全球环境变化的主要驱动力，对生物圈的气候、生态系统和淡水资源产生着重大的影响。食物摄入不足是早期导致全球范围死亡的主要原因之一，与其相关的非传染性疾病发病率一直不断攀升。截至 2017 年，全球有 8 亿人营养不良，与此同时却有超过 20 亿人超重（Gordon et al.，2017）。这种引人注目的局面即是 2011 年发起 EAT 倡议的缘由。

EAT 是通过科学方式改变全球食物体系的平台，它汇集了科学、商业和政策领域的食品、健康和可持续发展方面的代表，致力于打破当前食品、健康和可持续发展中各自为政的做法。EAT 的内容包括：①促进知识的生成，以提高对综合健康、食品和可持续性发展的科学理解；②建立相关平台，让该领域的先行变革者参与进来；③为关键利益相关者之间的行动创造机会。

知识生成的一个案例是 EAT-柳叶刀委员会（EAT Lancet Commission）的工作成果。该委员会聚集了来自世界各地的 35 名科学家，以定义维持地球可持续性的科学健康饮食标准，并采取必要行动，确保能够让 90 亿人获得在地球环境限制下生产的健康食品（Willet et al.，2019）。作为一个参与性平台，每年的 EAT 斯德哥尔摩食物论坛吸引 700 名全球政要，讨论有关如何建立更好的食品体系以促进可持续发展的最新见解。在行动方面，EAT 与世界可持续发展商业理事会（World Business Council for Sustainable Development）建立了"新鲜平台"（FreSH platform），让大型食品企业参与科学对话，推动企业之间携手开展行动。

5. 海洋管理海产业务联盟与"关键角色"对话

鱼类资源的过度开发已经成为了一个严重的问题，但在这一领域的工作进展和广度却不尽如人意。我们启动了一项对几大全球经营业务的海产公司的科学分析——这些公司从事的海产生产与地球生态系统息息相关。通过了解这些大型海产公司的规模、产量、捕捞种类以及捕捞海域，我们发现，其中 13 家公司的捕获量占到了全球野生海产捕获量的 11%～16%。他们共同主导了与白鱼、深海鱼类、金枪鱼、鲑鱼养殖和海产饲料相关的行业，并建立了全球海洋的食物网和生态系统，进而又间接影响全球生态系统。他们通过各个子公司，控制着全球相关的生产部门；还通过加入多个机构和管理机构，在全球海洋治理中发挥着重要的作用（Österblom et al.，2017）。

根据我们对这些"关键角色"的了解，我们假设他们具备超乎寻常的能力来促成生物圈的变革。在此基础上，我们与这些公司及其首席执行官开展了多轮双边对话。经过两年的接触，其中 8 家公司认可参与全球基石对话（global keystone dialogue）（2016 年 11 月）的价值。令我们惊讶的是，这些公司都同意组建一个以科学研究为基础的全球性海洋管理联盟，并将其命名为海洋管理海产业务联盟（SeaBOS）。海洋管理，作为一种以学习和适应为基础的、负有道德责任的协作方式，其主要目的是通过管理和维护海洋生态系统的恢复力和可持续性来保障人类福祉。

六个月后（2017 年 5 月），我们与其中的 10 家公司进行了第二次全球对话。通过对话，他们确定了行动的优先事项，并承诺将其转化为实际运营业务活动。第三次对话于 2018 年 9 月举行，这 10 家公司的 10 位首席执行官都出席了对话。这些公司均报告了各自所取得的实际进展，并承诺提供长期资金，制定相关章程，并设立秘书处领导相关事务。这些事务曾经是由我们这些科学家利用独立资金来协调开展的。这项大规模试验尚处于早期阶段，但各公司似乎都表现出了转变海洋管理的决心，他们所做出的承诺已经开始影响到全球的海产供应链。这样的成果对于激励其他行业和部门参与到生物圈管理的战略领导中来起到了积极的促进作用。

6. 全球恢复力伙伴关系和 GRAID

全球恢复力伙伴关系（Global Resilience Partnership，GRP）是一个独立的合作组织，通过联合公共和私营机构，致力于为全人类创造可持续和繁荣的未来。GRP 重点关注世界上最弱势的人群和地区，并认为生态恢复力是推动《2030 年可持续发展议程》的先决条件，只有通过生态恢复力才能在安全的行动空间内消除贫困，实现共同发展。

GRP 建立在卓越的知识基础上，致力于寻找新的方法来处理对发展至关重要的棘手问题。目前，GRP 已经制定了一套实现生态恢复力的原则：拥抱复杂性、承认变化，提升决策的包容性，增强生态系统的完整性，促进灵活性并不断学习，充分利用创新成果和各种机遇。这套原则侧重于诊断问题、激励协作、开发解决方案、学习并共享。

GRP 秘书处为整个伙伴关系提供各类支持，其支持对象包括多个能影响国际发展的重要角色。近期，GRP 将其秘书处迁至斯德哥尔摩大学的斯德哥尔摩恢复力中心，该中心的 GRAID 项目将 GRP 作为主要的知识合作伙伴，并与世界各地的学术合作伙伴（如南非的斯泰伦博世大学）分享其研究及应用成果。GRAID 旨在发展新思维，增强意识，并将提升生态恢复力作为可持续发展和国际发展议程的一个重要组成部分。

GRAID 项目中的一项合作案例针对恢复力的计划和行动开发了一套名为"探路者"（Wayfinder）的全新评估体系。该体系旨在帮助开发从业人员、项目团队、决策者和其他变革者加强合作，更好地理解其面临的重点系统、主要的可持续性挑战以及发展战略，以及由此带来具有适应性和变革性的转变。2018 年春季，该项目还推出了关于恢复力与发展的大型在线公开课程（MOOC），以及一系列有关恢复力思维的"旗舰产品"，这些"旗舰产品"详细阐述了恢复力思维是在发展及人道主义领域开展工作的一种全新思维方式。

7. 金融系统和生物圈管理

人类当前面临着如何应对大规模全球环境变化带来的多重挑战——包括气候变化及其影响、土地利用方式的迅速转变、生物多样性的丧失等。尽管"治理"作为指导人类行为的一种手段，永远不能被忽视，但许多挑战的紧迫性决定了我们需要采取新的手段来应对快速且大规模的转变，以此保障地球的关键发展进程（Abson et al.，2017）。消费者、企业乃至整个价值链中的所有环节都可能成为焦点，人们亟待确认到底什么措施才有潜力成为这一新型手段。直到最近，金融系统的作用引起了广泛的关注。学术界和金融界都在加大努力，以期深入了解金融系统如何以可持续的方式，帮助我们积极转变以应对未来所面临的挑战，尤其是与气候相关的挑战（Battiston et al.，2017；Galaz et al.，2018）。

虽然这类转变大受欢迎，但金融行业仍亟须解决两方面的问题，才能更好地为生物圈管理服务。首先，为实现可持续投资，人们设定了一系列的战略和风险情景，而这些战略和情景当中的地球系统进程所包含的非线性动力学还知之甚少。有鉴于此，针对生物圈管理的跨学科合作和协同产出行动迅速兴起，保险公司、银行、养老基金和对冲基金等金融机构都纷纷参与进来。其次，如果想充分了解资金流动、投资策略和资本配置这些因素对自然资本的影响，需要大幅提高资金流动的透明度。这种透明度将有助于追踪在特定地区开展投资的影响力，并将其与明显的改善成果联系起来，使其能够对所带来的一切改善或退化负责。实现这种透明并非微不足道，相反地，它可以将我们的关注点引向全球金融机制的关键节点，同时，相关机构如果选择提升透明度，将有望成为积极的生物圈管理者。

二、结　　论

上述 7 个案例讲述了如何通过跨学科合作来促成转变。这些案例表明，与人类的行动和行动者开展合作转向生物圈管理并非不可达成。这些案例，从与当地利益枚关者接触，到与全球互联世界的主要参与者接触都有涉及。这些案例还表明，人类的行动并非只会一味破坏我们对美好未来的期许；人类的行动本身及其背后的价值观、意义和激励因素，是有可能朝着可持续的道路和美好的未来转变的，而且在这一过程中，人类还能同时维持健康而极富恢复力的生物圈。这是令人鼓舞的，也反映出社会正在发生的转变，开始逐渐告别对自然资本和环境问题的不相关的态度，开始增强对我们赖以生存的地球和生物圈的认知，并越来越清晰地意识到我们是根植于生物圈的一部分。

主要参考文献

Abson，David J.，Joern Fischer，Julia Leventon，Jens Newig，Thomas Schomerus，Ulli Vilsmaier，Henrik von Wehrden，Paivi Abernethy，Christopher D. Ives，Nicolas W. Jager，and David J. Lang. 2017. "Leverage points for sustainability transformation." *Ambio* 46：30-39.

Battiston，Stefano，Antoine Mandel，Irene Monasterolo，Franziska Schutze，and Gabiele Visentin. 2017. "A climate stress-test of the financial system." *Nature Climate Change* 7：283-88.

Bennett，Elena M.，Martin Solan，Reinette Biggs，Timon McPhearson，Albert V. Norstrom，Per Olsson，Laura Pereira，Garry D. Peterson，Ciara Raudsepp-Hearne，Frank Biermann et al. 2016. "Bright spots：Seeds of a good Anthropocene." *Frontiers in Ecology and the Environment* 14：

441-48.

Folke, Carl, Reinette Biggs, Albert V. Norstrom, Belinda Reyers, and Johan Rockstrom. 2016. "Social-ecological resilience and biosphere-based sustainability science." *Ecology and Society* 21 (3) : 41.

Galaz, Victor, Beatrice E. Crona, Alice Dauriach, Bert Scholtens, and Will Steffen. 2018. "Finance and the Earth system: Exploring the links between financial actors and nonlinear changes in the climate system." *Global Environmental Change* 53: 296-302.

Gordon, Line J., Victoria Bignet, Beatrice E. Crona, Patrik Henriksson, Tracy van Holt, Malin Jonell, Therese Lindahl, Max Troell, Stephan Barthel, Lisa Deutsch et al. 2017. "Rewiring food systems to enhance human health and biosphere stewardship." *Environmental Research Letters* 12: 100201.

Marshall, Nadine A., Si P. Park, W. Neil Adger, Katrina Brown, and S. Mark Howden. 2012. "Transformational capacity and the influence of place and identity." *Environmental Research Letters* 7: 034022.

Österblom, Henrik, Carl Folke, Jean-Baptiste Jouffray, and Johan Rockstrom. 2017. "Emergence of a global science-business initiative for ocean stewardship." *Proceedings of the National Academy of Sciences, USA* 114: 9038-43.

Reyers, Belinda, Carl Folke, Michelle-Lee Moore, Reinette (Oonsie) Biggs, and Victor Galaz. 2018. "Social-ecological systems resilience for navigating the dynamics of the Anthropocene." *Annual Review of Environment and Resources.* doi.org/10.1146/annurev-environ-110615-085349.

Schultz, Lisen, Carl Folke, Henrik Osterblom, and Per Olsson. 2015. "Adaptive governance, ecosystem management and natural capital." *Proceedings of the National Academy of Sciences, USA* 112: 7369-74.

Schultz, Lisen, Simon West, Alba Juarez Bourke, Lia d' Armengol, Pau Torrents, Hildur Hardardottir, Annie Jansson, and Alba Mohedano Roldan. 2018. "Learning to live with social-ecological complexity: An interpretive analysis of learning in 11 UNESCO Biosphere Reserves." *Global Environmental Change* 50: 75-87.

Steffen, Will, Johan Rockstrom, Katherine Richardson, Timothy M. Lenton, Carl Folke, Diana Liverman, Colin P. Summerhayes et al. 2018. "Trajectories of the Earth System in the Anthropocene." *Proceedings of the National Academy of Sciences, USA* 115: 8252-59.

Tengö, Maria, Eduardo S. Brondizio, Thomas Elmqvist, Pernilla Malmer, and Marja Spierenburg. 2014. "Connecting diverse knowledge systems for enhanced ecosystem governance: The multiple evidence base approach." *Ambio* 43: 579-91.

Tengö, Maria, Rosemary Hill, Pernilla Malmer, Christopher M. Raymond, Marja Spierenburg, Finn Danielsen, Thomas Elmqvist, and Carl Folke. 2017. "Weaving knowledge systems in IPBES, CBD and beyond: Lessons learned for sustainability." *Current Opinion in Environmental*

Sustainability 26-27：17-25.

Willet，Walter，Johan Rockstrom，Brent Loken，Marco Springman，Timothy Lang，Sonja Vermeulen，Tara Garnett，David Tilman，Amanda Wood，Fabrice DeClerck et al. 2019. "Our food in the Anthropocene：The EAT-Lancet Commission on healthy diets from sustainable food systems." *Lancet：The Lancet Commissions* 393：447-92.

第五章 "5P"：选择实现包容性绿色增长的政策手段

詹姆斯·萨尔兹曼

　　世界各地制定了许多不同的政策来保护和提供我们赖以生存的自然资本。尽管这些手段各不相同，但它们都是以五种基本政策手段为基础的。这五种手段通常被归纳为"5P"：规范性监管（prescriptive regulation）、产权（property rights）、付费（payments）、惩罚（penalties）和劝说（persuasion）。一旦抓住了任何具体政策的这 5 个要素，就能轻易地掌握它们的运作机制、优点和弱点。

　　保护和提供自然资本，往往面临着困难的选择。我们应该保护当地的某个濒危植物种群吗？我们是否应该限制某个生态平衡已濒临崩溃的渔场的捕捞量？如果我们采取这些行动，我们应该把相关的人类活动降低到什么程度？要想回答这些有趣的问题其实并不容易，需要我们综合考量科学、经济、法律和政治等方面的因素，且不可避免地要进行利弊权衡。

　　即使能够就目标达成一致，我们还面临一个根本性的选择：如何以最佳方式实现目标。即使在起点和终点上达成了一致，我们仍需确定到底该走哪条路。需要依赖监管还是利用市场工具？采用试点项目还是信息生成？

　　虽然涉及的法律和政策可能看起来异常复杂（有时确实如此），但事实证明，掌握如何选择工具的方法是最直截了当的手段。令人惊讶的是，发挥作用的基本政策手段仅有 5 个，而这些手段可以通过简单明了的"5P"框架进行有效的分解。

　　正如一首复杂的奏鸣曲可以简化为少量的由黑白钢琴键奏出的音节，通过掌握"5P"框架也可以让我们识别出可用的政策工具有哪些潜力。尽管这些政策工具的运用场景眼花缭乱，但基本的构架其实是不变的。

　　"5P"包括：规范性监管（prescriptive regulation）、产权（property rights）、付费（payments）、惩罚（penalties）和劝说（persuasion）。在某种情况下，可能只有一种最佳手段；更多时候面临的主要问题是确定每种手段的优缺点。

　　"5P"框架分析方式可应用于任何环境问题。在本章中，我们从保护和提供自然资本的角度对其进行了研究。在下面的章节中，我们把每一种政策手段应用于经典的公地悲剧（tragedy of the commons）（Hardin，1968）场景中来进行具体阐述。公地定悲剧场景中，羊群在开放的公共草场放牧。这导致草地退化，土壤保持和防洪等生态系统服务功能逐渐丧失。如果不采取措施，公共草场很快就会因为过度放牧而导致上述功能遭受彻底的破坏。在个人自身利益最大化的驱动下，公共资源迅速消耗殆尽，最终损害了所有人的利益，导致了悲剧。

在这一场景中，我们的目标很明确——在可持续水平上对公地进行管理。问题是，到底应该采用哪种政策手段来实现这一目标？

一、规范性监管

规范性监管明确了相关各方可以做什么，不能做什么。这是环境法规最直接也是最常见的形式。我们看到，从地方一级的狩猎许可证、国家一级的环境污染法规定的污水排放限制，到国际一级的濒危物种对外贸易限制，各级环境治理中都存在大量规范性条例。

在上述公共草场过度放牧的例子中，政府可以限制允许放牧的羊群规模，或者在时间上限定只能在某个特定的季节或时期放牧。

规范性监管也被称为指挥和控制类监管，可以有效地强制所有行动者统一遵守，预先解决拖延、搭便车和集体行动等方面的问题。我们将在第七章监管所驱动的缓解措施中详细了解这一政策手段，在该章的案例中，规范性监管明确规定：在缺乏缓解措施的情况下，将限制湿地或溪流的开发。

规范性监管的效率存在很大的争议。例如，经济学家经常批评这类条例效率低下且笨拙。他们认为，这种方法对创新的激励作用很小，因为一旦被监管方满足了规定列出的必要要求，法律就无法再激励其进一步减少有害活动了。

规范性监管背后有两个未阐明的假设需要明确。第一，监管机构需要将标准设定在适当的水平。但由于信息缺乏或者机构能力不足，这一点往往很难实现（这是诸如捕鱼和伐木等涉及自然资源的行业面临的一个典型问题，因为行业压力导致过度捕捞和大规模砍伐）。第二，监管机构有能力监控相关标准的实施情况。这两者都会带来行政成本，因此，对于规范性监管而言，这类成本有时会比其他政策手段的成本高出很多。

二、产　　权

解决公地悲剧的一个经典方案是通过划定产权，将资源私有化。在放牧的例子中，假设草场不再是开放的公共空间，而是被划分成多块方形土地，并分配给包括你在内的牧民个人。那么你现在就有权把别人的羊从你地里赶走。在土地属于你的情况下，你还会像从前一样过度放牧吗？

突然之间，你先前尽力抢在别人之前占有资源的动机已不复存在。相反，实现利益最大化的途径变成了照顾好属于自己的那块草场，让它尽可能长久地维持产出——也就是说，你会采用可持续的方式管理草场。你可以把自己的这块草场开放给其他牧民使用，但不管是无偿还是有偿使用，前提都是要保证这块地的资源基础完整且一直具有生产力——也就是说，避免过度放牧。在财务方面，为了实现利润最大化，你必须以长远的眼光来保护自己的资产。其实，无论产权属于个人还是属于社区（就像许多本土文化中那样），前提都是一样的。

与规范性监管相比，这种方式的行政成本通常要低一些。政府要做的只是进行最初的产权分配，然后便放手把后续的分配行为交给市场去主导。

本书第十章中澳大利亚默里达林盆地水权案例中就有这一政策工具的具体运用情况。

技术在运用产权工具的过程中具有潜在的重要性。为了维护产权的排他性，你既需要有能力知道他人在使用你的资源（监控能力的问题），还需要有能力防止他人随意使用。

尽管人们对生态环境保护越来越感兴趣，产权工具的应用范围也越来越广，但仍面临一些重大障碍。首先，许多环境资源并不适合商品化。当某种资源具有重要的公共效益时（如大型河流或生物多样性），私有化可能无法将土地的社会用途及其效益最大化。私人土地所有者通常只看重那些能带来经济效益的用途，而忽略资源所具有的其他重要外部特性。如果政府想要确保实现与资源相关的重要公共目标（比如保障粮食安全、保护稀有生物多样性、防洪等），那么政府可能需要介入并限制相关土地的用途。

其次，生态环境资源私有化的最初过程也面临着如何分配的难题。以公共土地为例，假设政府已将土地划分为 50 块，那么谁有权得到这些地块？通过拍卖，价高者得？那么富裕的新移民和企业无疑会是最大的受益者。为了更好地尊重相关资源的传统使用者，是否可以根据历史使用量或当前的消费水平来进行分配？但这又会将后来者置于不利地位，让从前大手大脚的使用者轻松得利。如果我们无法在这些相互竞争的使用者中做出合理的选择，随机抽取又是否可行呢？事实上，任何的分配机制都会倾向特定群体并牺牲其他群体的利益。到底应该倾向哪些群体，归根结底是一个颇有争议的政治决策问题。不管怎么选，结局总是几家欢喜几家愁。

三、可交易许可

在环境市场上采用许可交易的方式，可以将规范性监管与划分产权两种政策手段相结合。划分产权是为使用资源而设——也就是我们例子中，允许在某地牧羊的权力。交易系统利用市场来提高规范性监管的效率。政府设定有害活动的上限（与规范性监管中的规定同理），允许私人在监管上限范围内从事相关活动，同时允许私人交易从事这些活动的权利。在这一过程中，市场在决定环境保护的总体水平方面没有发挥作用，发挥作用的是监管机制。

我们可以具体设想一下，上述交易是如何在公共草场的例子中发生的。开始阶段，政策制定者决定，草场每年放牧的绵羊数量为 400 只以内，并设立了 400 个对应的许可，允许持有人在许可规定的日历年内放牧对应数量的绵羊，否则就属于违法。然后，政府以某种方式分配许可证（如前文所述，分配方式将产生重大的分配后果），并允许交易许可证。看中放牧价值的人，就会出价，从不看重放牧价值的人那里购买许可证，进而保证公共草场能够被用于最有价值的市场用途。如果上限设置得当，可出售许可证方案与指挥和控制类监管方案的保护效果相当，但成本更低。这也是本书第十一章中描述的 REDD+ 计划的最终目标，目标实现后，碳封存信用可以用于在各国间交易，从而实现改善气候变化目标。

在初始阶段，许可证的分配对于交易来说是个挑战，这与将资源划为纯私有财产所面临的挑战是一样的。而且，构建平稳运行的市场并非易事。必须有一个定义明确的市场和足够的买卖双方才能支撑起一个活跃的市场。此外，还必须有一种可以有效替代生态价值的贸易货币来反映人们所期望的环境质量。比如说，让佛罗里达州的沿海开发商们用俄勒冈州减少的磷排放来"置换"他们破坏的湿地生态系统服务（如防洪或营养过滤），目前这种做法还不现实。

在交易许可方案中，市场决定了补贴在最初分配后的去向，因此，有害活动可能会集中起来，造成新的污染热点，这是随之而来的另一项挑战。特别是当危害都逐渐集中到低收入社区时，又可能引发环境公平性的关注。

四、经 济 处 罚

除了完全禁止之外，要想限制造成自然资本退化的行为，还有一个有效方法，即提高其成本，不管是通过收费、税收还是增加负债。通过处罚，可以强制各方承担被提高的有害活动成本。用经济学的语言来说，让污染者将其行为的负外部性内在化。在公共草场例子中，牧民可能会被收取每只羊每天的放牧费，根据所需的放牧水平，费用可以上下浮动。

理论上，经济处罚是一种不错的政策工具，但也面临两方面的实际障碍。第一个方面就是如何合理定价。当商品的价格能准确反映其全部生态环境和社会成本时，市场是有效的。因此，将外部性内在化的关键要素就是估值。如果一个人同意外部性内在化，即当事人认可应当为其所造成的损害付出代价，那么首先要解决的问题就是"付多少"。不过，在实践中可以忽略这一点，只需要考虑实现预期行为转变所需的程度就够了。这种方法关注的并不是造成的损害价值，而是边际机会成本。

第二个方面的障碍是行政因素。增税从来不是件易事，征收环境税费更是难上加难。要想按照足以显著影响行为的标准来征收税款，说起来容易做起来难。在许多情况下，这些收费更多的作用是增加税收，而非纠正错误行为。

五、财政付费

如上所述，政府可以通过处罚来阻止某些活动，但同样也可以利用补贴来鼓励有益的活动。正如政府可以利用处罚来控制负外部性，提高从事不良行为的成本一样，政府同样也可以利用财政付费手段来促进正外部性，降低有益行为的成本。运用到我们公共草场的例子里，一年内牧民每减少放牧一头羊，就可以获得 100 美元的奖励——牧民因为没有行使放牧权而获得了报酬。这种手段的一个实际案例是：政府向农民提供农业补贴，鼓励其将耕地闲置以防止水土流失或为野生动物提供栖息地。本书第六章中描述的国内付费案例，以及第九章中的水基金案例和第十一章中的多边付费案例，都是生态系统服务付费战略普遍采用的方法。

但是，并非所有的付费方案都有利于环境。相反，政府推出的许多补贴其实是在鼓励有害活动。有独立分析认为，通过取消数十亿美元的某些补贴（比如在公共土地上修建伐木道路的补贴），既有助于改善环境，又能减少国家预算赤字。从某些方面来讲，不恰当的补贴会让我们付出双重代价。首先是为筹集补贴所需的资金而缴纳的初期税款，其次是补贴所鼓励的环境破坏行为和自然资本损失。

六、劝　　说

如果规范性监管和市场手段属于"硬监管"，那么要求信息产生并传播的法律则可以说是一种"软手段"。这种方法背后的理论是，政府迫使人们思考他们正在对环境造成的伤害，并通过宣传这种伤害来扭转人们的行为方式。在公共草场的例子中，政府可以要求牧民记录并公布其放牧的羊群数量、羊群的草料消耗量；或者公布若继续以这样的方式放牧的话，草场还能继续的时间。此外，政府可以要求土地所有者制定管理计划，表明其在未来 5 年中如何增加河岸围栏；政府还可以尝试编写分发小册子或其他介绍材料，让牧民明白过度放牧的前因后果；或者赞助一个试点项目，用事实说明用哪些方式管理公共草场会更有效。

当没有足够的政治力量来推行市场或监管手段，或者当这些手段都不适用时，通常会采取上述信息推广手段。无论是因为"名不正则言不顺"，还是出于提高相关人群的意识，这种具有说服力的"软手段"已经有效改善了一系列环境问题。

七、发挥工具包的作用

前面我们虽然采用的是公共草场放牧损害自然资本的例子，但这套监管工具可以应用于几乎所有环境问题中。以净水服务为例，如果某个社区的饮用水被农田和河床中的牛粪污染，一般来说，市政府可能会建一个水处理厂来净化饮用水；但也有官员认为，如果利用种植植被隔开通往水库的岸边通道，费用会低得多。在污水进入河流前，植物可以吸收其中的硝酸盐和磷酸盐，为河岸生态系统固持营养物质。如果你是当地政府领导，那么你会提出什么样的河岸生态缓冲策略呢？

通过规范性监管，可以要求土地所有者沿岸设置围栏保护岸边带植被，并防止牛群出入。此外，也可以法规禁止牛群进入河床。

经济处罚也是一个不错的选择。没有设置河岸围栏的河床，都要按长度缴纳罚款。或者反之，提供税收抵免或对设置河岸围栏进行补贴，也是同样可行的手段。还有一种不算很高明的做法，即利用之前提到的产权工具，通过建立交易市场，允许人们交易可在溪流中放牧牛群的许可。许可上限可以设定得很低，允许土地所有者在设置围栏或购买溪流放牧津贴之间做出选择。

最后，通过信息披露进行劝说可能也会奏效。例如，可以要求土地所有者收集并发布有关其河岸围栏或进入河床的牛群数量的数据。

"5P"方法也适用于濒危物种保护，比如珍稀鸟类保护。规范性监管可以做到禁止捕杀或伤害鸟类及破坏鸟类栖息地。划分产权的手段可以用来设立一个交易计划，把配对繁殖作为交易货币，即当某些土地所有者改变了鸟类栖息地面貌，降低了栖息地对鸟类的吸引力时，他们可以向其他地区的企业家购买建立的鸟类配对繁殖项目信用来抵消其行为的负面影响。这种"物种银行"可以激励企业家将农田转化为濒危物种栖息地。对于那些降低栖息地对当地濒危物种吸引力的土地所有者，则可以采取经济处罚的手段。反之，也可以给改善栖息地的土地所有者提供奖励，从而提升栖息地内鸟类的配对繁殖率。此外，还可以通过宣传强调当地生物多样性和独特的自然遗产，来劝说人们采取行动改善鸟类栖息地。

诚然，这个框架没法完美地囊括环境政策中所有令人眼花缭乱的手段。但绝大多数的政策手段都可以归类到"5P"框架中。因此，制定政策和策略时，在充分掌握各种手段的优劣情况下，政策制定者可以采用这套评估体系来快速评估任何危害自然资本的情景。

主要参考文献

Hardin，Garrett. 1968. "The tragedy of the commons." *Science* 162（3859）：1243-48.

第二部分　自然资本融资机制

第六章 政府补助

丽莎·曼德勒

许多生态系统服务都是由私有土地提供的，但受益者却是广大公众。如果没有合理的激励措施，土地所有者可能会优先追求私人收益，从而牺牲公共利益。通常，政府机构代表众多受益人筹集资金，向服务提供者进行经济补偿。本章介绍了三个与这一机制相关的案例：美国的联邦政府休耕保护项目、纽约市的饮用水供应保护计划和南非的"为水而战"水资源项目。在这些案例中，国家或城市政府通过税收、债券或公共事业收费来筹集资金。这些资金随后会分配给个人或机构，作为其实施相关管理措施、改善生态系统服务的回报。除了改善公共生态系统服务效益外，这些项目还致力于改善农村生计。这些案例表明，政府为生态系统服务开展的付费项目，是保护和增强自然资本历史最久、使用最广泛的机制之一。

流域土地保护与下游水质、水量的关系早已得到广泛认知。自从 13 世纪以来，法国就已经把森林和水的保护结合在一起（Andréassian，2004）。因此，政府支付生态系统服务的方案必然是至关重要且长期存在的，尤其是在与水有关的生态系统服务方面。

在本章中，我们介绍了三个案例来阐述政府补助是如何确保和提升环境效益。前两个案例来自美国：分别是建立于 20 世纪 80 年代的联邦政府休耕保护项目，以及建立于 90 年代的纽约市饮用水供应保护计划。第三个案例是 90 年代建立的南非"为水而战"水资源项目。在纽约市饮用水供应保护计划案例中，纽约市相关受益方对服务提供者进行了补偿。联邦生态保护计划和"为水而战"水资源项目都主要通过政府补贴运作，但对生态系统服务提供者的补偿却并不是由服务的具体受益者来支付的，而是由一般税基来抵扣（图 6.1）。

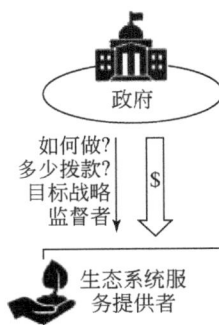

图 6.1 在政府补贴机制下，政府从总预算中拨款，对生态系统服务提供者进行补偿。政府决定在哪些领域支付保护或加强生态系统服务的费用，以及如何进行支付，并负责监测相关结果。

一、案例 1 美国联邦政府休耕保护项目

1. 问题

20 世纪 70 年代，美国农业政策和国内需求导致农产品价格大幅上涨。为了增加农产品供应量，政府鼓励农民尽可能多地种植农作物。因此，森林、灌木林和草原，以及大量低生产力的土地都被转化用于农作物生产。这种做法对生态环境造成了不利影响，使得土壤侵蚀增加，农田面源污染导致水质恶化，野生动物栖息地丧失。随着农产品产量的提升和国际地缘政治的影响，农作物价格被压低。联邦政府休耕保护项目（Conservation Reserve Program，CRP）于 1985 年应运而生，接续美国政府在 50 年代鼓励退耕的政府计划。休耕保护项目旨在减少农业生产对环境的不利影响，也在谷贱伤农时为农民提供价格支持。该项目向农民提供补贴，鼓励农民将环境敏感的农田转化为被多年生植被覆盖的土地，以改善环境状况。因此，该项目具有经济发展和保护环境双重意义。

2. 生态系统服务

联邦政府休耕保护项目有三个主要的环境目标：提升水质、减少土壤侵蚀、改善野生动植物栖息地。向农作物施用的肥料和农药会进入河流，引起水质下降；农耕导致土壤裸露，增加土壤流失风险，降低土壤肥力，同时也影响水质和空气质量；将自然植被覆盖的土地转化为农田会减少野生动物的栖息地。联邦政府休耕保护项目的目标与多种生态系统服务相关，会带来经济和公众健康方面的效益，包括提高饮用水的质量；在水质提升的基础上改善海洋环境、提高淡水渔业产量；水质的改善还能够增加野生动植物观光业与狩猎业等娱乐机会；此外，还可以通

过减少扬尘以提高空气质量。

3. 生态系统服务的受益者

许多人都受益于休耕保护项目所带来的生态系统服务，具体受益者取决于休耕保护项目实施地的人们对清洁水资源、洁净空气、生物多样性的依赖程度。与纽约市饮用水供应保护案例不同，联邦政府休耕保护项目中的生态系统服务不由受益者直接支付，而是由联邦提供税基抵扣支持（更多信息见第 6 小节"价值转移机制"）。

4. 生态系统服务的提供者

农民对土地用途的决策和管理会影响水质、土壤流失程度，以及野生动物栖息地面积，所以农民是该项目中生态系统服务的主要提供者。符合条作并参加该项目的农民可以获得相应补偿。该项目不适用于公共土地。

5. 交换条件：补偿物

联邦政府休耕保护项目规定，如果农民拥有符合项目要求的土地，且同意为了改善环境质量而休耕并种植多年生植被，就可以依据所签订的合同条款取得 10～15 年的年租金收入。符合项目要求的土地必须在过去 6 年中有 4 年处于生产状态，或者是靠近水源的边缘农田或草场。对于符合要求的土地，休耕保护项目还将分担高达 50% 的土地转换成本（即总成本的 50%），以及高达年租金 20% 的额外保护补贴，如营造防护林、滤水带、河岸缓冲区等。

休耕保护项目每年提供约 19 亿美元的资金。在高峰期的 2007 年，项目所涉及的土地面积达 1500 万 hm^2。截至 2017 年，登记土地面积下降到不足 1000 万 hm^2，是自 1988 年以来的最低水平。这是由于美国政府在 2014 年为减少休耕保护项目预算，限定了实施项目的土地面积的上限。

6. 价值转移机制

休耕保护项目由美国农业基金提供支持，由美国农业部（USDA）的农业服务机构（FSA）管理，参与项目的农民与美国农业部下属的商品信贷公司签订合同，以反向拍卖的形式进行招投标，具体流程如下：农户针对其所有的某块土地上实施的特定保护措施（如植树种草或修建河岸缓冲区）提出方案和租金收入出价，并按此来提交标书。投标注册的时间窗口大约为一年一次，在此期间提交的投标会按环境效益指数（EBI）进行排名。EBI 分数是根据土地及其相关的水质保护、侵蚀控制、野生动植物保护的价值和土地的租金计算的，投标按 EBI 分数的排名由高至低中标，直到累计中标面积达到最大规定总面积为止。此外，耕地保护项目中的土地合计面积不能超过每个县农田种植总面积的 25%。

受项目面积和受理时间的限制，农民们需要相互竞争，才能中标加入休耕保护项目。竞标者可以通过以下两种方式提高 EBI 分数来增加中标可能性：一是降低其要求的土地租金收入，二是在一块土地上实施具有更高保护价值的保护活动。农业服务机构（FSA）设定合同的租金上限，租金价格因土地生产力和作物价值不同而有所区别。这些租金信息将提供给土地所有者，作为其投标时的参考。

7. 监督核查

农业服务机构需要对休耕保护项目中的合同进行监督，确定登记面积，确保农民按合同约定实施保护措施。然而，美国管理和预算办公室 2005 年的评估显示，该项目的监督存在问题。当农民未按照合同管理土地时，往往缺乏有效的惩罚办法。

8. 成效

据美国农业部统计，与未实施保护的地区相比，休耕保护项目减少了超过 80 亿 t 的土壤侵蚀，降低了 95% 的氮和 85% 的磷流失，使 100 万 hm^2 的湿地得到恢复，让 27.5 万 km 的河流得到了河岸缓冲带的保护。此外，休耕保护项目每年还实现了 4400 万 t 温室气体的封存。该项目对于野生动植物，特别是对于草原鸟类和水禽也有极大益处。

项目带来的这些生物物理变化在经济价值或其他方面对人类福祉的贡献尚无法估算，据 2007 年的一项研究估计，该计划在全国范围内每年提产生了 13 亿美元的收益，占成本的 75%～80%（Hansen，2007）。然而，这项研究只估算了该项目总收益的一部分，结果非常保守。较早的评估认为，休耕保护项目的收益已超过了成本。

通过调整基于环境效益的土地中标优先级的方法，休耕保护项目可以更有效地选择最能减少侵蚀和改善水质的重要地块，从而提升项目的经济效益。项目中的环境效益指数（EBI）的评分主要取决于生态系统服务的功能量，或是取决于土地管理所能带来的空气质量改善以及水质净化的潜力。EBI 在计算时为高优先级水质和空气质量区域中的土地分配了较高权重。然而，2008 年对休耕保护项目评估表明，对上述区域中土地倾斜力度还不够，还需在重点地区额外增加权重，从而提高该项目在国家和区域尺度上改善水质和空气质量的能力（Soil and Water Conservation Society and Environmental Defence Fund，2008）。

此外，对反向拍卖登记机制进行调整也可以提高项目的有效性（Hellerstein，2017）。随着时间的推移，中标的价格已经趋向于最高租金。由于几乎每年都有登记期，且大多数投标都被接受，该年度未中标的农民可利用申请获得的信息调整出价，然后来年再次提出申请。因而，农民可以在竞标中大胆出价，在获取相同利益的情况下得到更多的租金收入。所以，通过改变环境效益指数计算方法或拍卖机制，提高农民之间投标的竞争度，让投标出价将更接近实际的机会成本，可以使休耕保护项目具有更高的效益成本比。

最后，休耕保护项目效益的可持续性引发了环境保护组织的担忧。在 10～15 年的休耕保护项目合同结束时，土地所有者可以选择是否继续加入该项目。若到时农作物收益高于最高租金，农民通常不会再次登记，而是又将土地用来从事农业生产。例如，2007～2014 年，当合同期满时，恰逢作物价格上涨，有 6700 万 hm² 的休耕保护项目土地未重新登记（Schechinger and Cox，2017）。因此，许多组织认为，获得长期或永久的地役权可以更好地保障环境效益，虽然这样做每英亩①的成本更高，但却更具有成本效益。

9. 关键的经验教训

休耕保护项目成功地保护了数百万公顷土地，显著减少了水体中的沉积物和污染物，改善了空气质量，扩大了野生动物栖息地。向农民提供的补贴，特别是在农作物价格走低时的补贴，是该项目在政治上和资金上获得支持的关键。休耕保护项目的反向拍卖制度是该项目的主要政策创新点。虽然该制度还存在提升空间，但比起简单地按单位面积补贴，反向拍卖机制更有效地确保了环境效益。

面对持续上涨的农作物价格，能否维持休耕保护项目所带来的效益是一个挑战。由于该项目合同每 10～15 年需要续签，如果作物价格上涨，农民可能选择不再次登记，将土地重新用于农业生产，这将使得环境效益无法持续。虽然根据农业法案，为此项目提供的资金大约每 5 年更新一次，但在不断变化的政局中很难确保足够的资金支持。

二、案例 2　纽约市供水项目

1. 问题

纽约市供水系统每天向纽约及周边地区的 900 多万人口提供约 450 万 m³ 的用水。水源均为地表水，分别来自距城市 80～200km 的 3 个流域：克罗顿河流域、卡茨基尔河流域和特拉华河流域。巨型管道将水输运到纽约市外的水库，经过氯化处理后，分配到纽约市供水管道中。长期以来，纽约市被认为是美国饮用水水

---

① 1 英亩=4046.86m²。以下同。

质最好的城市之一。

在威斯康星州密尔沃基市爆发了造成 100 多人死亡的水传播疾病（隐孢子虫，*Cryptosporidium*）后，美国环境保护署（EPA）于 1989 年实施了《地表水处理规则》。新规则要求不论地表水源质量如何，大型公共供水系统都须对水进行过滤。在这一背景下，纽约市建立了水处理厂来过滤距其最近的克罗顿河流域的水。克罗顿河流域提供了纽约市 10% 的用水，其周围环境深受城市建设的影响。建设水处理厂的最终成本高达 30 亿美元，远远高于初始估价的 8 亿美元（Dunlap，2015）。

不过，EPA 的规则中也包含豁免条款：如果一座城市可以证明它采取了其他必要措施维持饮用水安全，EPA 则允许该城市不建造水处理厂。这使得纽约市在对卡茨基尔河流域或特拉华河流域（这两个流域提供了纽约市另外 90% 的用水）进行管理时，有两个可供选择的方案：一是再建立一个新的过滤系统，预估费用高达 60 亿美元，此外每年还需 3 亿美元的运营费用（Chichilnisky and Heal，1998）；二是要求豁免权，证明来自该流域的水虽未进行过滤处理，但可通过有效的流域管理达到安全、高质量的饮用水要求。在对建厂和上游保护（预估为 15 亿美元）成本方案进行比较后，纽约市选择与上游社区开展合作并投资水源地保护，从而获得不需过滤就能达标的安全、清洁的饮用水。相关协议于 1997 年通过《纽约市流域协议备忘录》正式确定，并执行至今。

2. 生态系统服务

流域保护可以通过以下两种方式来调节水质。①保留天然植被并根据最佳管理方法降低进入生态系统的污染物数量。这些污染物既包括分散的点源污染物，如工业废水和生活污水处理厂的污染物，还包括分散的非点源污染物，如畜牧业及果园。②植被作为天然过滤系统，可以吸收水分并输运转化为浅层地下水。在这一过程中，土壤和植被可以截留污染物，防止其进入水体。这种过滤能力对于河流和水库的沿岸地区尤为重要。

3. 生态系统服务的受益者

纽约市的消费者（"付费者"）是维持清洁供水的受益人。如果纽约市选择建造昂贵的过滤厂，纽约市的消费者将面临更高的水费和排污费。根据 2000 年纽约市独立预算办公室的估计，平均每户家庭的用水费用将增加 13%。

4. 生态系统服务的提供者

由于卡茨基尔河流域或特拉华河流域中 70% 的土地为私人所有，奶农、果农、林场和其他农村土地所有者是水质净化服务的主要提供者。为了使对水质的影响最小化，这些自愿参加"全农场计划"的农民遵从照项目规定的最佳管理方法，便可直接获得相应补贴。此外，位于源头的社区也可获得资金支持当地经济发展。

5. 交换条件：补偿措施

纽约市最初在 1997 年提供了 3.5 亿美元的资金，用于维持上游流域各种水质保护活动。截至 2018 年，纽约市共花费约 15 亿美元。

这些资金中，一部分直接用于提高水质而不是提供生态服务。例如，改造废水处理厂以减少点源污染，减少冬季在道路上使用除冰盐等。此外，根据《流域管理协议》中对水源区的开发和土地使用进行的限制，纽约市提供的资金还用于支持上游流域的经济发展和增加就业机会。这些限制主要是为了保护上游水源区的水质净化服务。例如，禁止在水道、湿地和水库附近新建不透水的地表，以保护这些地区植被的过滤能力。

此外，农民会直接通过"全农场计划"得到报酬，用于改进管理方法，增强其土地提供生态系统服务的能力。这包括采用最佳管理方法，例如种植植被过滤带来拦截农田径流中的沉积物和营养物；安装围栏将牲畜隔离在湿地和溪流以外。

最后，一部分资金被用于直接购买土地，或者以公平的市场价格购买土地所有者愿意出售的地役权。这使得纽约市可以收购并保护湖库及其支流周边具有滤水功能的土地。通过这种方式，纽约市对大约 30 000hm^2 土地管理进行了改进，并购买了面积达 50 000hm^2 的土地或地役权。

6. 价值转移机制

根据《纽约市流域协议备忘录》，由纽约市向上游流域的生态系统服务提供者转拨资金。这部分资金来源于纳税人所纳税费和最终由纳税人支付的债券基金。该备忘录于 1997 年正式签订，涉及纽约市、纽约州、美国环境保护署、30 个流域城市联盟、环境保护组织等多方。不同寻常的是，为了保持纽约市饮用水的质量，纽约州州法赋予了纽约市管理其源头流域土地利用和开发的权力。纽约市可对城区边界 150km 以外的土地行使权力，这在美国法律上是罕见的。对上游地区而言，这是一种具有强制性质的单边监管，它迫使上游社区与纽约市达成了双边协议。

在该备忘录框架下，成立了卡茨基尔流域公司，管理大量社区层面水质保护项目与经济发展项目。流域农业委员会负责整个"全农场计划"的实施（有关"全农场计划"请参阅"5. 交换条件：补偿措施"）。虽然农民可以自愿选择是否参加"全农场计划"，但是，上游社区需要在 5 年内让 85% 的土地所有者参与，否则他们的土地将面临被纽约市单方面监管的风险。最终，农民的自愿参与率超过了 90%。

7. 监督核查

卡茨基尔流域和特拉华集水区的水质受到了严格的监控，且水质保持了较高水平。纽约市环境保护局负责监督《流域规则与条例》的遵守情况。

8. 成效

从生态环境角度来看，通过流域管理，纽约市水质成功地达到并持续满足联邦和纽约州的安全质量标准。2002 年、2007 年和 2017 年，纽约市的自来水供应许可证和过滤豁免得以续签。该市供应的饮用水仍然是美国供应量最大的、未经过滤的饮用水。在流域社区的支持下，《纽约市流域协议备忘录》在 2012 年又被续签了 15 年。这表明从社会层面来看，该项目在社区中取得了成功。

9. 关键的经验教训

对流域管理成本与水过滤设施建设的成本权衡表明，即使不计入保护自然资源所带来的公共效益（例如休闲娱乐和审美价值），仅在水质净化服务方面，保护自然资源比建设基础设施更具成本效益。该案例还说明了，如何将对土地所有者的直接支持、为生态系统服务供应区的经济发展提供总体支持、直接征用土地等各种机制结合在一起，从而实现提供需要的水质净化服务。

需要特别注意的是，环境监管，尤其是 1989 年规则变更要求各市建立过滤系统或实施积极的流域管理，为纽约市上游流域的投资奠定了基础。如果没有这些监管机构的授权，很难说纽约市会认真地考虑流域管理和付费方案的可行性，更谈不上会去筹集足够的资金来实施该方案。纽约州的法律赋予纽约市对上游流域土地利用方式进行规范的权力，是推动农村土地所有者与政府官员合作，达成自愿协议的另一个关键因素。

即便考虑到这些特定条件，卡茨基河尔水质保护和经济发展项目仍是最为人所知的，或者说最成功的生态系统服务的补偿计划之一。基于确保居民饮用水安全的监管要求，仅从纯粹的市场融资角度考虑，纽约市确定通过投资"绿色自然资本"（如改善土地使用）是一项比投资"灰色资本"（如建造水处理厂）更明智的金融决策。这项举措使得三方获益：城市及其受益者在经济上获益；上游生态服务功能提供者在经济和其他方面获益；在饮用水安全的保护伞下，自然资本及其他生态系统服务也得到了保护。

三、案例3　为水而战（南非）

1. 问题

水资源短缺是南非面临的主要挑战。在半干旱气候条件下，水资源在年内和年际都存在大幅波动，供给能力十分有限。此外，南非全国各地水资源分布不均，13%的土地承载了50%的水资源供给。对南非大部分地区而言，对水的需求都超过了供给。到2025年，如果不能提高用水效率，南非全国都将面临水资源需求超过供给的问题。从历史上看，南非曾通过兴修水利满足了用水需求，曾建造了800座大型水坝用于储存水，以及28个跨流域调水工程，包括从邻国引水。然而，通过兴建更多水坝和调水工程来增加水资源供应量的作用有限，且造价高昂。

从20世纪70年代开始，科学界逐渐认识到，嗜水的外来入侵植物的扩散不仅会威胁原生植物的多样性，还会威胁水资源供给。如果没有资金来控制这类外来植物的蔓延，南非西部的地表径流量可能会下降20%～50%，开普敦市的供水将会减少30%。"为水而战"（WfW）项目于1995年启动，是一项公共工程项目，旨在清除外来入侵植物，创造就业机会并保护南非的水资源。

2. 生态系统服务

南非的外来入侵植物中，松树、桉树、合欢树和沿岸木本植物，所消耗的水量多于本地原生物种。这些植物根系将本应汇入溪流的水从地下通过蒸腾作用转移到大气中，使这部分水对当地丧失了使用价值。流域尺度的研究表明，清除这些外来物种，可以使得河流径流增加，特别是旱季径流。

20世纪90年代初期一些研究表明，通过清除外来入侵物种来增加水资源供给是更为经济的选择。对开普敦地区供水情况的分析表明，通过控制现有流域入侵物种来获得水资源的成本仅为新建水坝和跨流域调水的成本的13.6%（Van Wilgen et al.，1997）。与海水脱盐和污水再生利用相比，利用清理入侵植物来提高供水量也更为经济。

3. 生态服务的受益者

包括城市、工业和农业在内的水资源使用者都将从清理外来入侵植物增加的水资源供给中获益。在大多数情况下，受益者不直接付费，但也有一些例外（参见下文"6.价值转移机制"）。

4. 生态服务的提供者

生态系统水资源供应服务的提供者是政府和清除外来入侵植物的工作者，就像本章其他案例中所述一样，政府对清理入侵植物的工人进行补偿，而不是对土地所有者进行补偿。WfW 项目中涉及的土地多为公共土地。由于清理土地的人员通常来自低收入群体，因此该项目具有环境保护和经济发展双重意义。并且，WfW 的重点是减轻贫困。

5. 交换条件：补偿物

从 1995 年 10 月起，WfW 在南非的 6 个省中投资了 250 万美元，开展了 10 个项目。截至 2016 年，该项目已经扩展到 9 个省的 300 个项目，预算超过 7500 万美元。自 WfW 项目实施以来，已经清理了 $2.5 \times 10^6 hm^2$ 的土地，平均清理了 2.7 次。截至 2015 年，约有 4 万人通过 WfW 项目实现就业。该项目还推动了多个其他环境目标的类似项目的实施，例如，针对湿地恢复的湿地保护计划和针对消防管理的防火计划。

6. 价值转移机制

WfW 项目是基于承包商开展的。WfW 任命负责实地项目管理的代理机构，诸如市政当局、政府环境保护部门、灌溉委员会、或林业公司。代理机构会招聘并管理承包商，承包商多为经营小型企业并与 WfW 签约的个人。合同是通过非竞争性招标制度签订的，但该制度面临着转向竞争性招标制度的压力。项目将具体区域分配给不同承包商，并根据各区域入侵物种及生长密度的实际情况支付相应费用。承包商会再雇佣工人负责清除和管理入侵植物。

起初，WfW 由南非政府的"重建和发展计划"资助，该计划致力于南非社会变革后的重建和经济发展。目前，WfW 项目主要由公共事业部的"公共工程扩建计划"资助，并由环境事务部管理。根据最新的预算估计，项目约 80%的预算来自中央政府扶贫基金，该基金由政府一般税收支持（Ferraro，2009）；约 10%的预算来自某些水资源管理费，这笔资金专门用于清除水草；部分市政府、国有公共事业单位、私人公司也会向 WfW 项目支付一定费用，用于清理他们所在流域的入侵植物（Turpie et al.，2008）；外国捐助者和其他政府部门（如旅游、农业等）也为该项目提供部分资金。此外，WfW 项目还尝试吸引土地所有者进行投资，帮助清除私人土地中的入侵植物，但这仅占资金来源的一小部分。

7. 监督核查

监督核查涉及项目的生物物理和社会两个层面。在生物物理层面，从外来入侵植物的面积、生物防治点建立的数量以及新兴的外来入侵物种的数量三方面对外来物种防治成果进行监测。在社会层面，重点是创造相当于全职工作的职位数量，其次是为妇女、青年和残疾人提供工作机会。由于该项目由"公共工程扩建计划"资助，旨在为失业人员提供工作机会，所以项目成功的主要评估依据是每人每天的工作成本，其目标是在尽量减少项目人力成本的前提下，提供最多的就业机会。虽然已经通过建模估算了生态系统服务的成果，但并未监测由水资源变化所带来的生态系统服务变化。

8. 成效

1995～2017 年，WfW 项目已经创造了超过 63 万个工作机会和超过 23 万个全职工作年限（Wannenburgh，2018）。该计划成功地为许多人提供了临时就业机会，但就改善长期就业的效果来看，目前尚不清楚（Coetzer and Louw，2012）。

WfW 项目清除了大量的入侵植物。虽然该项目没有直接监测在保护水资源和其他生态系统服务改善方面的效果（见上文"监督核查"），但据政府估计，到2003 年，通过清理入侵物种，南非每年可获得 $50 \times 10^6 \sim 130 \times 10^6 m^3$ 的水资源，相当于全国年均径流量的 0.1%～0.3%（Gorgens and Van Wilgen，2004）。

然而，在许多地区，外来入侵物种的蔓延速度仍超过了控制速度。由于该项目的首要目标是创造工作机会，所以从水资源保护角度来看，清理工作有时并未针对最优先地区。虽然科学家已经确定了清理外来入侵植物的优先区域，然而出于政治需要，项目往往优先选则低清理度但高就业需求的地区开展。正因如此，WfW 项目这种将创造就业机会置于改善水资源之上的做法饱受科学界诟病（Van Wilgen and Wannenburg，2016）。此外，清除入侵物种不仅有体能要求，还有一定技术难度，但由于 WfW 项目对工人训练不足，又缺乏足够的绩效奖励，导致被项目区域往往不能得到有效清理。

9. 关键的经验教训

WfW 项目具有双重目标。入侵物种控制和扶贫，是其政治上成功的关键，也是其实施过程中面临的挑战。如果没有创造就业机会，WfW 就难以获得控制入侵物种所需的资金和投入。然而，在决定哪些区域应优先实施项目时，往往存在两难的选择：资金应该优先分配给能创造更多就业机会的地区还是能更好地改善水资源的地区。因为 WfW 项目从根本上讲是一个公共工程计划，所以在实践中优先考虑创造就业机会。在制定政策时，除了需要考虑扶贫的重要因素外，可靠的科学理论支撑也至关重要，这表明尽管优先创造就业机会和保优先护水资源在空间上有着相当大的重合，但始终存在权衡取舍。此外，在适当的时候，政府中的支持者也是 WfW 项目成功的重要原因。

四、结　论

　　虽然政府补贴机制可以用来支持多种环境效益，但本章案例关注的目标都是水质或水量，这并非巧合。政府机构所处的位置使其能够通过代表分散的受益人筹集资金，用于弥补高交易成本并补偿服务提供者，例如通过税收或水电费等方式。因此，该机制特别适用于水文调节（参见本章中的三个案例，以及中国和哥斯达黎加（第十二章和第十三章中）的案例）、气候稳定（第十一章 REDD+案例）、沙尘暴管控（第十二章）以及生物多样性保护（主要是第十二章和第十三章）等方面的服务。这些利益通常属于公共产品，所以也适合动用公共资金来进行支付。

　　这类服务往往有许多不同的受益者，他们的利益取决于土地所有者或管理者如何行动。南非的 WfW 项目和美国的休耕保护计划，均由国家政府负责筹集和分配资金。该原则可以应用于不同级别的政府层面，例如在纽约市和其源头流域的社区之间（Catskills 案例）；甚至在国家政府间，以及第十一章的 REDD+和其他森林碳储存及生物多样性投资项目中（第十三章）。

　　本章中的案例还说明了政府补贴计划可以从哪些方式来考虑社会公平性和包容性。南非的 WfW 项目明确地将水资源保障和为贫困人口提供就业机会这两个目标结合在一起。美国的两个案例中还同时考虑到农村生计改善的各个方面。休耕保护计划基金引导农民不再在生产效率最低、对环境最敏感的土地上继续耕种，同时在作物价格走低时向农民提供经济支持。由凯特斯基尔流域公司管理的凯特斯基尔未来基金，通过提供赠款和贷款来帮助为纽约市供水的上游社区开展无害环境开发并增加就业。正如南非的 WfW 项目所强调的那样，将环境和社会成果结合起来，从政治角度来说可以有效地为项目筹集到资金，但并非总是那么容易。从生态系统服务的角度看，优先补贴的区域并不一定是社会公平的优先考虑区域。但是，社会公平对于维持公众和政治支持却更加重要。

主要参考文献

Andréassian，Vazken. 2004. "Waters and forests：From historical controversy to scientific debate." *Journal of Hydrology* 291，no.1-2：1-27.

Appleton，A. F. 2002. *How New York City Used an Ecosystem Services Strategy Carried out Through an Urban-Rural Partnership to Preserve the Pristine Quality of Its Drinking Water and Save Billions of Dollars*. Forest Trends. doi:10.1017/CBO9781107415324.004.

Chichilnisky，Graciela，and Geoffrey Heal. 1998. "Economic returns from the biosphere." *Nature* 391，no.6668：629.

Coetzer，Anje，and Johann Louw. 2012. "An evaluation of the contractor development model of Working for Water." *Water SA* 38，no.5：793-802.

Daily，Gretchen C.，and Katherine Ellison. 2002. *The New Economy of Nature：The Quest to Make Conservation Profitable.* Washington，DC：Island Press.

Dunlap，David W. 2015. "As a plant nears completion，Croton water flows again to New York City." *New York Times* May 9，2015，A15.

Government Payments | 79 Ferraro，Paul J. 2009. "Regional review of payments for watershed services：Sub-Saharan Africa." *Journal of Sustainable Forestry* 28，no.3-5：525-50.

Gorgens, A. H. M.，and B. W. Van Wilgen. 2004. "Invasive alien plants and water resources in South Africa：Current understanding，predictive ability and research challenges：Working for Water." *South African Journal of Science* 100，no.1-2：27-33.

Hansen，LeRoy. 2007. "Conservation reserve program：Environmental benefits update." *Agricultural and Resource Economics Review* 36，no.2：267-80.

Hellerstein，Daniel M. 2017. "The US Conservation Reserve Program：The evolution of an enrollment mechanism." *Land Use Policy* 63：601-10.

McConnachie，Matthew M.，Richard M. Cowling，Charlie M. Shackleton，and Andrew T. Knight. 2013. "The challenges of alleviating poverty through ecological restoration：Insights from South Africa's 'Working for Water' Program." *Restoration Ecology* 21，no.5：544-50.

National Research Council. 2000. *Watershed Management for Potable Water Supply：Assessing the New York City Strategy.* Washington，DC：National Academies Press.

Schechinger，Anne Weir，and Craig Cox. 2017. *"Retired" Sensitive Cropland：Here Today，Gone Tomorrow?* Washington，DC：Environmental Working Group.

Soil and Water Conservation Society and Environmental Defense Fund. 2008. *Conservation Reserve Program（CRP）Program Assessment.* Ankeny，IA，and New York，NY. http://www.swcs. org/documents/filelibrary/CRPassessmentreport_3BEFE868DA166.pdf.

Turpie，J. K.，Christo Marais，and James Nelson Blignaut. 2008. "The Working for Water programme：Evolution of a payments for ecosystem services mechanism that addresses both poverty and ecosystem service delivery in South Africa." *Ecological Economics* 65，no.4：788-98.

USDA. 2015. *Conservation Reserve Program Conservation Fact Sheet.* https://www.fsa.usda.gov/ Assets/USDA-FSA-Public/usdafiles/FactSheets/archived-fact-sheets/consv_reserve_program.pdf.

Van Wilgen，B. W.，P. R. Little，R. A. Chapman，A. H. M. Görgens，T. Willems，and C. Marais. 1997. "The sustainable development of water resources：History，financial costs，and benefits of alien plant control programmes." *South African Journal of Science* 93，no.9：404-11.

Van Wilgen，Brian W.，Greg G. Forsyth，David C. Le Maitre，Andrew Wannenburgh，Johann DF Kotzé，Elna van den Berg，and Lesley Henderson. 2012. "An assessment of the effectiveness of a large，national-scale invasive alien plant control strategy in South Africa." *Biological Conservation* 148，no.1：28-38.

Van Wilgen，Brian W.，and Andrew Wannenburgh. 2016. "Co-facilitating invasive species control， water conservation and poverty relief：Achievements and challenges in South Africa's Working for Water programme." *Current Opinion in Environmental Sustainability* 19：7-17.

Wannenburgh，Andrew. 2018. "Historical expenditure，clearing and employment data." Accessed November 19，2018. https://sites.google.com/site/wfwplanning/Home/WfW%20historical%20figures. xls?attredirects=0&d=1.

第七章 监管机制

丽莎·曼德尔，里克·托马斯，克雷格·霍兰德

为了确保发展所带来的社会效益不被环境方面的风险所削弱，许多政府要求开发商弥补其开发活动所造成的生态影响。这些弥补措施形式各异，包括保护、恢复或改善栖息地、生态功能或生态系统服务等。近几十年来，政府监管机构允许开发商在开发地块之外采取此类弥补措施，从而实施更大面积的补偿措施，获得更高的成本和环境效益。此类由监管所驱动的补偿措施，目前已成为生态系统服务补偿领域增长最快的一类。本章中，我们列出了4个由监管驱动的补偿案例：华盛顿特区的雨洪管理绿色基础设施项目、美国湿地银行、加利福尼亚州生态保护银行，以及加利福尼亚州温室气体总量管制与交易计划所包含的旨在缓解温室气体排放的森林生态效益补偿项目。直接促成这些计划和项目的，正是各级政府所制定的监管条例，包括《美国清洁水法案》、《加利福尼亚州环境质量法案》和《濒危物种法案》，以及《加州全球变暖解决方案法案》等。这些计划同时还创造了大量商业机会，允许那些保护或提高环境效益的人向需要开展生态补偿行动的人出售环保信用。我们确定了一些对成功开展此类补偿项目非常重要的要素，包括选择衡量补偿成效的有效指标、考虑补偿措施的社会公平影响，以及确保环保信用有充足的市场需求（特别在市场还不成熟的情况下）。

世界各地的开发活动为人类提供了很多便利，例如建造新的房屋和提供就业机会，建立渠道使人们能够进入市场并获得相应服务。然而，这种发展也会带来自然资本和生物多样性的损失，森林被砍伐、草地被铲平、湿地被开发等。为了确保社会发展的净效益，美国政府在法规中要求，不论是公共还私人部门的建设项目均需采取两个步骤。①开发项目要尽可能减少对环境的影响，以避免损害；②开发项目必须并通过修复、改善栖息地、生态功能或生态系统服务来缓解对生态环境不可避免的影响。

最初，这种补偿性修复都由各开发项目自行实施，修复范围通常与开发项目所在的区域一致。然而，由于项目开发人员缺乏专业知识，修复措施零散，这种方法被证明效率低下且成本昂贵。随着时间的推移，监管机构引入了创新，扩大了补偿项目的规模，也为企业家创造了市场机会。

在本章中，我们介绍了美国的 4 个案例，涵盖一系列由监管驱动的环境影响补偿机制：如华盛顿雨洪管理绿色基础设施、美国湿地银行、加利福尼亚州生态保护银行、加州温室气体总量控制与交易计划中的森林生态效益补偿项目。这些案例都具有共同的基础机制（图 7.1）。

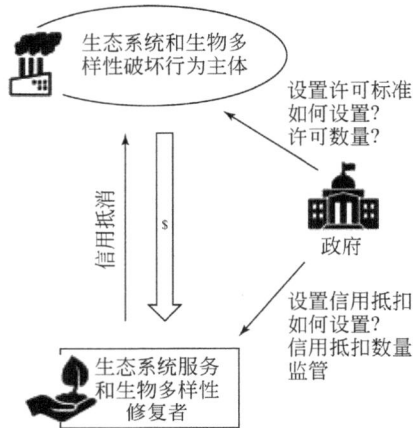

图 7.1　在监管驱动的环境影响缓解机制案例中，生态系统服务或生物多样性的损害者会向恢复者付费，以换取补偿措施或信用抵消。政府规定损害者所需抵销的信用数量和类型，同时也规定恢复者获得信用所必须承担的活动数量和类型。政府还会对此过程进行监测，确保补偿和抵扣信用所体现的价值与对应的生态系统服务、生态功能或生物多样性相符。

为了获得开发或再开发的许可证，法律要求开发商以"零净损失"为总体目标，减轻对生物多样性或生态系统服务的损害，有时甚至要求其采取实际行动来提高环境价值。以下案例中强调了可通过这种机制解决的环境价值观的范围，以及政府、企业和民间社会组织在参与过程中所发挥的不同作用。

一、案例 1　华盛顿特区雨洪管理绿色基础设施投资

1. 问题

随着华盛顿特区的不断扩张，自然区域、绿地和空地已逐渐被建筑物和人行道所取代。43%的城市被不透水的硬化表面所覆盖，雨水无法顺利被土壤吸收。因此，大量雨水携带着从街道上冲刷而下的油污、沉积物和其他污染物，经过市政雨水管道直接进入河流。此外，城市污水/雨水径流系统会不定期溢流，每年向波托马克河和阿纳科斯蒂亚河输入 1000 万 m^3 的径流和污水（Holland，2016）。这些河流最终汇入北美最主要的河流入海地——切萨皮克湾。这种雨污合流不仅

影响了华盛顿当地河流的水质和生态，还进一步影响到切萨皮克湾。华盛顿特区的雨水携带着沿途的各种碎片和污染物，流入洛克溪、阿纳科斯蒂亚河和波托马克河，最终向南汇入切萨皮克湾。华盛顿特区正通过发展绿色基础设施（如屋顶绿化、草坪滤带和雨水花园等）来减少此类径流以及由此引起的水质下降。

美国环境保护署（EPA）的联邦监管机构明确表示，华盛顿特区的雨水径流问题已经违反了《清洁水法案》。为了避免巨额罚款和其他处罚，华盛顿特区被责成展开雨水治理。2013 年，华盛顿特区能源和环境署（DOEE）颁布了新的雨水排放法规，要求该地区所有新开发项目和主要再开发项目都必须采取适当措施，减轻其项目对雨水径流的影响。新法规还创建了雨洪截留信用市场，允许相关项目单位向已经实施自然解决方案（如屋顶绿化、草滤带、湿地建设和植树）的其他单位购买信用，以满足监管要求。

2. 生态系统服务

在缺乏雨洪管理基础设施（不论是"绿色"基础设施或"灰色"基础设施）的情况下，落在屋顶和铺砌路面上的雨水往往会夹杂沉积物、油污和其他污染物流入下水道，最终流入华盛顿的河流（波托马克河、阿纳卡斯蒂亚河以及罗克溪）与切萨皮克湾。尤其是风暴过后，大量雨污进入河流，侵蚀河道，同时将沉积物输送到下游，造成水生生境退化。因此，绿色基础设施可以提供两种主要的生态系统服务：一是水质净化，通过过滤污染物改善水质，二是径流调节，通过增加入渗或减缓洪峰来调节流量。此外，绿色基础设施还能提供灰色基础设施所没有的协同效益，如美学价值、娱乐值和健康等福利。

3. 生态系统服务的受益者

华盛顿特区河流水质的改善给当地居民和游客带来了好处。切萨皮克湾水质的改善使在该地经营休闲渔业、商业捕鱼及水上旅游的人受益。实施补偿项目的周边社区还可以从增加的绿地中获益。

4. 生态系统服务的提供者

愿意将不透水表面换成渗透性强、绿色植被覆盖表面的私有土地拥有者是生态系统服务的提供者。

5. 交换条件：补偿措施

根据华盛顿特区雨水法规规定，新开发或二次开发项目根据项目占地大小，要有一定的雨洪截留量（SWRv）。雨洪截留量指标中不超过 50% 的部分可以通过异地截留措施实现，剩余部分则必须就地实现。DOEE 正在考虑允许某些开发项目申请异地截留，以满足其所有所需的截留量。

项目可以通过以下方式进行异地截留。①通过实施异地截留措施生成的"雨洪截留信用"（Stormwater Retention Credits，SRCs）；②购买"雨洪截留信用"；③支付替代费用，或通过上述方式的组合来达到异地截留量的要求。可以采用预先批准的 13 项"最佳管理实践"满足就地和异地的雨洪截留量要求，也可以生成"雨洪截留信用"。"最佳管理实践"包括建造绿色屋顶、草地过滤带、生物截留、附有植被的明渠，或通过雨水池塘、湿地、植被等绿色设施来截留雨水。

开发商可以自己实施雨洪截留措施来形成适当数量的"雨洪截留信用"以满足法规要求（一份雨水截留信用对应每年截留 4L 水）。否则，开发商则需要从已实施"最佳管理实践"的私人团体处购买所需的"雨洪截留信用"；或向政府缴纳一定费用（作为替代费用），作为由政府管理的雨洪截留项目资金。替代费是对实施"最佳管理实践"所花费成本的估计，每年根据通货膨胀进行调整。2019 年 2 月，一份信用的平均价格略高于 2 美元，对应的替代费相当于 3.61 美元。事实表明，与政府相比，私人市场的雨洪截留项目更具成本效益。华盛顿市可以用收取的替代费用，以低于自己实施雨洪截留项目的成本购买"雨洪截留信用"。替代费的设计降低了开发商违规的可能性，但存在未来市场可能没有足够的信用可供购买的问题。

"雨洪截留信用"使得受监管的开发商有选择上的灵活性。如果选择"雨洪截留信用"更具成本效益，开发商便可进行异地截留，将多出来的场地内土地用作额外空间或设施（例如更多的停车位）。"雨洪截留信用"市场还能增加城市低收入街区的就业机会和植被覆盖面积。由于大部分开发项目位于市区，相较于城市中心，低收入街区的土地成本较低，开展异地截留更具成本效益。

自 2014 年"雨洪截留信用"市场建立以来，截至 2019 年 2 月，已进行了超过 27.7 万份信用证明，交易额超过 50 万美元。并且市场越来越活跃，每年的交易数量和信用数量也在不断上升。田纳西州查塔努加也开发了一个类似的交易系统，并有可能在美国的其他城市推广（TNC and VCS，2016）。

6. 价值转移机制

需要"雨洪截留信用"的开发商可直接从能产生"雨洪截留信用"的私人项目那里购买。华盛顿特区市内的任何人都可生成并出售"雨洪截留信用"。不过，虽然华盛顿所在的流域涉及其他州，但"雨洪截留信用"交易仅限于华盛顿特区行政区内。开发商须购买足量的雨洪截留信用以满足法规对每年雨洪截留量的要求。雨洪截留信用可每年购买，也可预先购买几年的额度以备未来使用。出售"雨洪截留信用"的卖家有责任维护相应的雨洪截留项目。

出售"雨洪截留信用"的土地所有者必须预先开展"最佳管理措施"并获得

华盛顿能源和环境局（DOEE）的认证。华盛顿特区能源和环境局会根据"最佳管理措施"（BMP）的效果来确认土地所有者可出售的雨洪截留信用额度（详见下文的"监测评估"）。项目开发商可与出售雨洪截留信用的人进行联系，对雨洪截留信用价格、合同进行协商，然后向华盛顿特区能源和环境局提出申请，将卖方的雨洪截留信用所有权转移给项目开发商。审批通过后，项目开发商获得雨洪截留信用所有权，并向土地所有者支付费用。

截至 2018 年 7 月，包括宗教团体（如教会）和私营企业在内的 12 个组织共生成了超过 100 份的雨洪截留信用证明可供出售。"自然投资机构"（大自然保护协会下的生态保护投资部门）和"鼓励资本"公司（一家私人投资公司）以及由保德信金融集团（一家金融服务业公司）投资 170 万美元建立了"特区雨洪"有限责任公司，旨在资助、开发和管理"雨洪截留信用"项目，同时为投资者带来资金回报。"特区雨洪"管理公司初期开展的一系列项目成功地提供了生态系统服务，为特区能源和环境署省了成本，并为企业及其投资者带来了利润。在看到市场所包含的长期盈性商机后，该公司正积极寻求开展更多项目；更重要的是，这些措施会有助于切萨皮克湾水质提升，并为全球其他城市创造了一个可借鉴的模式。

7. 监测核查

"雨洪截留信用"由华盛顿特区能源和环境局监督与审核，必须按照官方的"雨洪管理计划"和 DOEE 的"雨洪管理指南"来设计和实施。"最佳管理措施"相关项目建成后必须通过 DOEE 的检查以确保相应的措施实施到位，且日后的维护能得到保证。如果项目符合要求，DOEE 会发放未来 3 年所对应的雨洪截留信用（事前核准信用额），在 3 年到期前，有可能会对项目地进行复核。如果项目的维护不符合要求，DOEE 则会收取罚款，项目经营者也将损失所有未出售的信用额度。此外，开展"雨洪截留信用"项目经营者必须每 3 年再申请一次信用。

DOEE 基于信用认证年份、排水区代码、"雨洪管理计划"实施情况为每个信用分配唯一的序列号，并对每个"雨洪截留信用"项目的所有权与实施情况进行追踪。"雨洪截留信用"在买卖双方之间的交易必须经过 DOEE 的批准才有效，相关项目和信用额可在网络注册系统中查看。

8. 有效性

鉴于雨洪截留信用市场在 2014 年才刚刚兴起，截至 2018 年年中，对项目绩效尚未开展过正式评估或量化。DOEE 在 2017 年宣布了一项雨洪截留信用价格锁定计划，为该市购买雨洪截留信用提供了 1150 万美元。该项目为期 12 年，或分为 4 个 3 年的信用周期（https://doee.dc.gov/service/scr-price-lock-program），这或许也侧面体现了相关市场已缓慢起步。该价格锁定计划为位于城市流域受影响最严重地区的信用供应商提供了最低担保价，但如果有更好的价格，供应商可以选择在公开市场上出售信用。该项目是华盛顿特区激励相关项目的一种有效方式，既有利于改善受害最严重的水体，同时也允许市场从地理位置上保持适当的灵活度和单纯性。

9. 主要经验教训

本案例表明了政府在支持绿色基础设施融资机制方面起到的关键作用。据《清洁水法案》规定，华盛顿特区须限制污染物流入该地区的水体和切萨皮克湾。为此，该城市在 2013 年颁布实施了新的雨水管理条例。开发商需要取得许可证来管理其项目所产生的雨水，因此，他们必须做出选择，要么在原地开展洪水管理，要么支付替代收费，要么购买雨洪截留信用。这项措施反过来繁荣了雨洪截留信用市场，并带来了新的商机。

实践证明，雨洪截留信用价格锁定计划的创建，对项目的长期成功和持续开展至关重要。当市场规模较小且缺乏信用需求时，私人投资是很有限的。因此，需要先发展公共管理的采购协议项目以确保新市场的运行，直到足够的市场需求出现并产生明确的价格信号和明显的需求。政府还必须在涉及项目许可和信用销售的税收制度方面，制定明确的指导政策，因为这两方面都有可能减缓市场发展的速度。此外，政府应扶持新的供应商入市，从而让相关项目"更具投资价值"。华盛顿特区能源和环境署推出了雨洪截留信用聚合启动资金计划，以识别潜在的雨洪截留信用生成项目。事前补助对建立足够支撑市场的企业十分重要，目前已有初步迹象显示，市场对这些补助具有强劲的需求。此外，市场繁荣前，在网站上推广信用可能会扭曲市场，并为新的供方进入制造障碍。虽然这可能会带来短期供应、刺激需求，但同样也可能造成没有成本基础的供应过剩，向市场传递不准确的价格信号，并阻碍对新项目的投资。

华盛顿特区目前面临的挑战是，能否维持一个有充足信用供应、能满足开发项目需求的稳定市场，以及该项目能否成功实现此前设定的多项目标——改善雨水管理、降低市政成本，并为传统弱势社区带来更多好处。

二、案例 2 美国湿地银行

1. 问题

自从美国建国以来，大陆一半以上的湿地被抽干、填平，并改造为有利于城市发展、农业生产和其他更具"经济效益"的用地。1780~1980 年，湿地以平均每小时 25hm^2 的速度在不断消失（Dahl，1990）。湿地的转化也意味着与湿地相关的生态功能和生态系统服务的丧失，而这些功能和服务与水质净化和洪水调蓄息息相关。

20 世纪 80 年代后期以来，美国开始呼吁湿地"零净损失"政策，这意味着如果开发造成了湿地的任何损失，都应通过恢复、新建或改善湿地来进行补偿。破坏湿地的开发项目需要将影响降至最低。起初，开发商会在项目区或另择一地来开展湿地补偿项目。但是，这些湿地恢复项目规模小也很分散，且易受周边开发的影响，所以效果不佳，湿地持续丧失的趋势依然没有改善。因此，需要一种更有效和可靠的方法来补偿湿地损失，保护湿地生态功能与生态系统服务。在这种情况下，湿地银行应运而生。2008 年，根据《清洁水法案》，美国环境保护署和陆军工程兵团将湿地"湿地银行"作为首选机制，来减缓对湿地不可避免的影响，其他湿地补偿机制还有就地补偿和替代费补偿。

2. 生态系统服务

湿地提供了多种的生态系统服务，如休闲娱乐（野生动物观赏、划船、钓鱼等）、洪水调蓄（调蓄暴雨径流）、水质净化（截留和沉淀污染物），还能保护沿海地区免受风暴潮侵蚀。补偿银行能够恢复、新建、改善湿地生态系统与湿地生态系统功能，从而保障相应的生态系统服务。

3. 生态系统服务的受益者

湿地具有多种生态服务价值，如抵御沿海风暴、调蓄内陆洪水、净化水质、补给地下水和创造休闲价值等。湿地还能为迁徙的候鸟、鱼类和其他水生物种提供栖息地，对保护生物多样性非常重要。在"零净损失"的原则下，湿地银行旨在维持湿地向公众提供的生态系统服务效益。

4. 生态系统服务的提供者

开展湿地恢复、新建、改善项目的湿地银行所有者和管理人员是生态系统服务的提供者。对湿地造成影响的开发商，通过向湿地银行购买信用进行支付。

5. 交换条件：补偿措施

湿地银行能恢复、建立或改善湿地栖息地与其他服务功能。政府和陆军工程兵团的官员建立了补偿银行，银行将信用出售给破坏湿地的开发商，并确保已出售信用的土地不被开发。银行还根据开发活动对湿地的影响的大小和性质，确定开发商必须购买的配额数量。

湿地银行机制会使开发商受益，他们可以通过购买补偿信用来抵消开发活动对湿地的影响。通过将补偿措施转移给第三方运营的湿地银行，开发商无须自己开展补偿活动（毕竟这不是他们的核心业务），就能以较低的成本达到补偿的要求。

湿地银行始于 20 世纪 90 年代，主要是州政府，尤其是交通运输部门为了补偿在进行道路建设时造成的大面积湿地损失。早期的湿地银行一般由政府资助，1995 年联邦政府颁布相关指南后，湿地银行迅速扩张。到 2001 年已超过 200 家，其中近 2/3 是私人运营。截至 2018 年 9 月，已有超过 1300 多家的湿地银行依据清洁水法案获准出售信用，另有约 300 家湿地银行正在申请中（表 7.1）。超过 200 家湿地银行的缓解信用已经售罄。

表 7.1　美国湿地银行数量

湿地银行所在州	湿地银行数量	湿地银行所在州	湿地银行数量
缅因州	2	特拉华州	2
纽约州	6	宾夕法尼亚州	28
康涅狄格州	1	马里兰州	8
新泽西州	8	弗吉尼亚州	145
俄亥俄州	51	西弗吉尼亚州	26
肯塔基州	47	北卡罗来纳州	108
田纳西州	23	南卡罗来纳州	47
佐治亚州	157	佛罗里达州	122
亚拉巴马州	43	密西西比州	44
伊利诺伊州	57	印第安纳州	8
威斯康星州	61	明尼苏达州	293
艾奥瓦州	14	密苏里州	30
阿肯色州	37	路易斯安那州	153
得克萨斯州	60	俄克拉何马州	2
堪萨斯州	8	内布拉斯加州	31
南达科他州	7	北达科他州	8
蒙大拿州	9	怀俄明州	1
科罗拉多州	17	犹他州	5
爱达荷州	8	华盛顿州	20
俄勒冈州	29	内华达州	1
加利福尼亚州	69	阿拉斯加州	9
夏威夷州	2		

6. 价值转移机制

《清洁水法案》中第 404 条是美国湿地银行的监管条例。不论是私人还是政府部门，在实施湿地填方活动，改变溪流或合法的利用水资源的项目前，须首先证明项目已采取必要措施将负面影响降至最低；其次，要对不可避免的负面影响进行补偿（或缓解），才能获得开发许可证。环保局和陆军工程兵团是执行《清洁水法案》第 404 条款的两个监管机构，部分监管职能也已经下放给了一些州立机构。为履行许可证要求的保护义务，开发商可从湿地银行处直接购买所需数量的补偿信用，也可自行补偿。

不论是私人、非政府组织还是政府运营的湿地银行，都需获得监管部门的许可，才能出售一定数量的信用。湿地银行通过地役权来实现湿地的长久维护（关于更多保护地役权的信息参见第 8 章）。对信用进行量化时，量化标准通常是基于湿地面积而不是生态系统服务价值。通常情况下，银行每批准 $1hm^2$ 的湿地信用，就要恢复、新建、改善超过 $1hm^2$ 的湿地面积。这种补偿比例（例如，每 $4hm^2$ 信用对应 $5hm^2$ 湿地补偿面积）是为了确保补偿措施能充分补偿损失的湿地功能和价值，同时也可作为一种保险措施，降低因湿地补偿失败或质量不高而带来的风险。

每个湿地银行都有对应的生态服务功能区，该地理区域（通常是某个流域）内湿地银行产生的信用可以用于补偿本区域的生态环境影响。因此，信用交易一般只能发生在同一流域内的开发项目与补偿银行之间。所有湿地银行都可在由美国陆军工程兵团管理的"替代费监管和湿地银行信息跟踪系统"（RIBITS）中查询。

举一个简单的例子，一个开发项目需要填方 $10hm^2$，如果开发商希望通过向湿地银行购买信用来履行湿地保护的义务，他们可以在湿地银行系统中寻找一个可以提供 $10hm^2$ 湿地信用的银行，而 $10hm^2$ 的信用需求可能要对应 $15hm^2$ 湿地缓解面积。湿地银行为信用设定价格。当项目开发商找到他们想要购买的信用时，可直接向湿地银行支付费用，随后湿地银行从账户中扣除相应额度。联邦和州监管机构追踪补偿信用的使用是否符合规则，湿地银行也必须向监管机构提交信用交易报告（参见下文监测与核查部分）。

7. 监测与核查

每家湿地银行都由一个"跨部门评审小组"（IRT）进行审查、批准和监督。每家补偿银行还有相应的机制确定可供出售的信用数量，以及核实银行提供的生态功能的评估技术方法。只有完成验证工作才能出售相应的信用。此外，该机制也规定了实行监测的各项要求。

8. 成效

根据最新的美国国家湿地清查报告，美国湿地面积减少的速度有所放缓。尽管有所缓解，但仍然存在湿地净损失。湿地银行在减缓湿地损失方面的特殊作用尚不明确，其中部分原因是《清洁水法案》第 404 条款所涉及的保护规定只适用于一定规模的湿地，并且在某些区域被认为不适用于偏远的湿地。因此，尽管保护需求，仍有些小型或偏远湿地正在消失（NRC，2001）。

此外，湿地面积的变化趋势不一定能反映生态功能或生态系统服务的变化趋势。实际上，湿地补偿往往不能补偿损失的湿地社会价值。一些研究表明，在某些地区，湿地银行项目导致湿地及其相关生态服务功能从城市地区（大量人口可从提供的生态系统服务中受益）转移到农村地区（只有较少的受益人）（Ruhl and Salzman，2006）。有些时候，这样的转移可能加剧了贫困地区和少数族裔地区的湿地的丧失（BenDor et al.，2007）。只关注湿地面积而不考虑对受益人群的影响会导致生态系统服务的重新分配，造成分配不均，加剧不平等。

9. 主要的经验教训

湿地银行的案例再次凸显了政府监管能促进市场机制的蓬勃发展，为保护或增加自然资本创造商业机会。与此同时，湿地的持续损失、湿地生态系统服务的重新分配也表明如何使湿地补偿能很好地缓解发展造成的损失仍存在着挑战。

三、案例 3　加利福尼亚州生态保护银行

1. 问题

受美国《清洁水法案》支持的湿地银行的启发，1995 年加利福尼亚州（加州）为受威胁的和濒危物种及其栖息地制定了生态保护银行计划，这也是美国第一家生态保护银行。与湿地银行一样，生态保护银行旨在汇集开发项目的补偿资金，以便更有效地保护更大规模、更具战略意义的栖息地。

2. 生态系统服务

生态保护银行旨在保护或改善受威胁或濒危的物种及其栖息地，受益方是生物多样性保护而并非生态系统服务本身，但保护了生物多样性也等同于维持了多种生态系统服务。

3. 生态系统服务受益者

生物多样性可被认为是一种公共产品，具有广泛的社会效益。根据不同的生态系统服务类型，生态保护银行对生物多样性的保护会让不同的群体受益。例如，许多人不管自己是否有机会亲眼看见受威胁或濒危物种的野生种群，依然非常重视他们能否繁衍生息。生态保护银行还能通过提升生物多样性，从而增加保护地与其邻近地区生态资产的休闲娱乐价值。

4. 生态系统服务的提供者

建立生态保护银行的土地所有者是生态系统服务的提供者。他们可能是个人、公司或非营利组织。

5. 交换条件：补偿措施

加利福尼亚州的生态保护银行交换条件大体上与上一案例中的湿地银行相同。生态保护银行通过保护地役权等措施来长久保护受濒危物种及其栖息地，从而产生信用额度。如果开发商的行为对濒危物种及其栖息地造成了不可避免的影响，就必须通过补偿项目来抵消其影响以满足监管要求。当项目开发商需向银行付款以购买信用。与湿地缓解银行类似，开发商需要购买的信贷额度以及生态保护银行可以提供的信贷额度通常由栖息地面积决定。

生态保护银行与湿地银行之间的一个显著区别是生态保护银行业主要保护既有栖息地，而不是恢复、改善或创造新的栖息地。这意味着加利福尼亚州的生态保护银行的目的是通过增加受保护区域的面积来阻止生物多样性的丧失，而不是实现物种及其栖息地的"零净损失"。

通过生态保护银行，开发商能够以较低的成本满足环境监管要求，并且能将环境保护的责任转移到其他具有专业知识的保护团体（如保护银行）。与湿地银行相同，开发商也是通过购买信用来抵消他们对环境产生的负面影响。

截至 2018 年 7 月，加州鱼类和野生动物署监管下的银行数量已达 82 家。其中约有一半是为保护物种和栖息地提供信贷的生态保护银行。其余的生态保护银行可同时为湿地补偿行动和物种和/或栖息地保护提供信贷。自 2013 年以来，向州政府申请设立新银行的数量有所下降，2016 年只有 16 家。自 1995 年加州设立生态保护银行以来，该业务已遍布美国。2003 年，美国鱼类和野生动物管理局发布了联邦生态保护银行指南。截至 2016 年，共有 138 家银行获得联邦政府审批，保护总面积近 80 000hm^2，其中超过 50%的银行都位于加利福尼亚州（Gamarra and Toombs，2017）。

6. 价值转移机制

加利福尼亚州的生态保护银行在很大程度上与湿地银行相似，但因为生态保护银行是州一级的计划而非联邦计划，因此项目所涉及的政府机构有所不同。生态保护银行受加利福尼亚州环境质量法案和加利福尼亚州濒危物种法案的监管，这些法案要求"破坏鱼类、野生动物或植物栖息地"的开发项目或影响濒危物种的开发项目，必须进行补偿。加利福尼亚州鱼类和野生动物管理局则负责对生态保护银行进行审核和批准，确定信用的数量，监督银行业务。生态保护银行与可用信用的目录在网上公开。

与湿地银行一样，开发商可以通过购买符合其要求的信用，来履行补偿义务，从而获得监管部门的开发许可。开发商购买相应的信用后，生态保护银行就会把这些信用从账户中扣除。交易经监管部门核准后，开发商便可获得项目开发许可证。

7. 监督与核实

加利福尼亚州的鱼类和野生动物管理局在信用发行前会对生态保护银行可提供的信用数量进行核实。如前所述，信用数量通常是基于栖息地的面积或特定物种栖息地面积，也可能是基于相关物种中具有繁殖能力的个体数量来确定。该机构还会监测信用发放后生态保护银行是否按法定标准进行管理维护，如对影响物种（栖息地）的要素及栖息地的状况进行年度监测或季节性的监测（例如，春季水池的水位）。然而，对于那些活动范围比较广的物种而言，生态保护银行边界以外的因素也会影响物种数量的变化，因此，用这种监测来量化银行的保护成效还有待商榷。

8. 成效

与过去各项目自行就地实施补偿措施相比，生态保护银行是一种有效的改进。2005 年的一项研究报告指出，如果没有其他银行的保护，49% 的保护银行所保护的约 1.1 万 hm^2 的栖息地会遭受破坏或会严重退化（Fox and Nino-Murcia，2005）。这表明一些保护银行确实提供了额外的保护价值（Sonter et al.，2019）。然而，同样也有研究发现，生态保护银行以外地区的生态恢复率更高，这让人们质疑保护银行对加州生态保护目标的净贡献。实际上，许多银行仍是独立运作的。理想情况下，区域保护计划应该指导生态保护银行的选址，并提高生态保护银行间的连通性。但是，这类计划进展非常缓慢。

1995～2012 年，保护银行的项目提案数量逐年增加，但 2012 年以后，数量便开始下降。2009～2013 年没有新的保护银行获批。造成这种现象的原因有很多，比如由于人员或资金短缺导致的审批时序漫长（2～7 年）。为了改进这一现象，自 2013 年以来新保护银行标准缩短了审批时间（Bunn et al.，2013）。此外，在 2013 年，鱼类和野生动物管理局开始实行新的收费制度，目的是让保护银行和开发商交易信用时全额支付政府的相关管理成本。截至 2017 年，政府在各阶段的审批和实施中收取的管理费用约为 10 万美元。保护银行的经营者也提到在评估保护银行项目的前期成本和财务风险方面也存在挑战。截至 2005 年，有 35%的营利性生态保护银行报告称实现收支平衡。尽管这个统计数据不是最新结果，但仍表明保护银行的盈利能力尚存在挑战。

9. 关键的经验教训

加利福尼亚州的生态保护银行项目说明了补偿银行不仅能保护湿地，还能推动物种及其栖息地的保护。该案例还突显了生态保护银行机制在实现可持续方面所面临的挑战：如何为私人创建银行提供足够的保障和财政激励，以及如何同时为政府提供充足的资源使其履行监督、监管的职责。

四、案例 4 加利福尼亚州的碳交易市场

1. 问题

气候变化对加利福尼亚州（加州）居民的健康和生产力造成了一系列威胁。随着全球变暖，预计加州将经历温度更高、持续时间更长的热浪，其内陆地区已受到了严重影响，开始有干旱迹象。高温还会引起空气质量的下降（高温导致臭氧量超过联邦标准的天数增加），这不仅会对人类产生负面影响，还会对加州的农业（年产值达 400 亿美元）产生负面影响。此外，加州也将面临森林火灾和海平面上升的威胁，这些都将引发更多的灾难。

从美国的温室气体排放来看，加州的排放量仅次于得克萨斯州。导致加州气候变化的三大排放源分别是交通、电力和工业，三部门总排放量占加州总排放量的 85%以上（ARB，2014）。鉴于这些部门对经济发展至关重要，加州的主要问题是如何在不影响经济发展的前提下，减少碳排放量，降低未来环境风险。

目前，州政府已经制定实施了非常积极的气候政策，发布了一系列旨在减少温室气体排放的行政指令。截至 2018 年，其中最具雄心壮志的行政指令当属总统行政令 B-55-18 号，它设定了到 2045 年全州实现碳中和的目标。此外，第 100 号参议院法案（SB）也承诺全州将在 2045 年实现清洁电力的使用。

2006 年加州通过了影响广泛的《AB-32 法案》或称《加利福尼亚州全球变暖解决方案法案》。该法案旨在到 2020 年，将加利福尼亚州温室气体排放量控制在

1990 年的水平。实现目标的方法之一是针对大型排放者的温室气体排放总量建立控制与交易制度。加州空气资源委员会（ARB）规定限排量，企业可以通过减少排放量、购买配额或投资抵消信用来满足减排要求。

信用抵消额度可以从不同减排举措产生的碳减排量中购买。作为核实过的减排量，这些措施包括森林管理、消除破坏臭氧层的物质、畜牧管理、煤矿中的甲烷收集、水稻种植技术的改良等。本案例主要介绍森林管理的实现路径，因为这是目前绝大部分抵消信用的来源。依据《AB-32 法案》下的森林补偿条款，在美国大陆范围内的 59 个森林管理项目中，已批准近 80 万 hm^2 土地可利用加州温室气体排放总量控制和交易市场出售温室气体排放额度。

2. 生态系统服务

抵消信用提供的主要生态系统服务是通过固碳带来的气候调节服务。此外，森林管理抵消信用还可产生额外的生态系统服务效益，如水质净化和防止土壤侵蚀。

3. 生态系统服务的受益者

有两个主要的群体受益于这些生态补偿措施及其带来的生态系统服务。鉴于碳储量对全球气候系统的影响，全球人口都是森林管理措施对气候调节作用的受益者。此外，因为森林提供的许多调节功能主要是服务于当地，所以，森林管理区附近的社区是直接的受益者。

4. 生态系统服务的提供者

根据《AB-32 法案》补偿机制的定义，生态系统服务的提供者是选择实施减排项目、并将其产生的信用出售给受议会法案 32 监管公司的一方，也称"抵消项目经营者"（OPO），他们的责任是确保实施的项目能带来有意义的减排。在森林管理抵消案例中，抵消项目经营者可以是企业、个人或合伙企业，只要他们是森林所有者，并拥有在此处森林实施抵消项目的合法权利。如果经营者想获得报酬，就必须把开展的项目列入空气资源委员会（ARB）批准的抵消项目注册表中（如"已验碳标准表"），并遵守空气资源委员会合规抵消标准（下文将详细讨论）中列出的所有要求。假设项目获得批准，经营者将获得空气资源委员会发放的信用额度，供受监管的公司购买。

5. 交换条件：补偿措施

总量控制和交易计划涵盖了约 350 家企业，主要是发电企业、电网企业、大型工厂以及燃料分销商，这些企业的排放量占加州总排放量的 85%。为达到加州总的减排目标，全州排放总量（上限）逐年下降，与 2012 年相比，2013 年排放限额降低了 2%，与 2013 年相比 2014 年也下降了约 2%，预计 2015 至 2020 年每年将下降约 3%。

该计划在 2012 年开始实施时，企业可免费获得约 90% 的排放配额（1 配额单位=1 百万吨二氧化碳排放量）。对于超过免费配额的部分，企业可每隔几个月通过竞拍的方式购买更多配额或购买信用进行抵消。由于两种方式都符合监管规定，所以，企业会选择二者中较便宜的一种。议会法案 32 规定，须逐年下调免费排放限额。这样一来，企业要么找到创新的减排方式，要么购买更多的排放配额，或更多地依靠抵消信用。为了避免企业只是简单地"花钱买合规"而不付诸实际行动进行减排，可购买的抵消额度上限为企业排放总量的 4%。

6. 价值转移机制

如上所述，有意交易抵消信用的各方必须遵守由空气资源委员会（ARB）制定的标准。该标准涵盖：林业、城市林业、沼气池、臭氧消耗物质的消除、煤矿开采产生的甲烷收集与消除，以及水稻种植业的碳减排等。针对不同的行业，每项标准对能生成信用的措施都做出了具体的界定和要求。例如，符合条件的森林管理活动包括避免林地转化、再造林、改善森林管理等。

此外，每项抵消标准还规定所有在美国境内开展的项目不能止步于"一切照旧"。这意味着如果一个项目原本就会实施碳减排（无论是否存在抵消信用机制），那么其产生的减排额度不能作为减排信用。公司通过购买抵消信用来满足减排要求，那么这部分信用额将"退出"市场，以避免对抵消额进行重复计算。虽然迄今为止只有美国国内的森林碳抵消信用项目获得批准，但预计在未来，公司可以购买跨国的森林碳抵消信用。加州目前正与墨西哥恰帕斯州和巴西阿克雷州合作，在这些地方实施与议会法案 32 法案相对接的 REDD+ 项目，以巩固抵消信用市场（有关 REDD+ 的更多内容请参阅第 11 章）。

7. 监督核查

受监管的公司须向空气资源委员会（ARB）报告其温室气体排放总量，并由第三方来进行合规核实。就抵消机制而言，不同标准对监督审核程序作的规定也不一样。以森林管理为例，标准要求每个项目地都需经过实地考察；实施全面的监测计划以量化森林的蓄积量；每 6 年提交一次报告，由空气资源委员会认可的机构对报告进行独立审核。在分配信用额度之后，这些监管核查程序需持续 100 年。

8. 成效

根据加州温室气体报告清单，与 2004 年的峰值相比，加州 2016 年的排放量下降了 13%，这表明该州已实现 2020 年将排放量降低到 1990 年排放水平的目标，并努力在 2030 年降低至 1990 年排放量的 40%。虽然前景比较乐观，但议会法案 32 对成果的独立贡献尚不明确，因为这个过程中还伴随着其他一系列减排政策。

2017 年一项研究表明，对空气资源委员会（ARB）在册的 39 项森林管理项目进行分析，发现每个项目平均能抵消相当于 65.4 万 t 二氧化碳当量的温室气体。更重要的是，这些温室气体的减少属于额外效益，这意味着森林管理的作用超出了购买抵消信用的情况。虽然总量控制和交易计划最初定于 2020 年到期，但 2017 年，州议会的绝对多数成员批准将项目再延长 10 年，这表明了全州对该计划的信心。

9. 关键的经验教训

加州的总量控制和交易计划实施过程中产生了许多宝贵的经验，可为其他地方类似计划提供参考。加州成功地找到了能节约成本的管理方式，方式之一是建立合作伙伴关系，为花费巨大的管理任务提供协助。2014 年，加州将其总量控制和交易计划与加拿大魁北克的减排计划挂钩，在增加项目可信度的同时削减了管理成本。通过这种合作，双方能够集中资源协调法规与指导性文件，甚至能通过联合拍卖平台销售排放配额。

加州节省成本的另一种方式是向排放温室气体的机构收取费用（约 250 名付费机构，每年约排放 3.3 亿 t 二氧化碳）。由于费用是基于付款排放量（一般为每吨 14～18 美元）收取的，所以该政策可进一步激励这些排放大户减排。

加州的成功凸显了设计良好的抵消信用市场的重要性。空气资源委员会的市场运作之所以成功，是因为它在严格的减排要求（确保有意义的减排）和相对简便的运作流程（同时降低项目潜在运营者的交易成本）之间取得了平衡。到目前为止，来自各个行业 280 个项目中的近 4000 万美元的抵消信用已通过了审核。值得注意的是，近 80% 的信用额度来自森林经营项目，这表明森林所有者愿意加入抵消市场，并有机会创造除碳储存之外的效益。事实上，调查显示，92% 的林业碳抵消信用项目经营者认为，项目至少产生了一项协同效益，如水质净化、休闲娱乐和野生动物保护。

五、结　　论

纵观本章研究案例，可以得出以下结论。首先，无论是从生物多样性、生态功能，还是生态系统服务来衡量，生态环境影响补偿措施的目标都是维持一定水平的生态环境质量。其挑战在于如何恰当地衡量实施的进展，以及如何设计监管规定来实现既定的目标。案例研究表明，当衡量最终目标实现程度的指标设计合理，且与补偿措施实施区域相匹配时，项目进度就更容易追踪。例如，华盛顿雨水截留信用系统中，用雨洪截留量来衡量绿色基础设施提供的雨洪调节服务；湿地银行则截然不同，该措施减少了对湿地面积的依赖，因为面积不能很好的衡量湿地的功能和服务，而这些功能和服务可以通过技术手段直接进行计算。

　　其次，本章案例强调了补偿措施可能会对社会公平和环境公正产生的不同影响。在某些情况下，补偿项目能促成生态环境和公平的双赢。例如，华盛顿的项目除了增加雨洪调节服务外，还将在低收入城市社区增加绿色基础设施。然而，美国的湿地补偿项目却相反，湿地提供的生态系统服务的迁移方向是从城区的低收入社区和少数族裔社区转移到更远的郊区。这表明，在设计补偿法规时需考虑对公平的影响，以避免产生意想不到的后果。

　　最后，在不影响环境目标或社会公平的情况下，在尽可能广的地理范围内实施补偿项目有助于创建一个健康的市场。碳交易案例中，将加州的排放信用市场与魁北克的市场联在一起，意味着那些有意出售信用的人可以更有信心地进入市场，因为对受监管实体的信用抵消的需求足够大。在美国湿地银行案例中，私营银行通常由数个专业成员设立，他们有渠道获得私人资本的投资。尽管补偿信用通常只能在某流域内进行交易，但由于国家层面的基本政策框架保证了辖区间的信用交易系统具有相似性，私营企业更容易扩大其补偿银行业务的规模。相比之下，由于为华盛顿雨水保留信用市场相对较小，所以需通过政府实施的购买协议计划来确保早期市场对补偿信用的足够需求。总而言之，在设计补偿机制时，衡量标准、社会公平和市场规模等问题都是值得慎重考虑的因素。

主要参考文献

Anderson，Christa M.，Christopher B. Field，and Katharine J. Mach. 2017. "Forest offsets partner climate-change mitigation with conservation." *Frontiers in Ecology and the Environment* 15，no. 7：359-365.

ARB（California Air Resources Board）. 2014a. *Assembly Bill 32 Overview*. https://www. arb. ca. gov/cc/ab32/ab32. htm.

——. 2014b. *First Update to the Climate Change Scoping Plan*. Sacramento，California：California Environmental Protection Agency Air Resources Board.

——. 2014c. *U.S. Forest Projects Compliance Offset Protocol.* https://www.arb.ca.gov/regact/2014/capandtrade14/ctusforestprojectsprotocol.pdf.

Bayon，Ricardo，Nathaniel Carroll，and Jessica Fox. 2012. Conservation and Biodiversity Banking：A Guide to Setting up and Running Biodiversity Credit Trading Systems. London：Earthscan.

BenDor，Todd，Nicholas Brozovic，and Varkki George Pallathucheril. 2007. "Assessing the socioeconomic impacts of wetland mitigation in the Chicago region." American Planning

Association. *Journal of the American Planning Association* 73，no. 3：263.

Bunn，David，Mark Lubell，and C. Johnson. 2013. "Reforms could boost conservation banking by landowners." *California Agriculture* 67，no. 2：86-95.

Dahl，Thomas E. 1990. *Wetlands Losses in the United States，1780's to 1980's. Report to the Congress*. No. PB-91-169284/XAB. National Wetlands Inventory，St. Petersburg，FL（USA）.

DDOE and CWP（District Department of the Environment and Center for Watershed Protection）. 2013. *Stormwater Management Guidebook*. https://doee.dc.gov/swguidebook.

Fox，Jessica，and Anamaria Nino-Murcia. 2005. "Status of species conservation banking in the United States." *Conservation Biology* 19，no.4：996-1007.

Gamarra，Maria Jose Carreras，and Theodore P. Toombs. 2017. "Thirty years of species conser? vation banking in the US：Comparing policy to practice." *Biological Conservation* 214：6-12.

Holland，Craig. 2016. "Financing solutions for storm water run-off." *Environmental Finance*. 104 | Green Growth That Works：Natural Capital Policy and Finance Mechanisms Around the Worldwww. environmental-finance. com/content/analysis/financing-solutions-for-storm-water-run-off.html.

NRC（National Research Council）. 2001. *Compensating for Wetland Losses under the Clean Water Act*. Washington，DC：National Academies Press.

Ruhl，J. B.，and James E. Salzman. 2006. "The effects of wetland mitigation banking on people." *National Wetlands Newsletter* 28，no.2：1，8-13.

Sonter，Laura J.，Megan Barnes，Jeffrey W. Matthews，and Martine Maron. 2019. "Quantifying habitat losses and gains made by U. S. Species Conservation Banks to improve compensation policies and avoid perverse outcomes." *Conservation Letters* e12629 https://doi.org/10.1111/conl. 12629.

TNC and VCS（The Nature Conservancy and Verified Carbon Standard）. 2016. *Developing a Modular Stormwater Crediting Program to Reduce Stormwater Runoff by Scaling up Construction of Green Infrastructure，Phase 1：Analyzing Existing Initiatives to Inform the Development of a Stormwater Crediting Program*. Report to the David and Lucille Packard Foundation.

第八章 自愿机制

丽莎·曼德尔，梅格·西明顿

在获得更多支持的情况下，私人和公共土地上的许多生态系统服务都能得以增强。监管和政府直接资助的作用均有限度，因此，基于慈善的私人行动者、非政府组织，以及双边和多边组织开展的自愿行动，对于全球提供生态系统服务的土地的保护具有重要作用。本章列举了两个自愿保护的例子：亚马孙地区保护区计划（ARPA）与过渡基金，以及美国土地信托和保护地役权计划。在前一个例子中，巴西政府通过让私人基金、企业和他国政府组建联盟、募集资金，增强并扩大保护区网络。在美国保护地役权的例子中，政府通过土地信托补贴和税收减免的方式，鼓励在私人土地上开展保护措施。这些方法共同促进了大面积的保护行动，并带来了各种生态系统服务效益。在巴西亚马孙地区有 6000 万 hm^2，在美国有 700 万 hm^2 的土地被纳入到保护行动中。亚马孙地区保护网通过减少森林砍伐，对减少碳排放和全球气候效益均有积极意义。这两种模式现已推广到其他国家，并适应不同的法律框架以及文化和环境背景。

除了通过政府补贴和法规监管在环境保护中发挥的关键作用之外（见本书第六章和第七章），有慈善意愿的个人、非政府组织和私营企业的志愿行动也能极大地推动环境保护（图 8.1）。本章将介绍两个自愿保护案例：巴西亚马孙地区保护

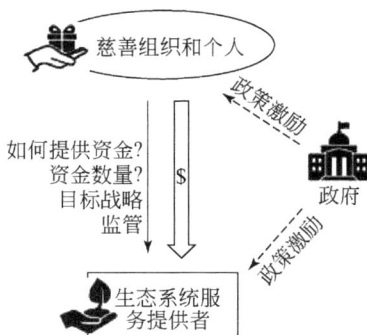

图 8.1 通过自发机制，有慈善意愿的个人或团体可直接向生态系统服务提供者提供资金。政府可以通过补贴鼓励生态系统服务提供者和慈善行为者，发挥间接作用。

区计划（ARPA）；美国的土地信托和保护地役权。在 ARPA 的案例中，巴西政府是生态系统服务的提供者，来自私人基金会、公司和他国政府的国际基金使得巴西政府能更好地扩大和加强保护区网络。在美国土地信托和保护地役权案例中，生态系统服务的提供者是私人土地所有者，政府则会通过税收补贴鼓励其保护行为。

一、案例 1　巴西亚马孙保护区计划与过渡基金

1. 问题

巴西亚马孙森林面积约占亚马孙森林总面积的 60%。自 1970 年以来，由于木材砍伐、农业生产扩张等开发活动，巴西亚马孙森林覆盖率减少了近 20%，减少的面积超过了 75 万 km^2，比加里曼丹岛的面积还要大。这不仅对全球的生物多样性和气候调节构成了巨大的威胁，也威胁到了该地区的水资源和生命支持系统，以及当地依赖森林的社区生计。为了应对这一局面，巴西政府设计规划了保护区，覆盖了近 30% 的巴西亚马孙地区。然而，由于没有足够的资金来管理这些地区，并防止乱砍滥伐，许多的保护区实际上是"纸面公园"，仅存在名称。这一问题促成了亚马孙保护区计划的实施和过渡基金的成立。该基金基于"永久性项目融资（PFP）"模式，汇集了多边和双边捐助者，联合了私人慈善组织与巴西政府，实施了大尺度的保护措施，并筹措了开展长期生态保护所需的资金。

2. 生态系统服务

在巴西亚马孙地区，保护地网络的扩大能提供一系列生态系统服务收益，如对地区及全球气候的调节，调蓄发电用水、灌溉及饮用水的水量和水质，以及为当地社区供给食品、纺织原料和药品。巴西亚马孙地区的生态保护还将有助于全球生物多样性保护（具体请参阅本书第十一章和第十三章中的 REDD +案例研究，以获得有关森林生态保护的更多信息）。

3. 生态系统服务的受益者

巴西亚马孙保护区计划有不同尺度的受益者。全球尺度上能在气候调节（通过碳储存和碳固定）和生物多样性保护中受益；地区尺度上则能够从获得更好的能源、水源和食品安全中受益，生计依赖于森林的社区则可以从亚马孙生态保护中获得效益。

4. 生态系统服务的提供者

在这个例子中，巴西政府和一直负责土地管理的社区是生态系统服务的提供者。

5. 交换条件：补偿措施

根据协议条款，巴西将对其境内 15% 的亚马孙森林进行保护，共计 6000 万 hm^2，约是美国加利福尼亚州面积的 1.5 倍，约是美国国家公园总面积的 3 倍。ARPA 项目保护区中，一半的保护地实行严格保护，另一半保护地进行可持续性利用，允许部分采伐。

ARPA 项目的捐助者创建了一个过渡基金，这是一个长期偿债基金，旨在支付 ARPA 项目 25 年的经常性费用。该基金的目标融资额是 2.15 亿美元，截至 2017 年 6 月，融资总额接近 2.11 亿美元。过渡基金用于向巴西政府提供保护区的管理费用，包括实地开展保护的费用（例如，看护人员的薪酬和住宿、飞行巡逻的费用）、参与式管理费用、设备费用、基础设施和运营费用、监测和研究费用（拨款的前提是巴西政府完成相应的目标）。过渡基金的资金拨付包含 11 项条件，包括建立新保护区、实施生物多样性监测、保护区人员编制达标，以及巴西政府确保资金到位等。

在哥斯达黎加（见第十三章）和加拿大不列颠哥伦比亚省的大熊雨林中也采用了"永久性项目融资（Project Finance for Permanence，PFP）"的模式。此外，秘鲁、哥伦比亚和不丹也在开发类似的项目。

6. 价值转移机制

在 PFP 模式下，资金由多个捐助者提供，但在基金筹措目标实现之前，不要求任何捐助者拨付资金。各捐助者在基金正式成立的时候才作正式的捐资承诺。ARPA 过渡基金是由多个慈善组织（如戈登与贝蒂·摩尔基金会、林登环保信托）、政府和多边组织（如世界银行、全球环境基金、泛美开发银行、德国开发银行）、世界自然基金会和私营公司（英美矿业公司）共同资助。

当巴西政府取得了约定的保护成效并实现了预定的财政目标后，过渡基金会向巴西政府拨付资金，并分配给项目实施地区。与此同时，巴西政府必须增加用于自然保护的财政资金，并在 2038 年负担起自然保护地所需的全部资金。

ARPA 项目在 2002 年的里约热内卢"RIO+10"大会上启动，并于 2014 年 5 月完成其财务计划。2002~2009 年，该项目的重点是创立新的保护区。2010~2017 年，在 ARPA 框架下整合新的和现有的保护区（达到相应的管理和监测基准）。最终，从 2014 年开始，亚马孙地区保护区计划从由过渡基金出资，逐渐转变为由巴西政府提供全额资金。到 2038 年过渡基金终止时，巴西政府预计将主要通过公司支付的环境补偿基金和生态系统服务使用费，来维持保护区运营管理，从而抵消发展基础设施所造成的生态影响（见第七章"监管驱动的弥补措施，尤其是替代收费"）。

7. 监督核查

捐助机构和巴西政府代表组成的过渡基金委员会审查基金的资金拨付情况。如果保护行动达到要求，基金将按一年两期进行支付。如前所述，生物多样性监测项目的制定和实施情况就是审核内容之一。另外，用于评估保护区管理有效性的标准化的问卷和数据表，也被用于跟踪验证保护区是否满足土地制度、管理计划、参与式管理，监测等 12 项指标的要求。

8. 成效

尽管亚马孙地区保护区计划在开拓新保护区方面面临挑战，但 ARPA 已经实现了大部分既定目标。在 2017 年，三个覆盖了近 150 万 hm² 的现有保护区被纳入到该系统中，使其总规模达到 117 个保护区，覆盖面积达 6080 万 hm²。虽然亚马逊地区保护区计划现已囊括了 6000 万 hm² 的目标保护区，但其中新保护区的建立却依然停滞不前。作为过渡基金的支付条款之一，ARPA 的目标是建立 600 万 hm² 的新保护区。截至 2018 年年中，仍需新增 300 万 hm² 的保护区才能实现这一目标。虽然过渡基金委员会已将新增保护区的期限延长到了 2019 年底，但政府尚未达到 2017 年保护区人员配备目标。因此，2018～2019 年的拨付已扣除了 3.5% 的惩罚金。

ARPA 项目产生的生态系统服务效益巨大。基于 2003~2008 年 ARPA 对降低森林砍伐的贡献，2010 年的一项研究估计 ARPA 项目全面开展后将减少 14 亿 t C 的释放，这相当于每年全球温室气体排放量的 16%（Soares-Filho et al.，2010）。据最新的研究估算，2005~2015 年，ARPA 支持的保护区共减少了约 3.5 亿 t C 的排放（Soares Filho，2016）。

财务方面，ARPA 在筹措先前承诺的资金量上遇到了一些挑战，过渡基金承诺提供 2.15 亿美元，却只筹集到 2.11 亿美元的额度。来自 GEF 和英美（矿业公司）的资金比预计的要晚。巴西亚马孙基金（Amazon Fund）的大笔预期捐款也不容乐观，由于亚马孙的森林砍伐率反弹，挪威减少了 2017 年拨付给亚马孙（Amazon）基金的捐款（更多内容参见第 11 章亚马孙基金的内容）。另一方面，巴西雷亚尔的贬值（从 2014 年的 1 美元对 2.2 雷亚尔降至 2018 年 8 月的 1 美元对 3.8 雷亚尔）导致项目资金已经超过了过渡基金财务模型开发时所预期的资金额。巴西政府在使用已拨付的资金用于保护地整合上面临着挑战，实际支出率低于原定的计划。各州政府在遵守 ARPA 项目的财务报告要求方面也遇到了困难，未能筹措到足额的配比资金以达到过渡基金拨款的要求。此外，近年来巴西经历的政治变化（包括削弱环境立法以及试图消除或降级现有保护区）和经济不稳定，同样给 ARPA 的实施带来了新的挑战。

9. 关键的经验教训

ARPA 项目和过渡信托的例子表明了"永久性项目融资"模式的作用。通过将私人和公共部门的捐赠结合到一起，就有可能在全国层面上为重大保护行动提供资金支持。如果资金零零散散地到位，就无法开展这种大型资助。对于保护价值高、关注者众多的区域，这种模式能成功地建立由多个捐资人组成的环保联盟，例如碳储存受威胁的地区和具有国际重要意义的生物多样性地区。

另外两条促成 ARPA 成功的经验也值得注意。①将资金拨付与实现约定的目标挂钩。这种基于绩效的拨付方式降低了捐赠人的风险。②将过渡信托基金的资金减少与巴西政府逐年提高对保护地的财政支持匹配起来。这为捐助者提供了一个退出机制，同时给予巴西政府充分的时间来逐步提升自身能力和财政支持的力度。这样就很容易理解为什么从捐助者和政府的角度来看，PFP 模式是一个有吸引力的选择。

二、案例 2　美国土地信托和保护地役权

1. 问题

美国 70% 以上的土地是私有的，几乎是其符合世界自然保护联盟（IUCN）规划的美国大陆保护区的 10 倍，其中大部分私有土地有很高的生态环境价值。采取何种激励措施可以让土地所有者维护公共利益？20 世纪 80 年代，土地信托和保护地役权机制在美国应运而生，土地所有者可以通过这种机制自愿、永久地限制土地开发，确保土地的生态环境价值，从而换取美国联邦政府的税收优惠。根据 2015 年全国土地信托普查（Land Trust Alliance，2016），在美国有超过 1300 个活跃的土地信托项目，超过 700 万 hm^2 的土地通过地役权机制得以保护。

2. 生态系统服务

保护地役权可以用来保障各种生态环境效益，如保护水资源或其他生态系统服务，保护生物多样性，为保护区提供生态走廊或生态缓冲带，以及保护农场和牧场等生产用地。

3. 生态系统服务的受益者

保护地役权要求提供一些自然、文化或历史价值方面的公共利益，土地所有者才能享受税收方面的优惠政策。特定地役权的受益者有哪些，取决于地役权的景观环境、土地管理方式以及是否需要直接进入土地才能享受这些受益。

4. 生态系统服务的提供者

私人土地所有者是生态系统服务的提供者，他们通过税收优惠得到一定的补偿。土地信托机构对供役地进行管理，并作为非营利组织运营，也有享受税收优惠的资格。

5. 交换条件：补偿措施

土地信托是私人性质的非营利组织，负责对土地进行集中管理与保护。当私人土地所有者想使其土地作为供役地并获得保护时，他们可与土地信托机构签署相关协议。保护地役权附属于财产所有权，对土地用途将做出永久性的限制，例如保护地役权会禁止在未来对地块进行开发或拆分。私人土地所有者通过出售或捐赠的形式将地役权转让给土地信托机构。如果地役权通过捐赠的形式转让而且土地具有公共价值，该捐赠就可以作为慈善捐赠，土地捐赠者可从所得税减免中扣除价值损失。即使地役权以出售的形式转让，由于土地用途受到限制，土地的评估价值会降低，这也可以减少所有者的财产税。

即便土地所有者将地役权转让给土地信托，土地仍然是原始所有者的财产，他们可以出售土地或将土地转让给他们的继承人。然而，无论如何流转，附加于地块上的地役权是永久的。因此，该地块后续的拥有者也必须继续遵守地役权中的各项约定。

6. 价值转移机制

保护地役权是土地所有者和土地信托或政府机构之间自愿签订的具有法律效力的合同，地役权对土地的用途做出了永久性的限定以保护土地的生态价值。土地信托可以直接获得土地（"绝对所有权"）或获得保护地役权，然后对这些土地进行管理和保护。在持有的土地数量和在土地获取目标方面，各土地信托之间的差异很大。一些土地信托在国家或州的层面运作，而另一些则侧重于本地运作。土地信托在选择土地时，会以土地的生物多样性或关键物种价值作为评判标准，也会重点关注具有文化价值的自然景观。

对于所持有的保护地役权，土地信托需确保土地（使用）符合保护目标，并遵守地役权限制条款。特定的限制条款是根据供役地的保护价值、土地信托的目标、土地所有者的需求设计的。限制条款通常会限制土地资产细分，限制住宅、商业、工业或其他用途的土地开发，限制破坏栖息地或影响生态系统服务的活动（如采矿或房地产开发）。

保护地役权机制中，主要是私人土地所有者和私人非营利组织（土地信托组织）之间的交易，政府会提供各种各样的税收优惠来补贴这些交易。美国联邦政府还通过各种项目向土地信托提供资金，帮助其获得更多地役权。例如美国林务局的森林遗产项目、美国鱼类及野生动物管理局的国家鱼类和野生动物基金项目。此外，保护地役权也可以不转让给土地信托，而是转让给政府。

7. 监督核查

地役权的持有者（通常是土地信托组织）负责监督地役权的遵守情况。美国最大的土地信托组织——大自然保护协会（The Nature Conservancy，TNC）对保护地役权进行过一项调查。调查发现，虽然 TNC 定期审计其持有的地役权，确认土地所有者是否遵守了各项限定（过去三年中 92% 的项目都要审计），但是只对不到 1/5 的保护目标进行了定量监测。由于缺乏公共问责和第三方核查，如何开展有效的监督，特别是保护目标的有效监督，仍然是值得关注的问题。

8. 有效性

土地信托机已经获得了美国大部分土地的保护地役权。根据 2015 年土地信托联盟的报告（Land Trust Alliance，2016），有 1362 个活跃的土地信托项目通过多种机制保护了超过 2200 万 hm^2 的土地，其中包括直接收购的土地和近 700 万 hm^2 的供役地，以及协助将土地转让给政府机构或其他组织。在 2005 年，供役地只有 250 万 hm^2，10 年间供役地面积增加了近 3 倍。在有数据记录的最早年份 1985 年，供役地面积不到 40 万 hm^2。

虽然保护地役权的面积增长迅速，但目前尚缺乏对这些土地所提供价值的系统性核算。保护地役权所带来的生态系统服务效益和生物多样性效益很难量化。怀俄明州的一项研究发现，在 5 年期限内，即使在发展压力较大的地区，受地役权限制的土地上的开发活动要比不受地役权限定的土地少，野生动物对土地的利用率也更高。然而，野生动物的土地利用率更多地取决于该地景观尺度，而不是取决于该地是否为供役地。就野生动物土地利用率而言，地役权机制有一定的局限性。此外，保护地役权的方法也被批评过于随意，保护效果欠佳。大自然保护协会通过评估其地役权得出结论：地役权收购总体上是战略性的，而且会随着时间的推移越来越强，但由于该协会的资金情况远远好于大多数的土地信托组织，且有更明确的目标——采用战略性的、科学的保护方法。而土地信托是否能在总体上为保护自然资本提供有效的机制，这一点尚未明确，无论是从提供的利益还是从效率方面而言，均是如此（对于那些即使没有付款也一样会保持未开发状态的土地，是否仍需要付款）。

从社会层面看，由于保护地役权对税收和土地提供的公共利益的影响（通常未量化），对于保护地役权是否对公众有净利益仍在争论中。保护地役权对税收的净影响尚不明确。一方面，给予保护地役权土地价值减少的抵扣会减少整体税收收入；此外，由于地役权的变更降低了财产价值，从而减少了从该财产征收的税款。这样一来，一般纳税人正在资助保护，因为减少税收必须从其他来源弥补。另一方面，房产价值随着靠近开放空间的距离而增加，所以保护地役权可能会增加一个地区的税收。

此外，保护地役权可能影响整个社会利益分配的公平性，具体取决于地役权所在地和地役权的获得者。尽管可以通过役地权获得许多生态系统服务所带来的好处，比如清洁水源和自然景观等，不管公众是否可以直接进入相关土地；但是，如果不进入相关土地也会影响其获得其他利益（如娱乐机会等）。2009 年针对土地信托开展的一项调查表明，有近 80% 的受访土地信托提供了至少部分土地的公共使用权，但大多数受保护地役权保护的土地（59%）并不向公众开放。

保护地役权制度也可能有助于扩大或增加生态缓冲带与生态走廊的面积。地役权的永久性（除部分例外）可能使得地役权制度比政府设定保护地更有效，因为受到利益团体的压力和资金短缺的影响，先前被划定为保护地的区域可能会丧失其保护地位。保护地役权制度的灵活性和对土地所有者财产权的保障使得该制度在很多情况下具有吸引力，这种方法也在拉丁美洲和欧洲得以推广。

9. 关键的经验教训

土地信托制度和保护地役权模式成功地将美国私有土地纳入到保护范围中，并且降低了这些地区的开发活动。就像其他章节中提到的许多融资机制一样，保护地役权机制也面临着监督机制有效性问题，特别是如何在那些容易度量的指标（受地役权保护的区域面积）和能更精确地衡量保护成效的指标之间进行取舍。政府通过税法激励保护地役权所发挥的作用也很重要。与地役权制度相关的税收减免实际上意味着一般纳税人需要补贴生态保护。土地信托和私人土地所有者共同决定在何处，以及如何开展保护工作（图 8.1），而不需要政府的直接参与。一些人认为，保护地役权制度在对财税的影响以及对社会公平的影响存在不确定性，并且缺乏第三方的核实，所以政府需要对其加强监管。

三、结　　论

如本章中的案例所示，自愿机制可以有助于保护私有土地和政府管理土地上的自然资本。这些机制的成功实施需该地点所提供利益的类型和规模与捐助者的动机相匹配。如亚马孙地区保护区过渡信托基金表明,"永久性项目融资"模型已成功汇总了来自全球捐助者的资金,以支持确保亚马孙森林为全球提供利益,即全球气候调节和生物多样性维持。另一方面,美国的土地信托通常在本地运作更多(尽管并非总是如此),因此可能更多地侧重于地方利益,例如保存美学和文化价值,以及保护生物多样性。在这两种机制中,政府、非政府组织和私人行动者都在确保其成功的过程中发挥着至关重要的作用。

主要参考文献

Land Trust Alliance. 2016. *2015 National Land Trust CensusReport*. http：//s3.amazonaw.com/landtrustalliance.org/2015NationalLandTrustCensusReport.pdf.

Linden，Larry，Steve McCormick，Ivan Barkhorn，Roger Ullman，Guillermo Castilleja，Dan Winterson，and Lee Green. 2012. "A big deal for conservation." *Stanford Social Innovation Review* 43-49.

Merenlender，Adina M.，Lynn Huntsinger，Greig Guthey，and S. K. Fairfax. 2004. "Land trusts and conservation easements： Who is conserving what for whom?" *Conservation Biology* 18，no. 1: 65-76.

Owley，Jessica，and Adena R. Rissman. 2016. "Trends in private land conservation： Increasing complexity，shifting conservation purposes and allowable private land uses." *Land Use Policy* 51: 76-84.

Soares-Filho，Britaldo，Paulo Moutinho，Daniel Nepstad，Anthony Anderson，Hermann Rodrigues，Ricardo Garcia，Laura Dietzsch et al. 2010. "Role of Brazilian Amazon protected areas in climate change mitigation." *Proceedings of the National Academy of Sciences* 107，no. 24: 10821-10826.

Soares-Filho，Britaldo. 2016. *Role of Amazon Protected Areas，Especially the Conservation Units Supported by ARPA，in Reducing Deforestation*. Rio de Janeiro： Funbio.

WWF. 2015. *Project Finance for Permanence： Key Outcomes and Lessons Learned*. Washington，DC： World Wildlife Fund. https://www.worldwildlife.org/publications/project-finance -for-permanence-key-outcomes-and-lessons-learn.

第九章　水　基　金

凯特·A·布劳曼，瑞贝卡·奔勒，西尔维娅·贝尼特斯，利亚·布雷默，
卡瑞·威格斯托尔

　　河流上游的森林砍伐、落后的农业生产方式，以及社会发展，都对人类、城市和农业获得充足的清洁用水造成了影响。管理流域有助于调节下游流量，并减少水环境中的污染物。因此，以自然为基础的水资源保护投资日渐普遍。然而，水资源保护投资没有投向缺乏资金的社区的现象依然存在，也没有机构引导下游受益者以资金形式补偿上游居民。本章介绍的水基金，是一种可复制的金融和治理机制，可将下游用水者与上游居民联系在一起，并向后者支付可持续管理流域的费用。水基金具有允许多个利益相关者参与的机制，并提供：①资金，以长期为流域管理筹集资源；②治理，以实现透明和包容性的联合规划和决策方案；③流域管理，推动流域保护与管理活动的规划、实施和监测。水基金设计必须契合其所在地的社会文化、经济和生态环境，因此每个基金都有其独特的形式，但也都兼具上述三个要素。这些项目的成功，既取决于下游支持者所汇集的财政资源，也取决于上游居民的共同支持，而上游居民的参与则离不开他们从水基金活动中的直接受益。这种模式已在拉丁美洲和全世界范围内迅速应用普及。

一、水基金概述

　　人们对水资源的需求与日俱增，但是清洁的水资源供应却岌岌可危。截至 2010年，由于因滥耕滥伐、不合理的农业生产和城市扩张，导致大型城市上游流域约40%的土地和植被严重退化，不仅降低了清洁水资源量，还增加了下游的水处理成本。

　　与建设基础设施来调配和处理水资源相比（尽管此举措已十分必要），基于自然的方案（nature-based solution，NBS）可以用更少的成本，更可靠地提高水资源量并改善水质。对上游土地覆盖和土地利用的管理能调节径流、净化水质，提高下游人们福祉，还能保护陆地生态系统和水生生态系统。

　　虽然基于自然的水资源保护有许多优点，但是人们却难对其加以运用。造成这一现象的原因有很多，主要包括：①水资源供需双方存在空间距离；②对流

域管理带来的水安全效益认识不足；③能够实施流域管理战略的人员缺乏资金；④缺乏把资金从受益者转移到水资源提供者的机制。

尽管存在上述挑战，基于自然的水资源保护投资仍变得越来越普遍。一项对流域投资状况的调查发现，在 2015 年，世界各地在维持和修复流域的投资有 246 亿美元，涉及 62 个国家的 419 个项目，4.87 亿 hm² （比印度面积还大）的流域面积，其中大部分款项（近 100 亿美元）最终都流向了私人土地所有者。

1. 什么是水基金

水基金是对流域生态系统服务投资的一种方式，是由城市、开发银行（如美洲开发银行）和环保从业者（如大自然保护协会）开发的可复制的金融模式和治理模式，将下游水资源用户与上游居民联系起来，由下游为上游提供资金，对流域进行可持续管理。水基金制度如果设计得当且能公平地处理各方的利益，可以建立起一种良性循环：给上游居民资金支持，让其更好地管理自己的土地，改善上游水资源，与此同时下游居民的用水条件也得到了改善。当下游居民在体会到保护流域的好处后，他们将提供政策支持和资金支持。

水基金既能筹集资金，又能协调流域管理活动，被称作"集体行动基金"，具有汇集资源、协调区域间治理行动的特点。其成功既取决于下游居民的资金支持，又取决于上游居民的协调和参与，双方都从保护活动中获得实质性的利益（图 9.1）。

图 9.1　水基金通过互联的治理机制、资金机制和管理机制，将生态系统服务提供者和生态系统服务受益方联系起来。

水基金包括三个主要机制。融资机制，为流域长期管理筹集、提供资金；治理机制，共同规划与决策；流域管理机制，使用资金开展保护和管理活动。

融资机制允许水资源使用者（公共和私人）、政府机构、开发银行、非政府组织等多个利益相关者，相互协调提供水源保护的长期资源。

治理机制是由多方投资人、公共部门、水管理公司、上下游地方社区代表等不同利益相关方组成的董事会或项目管理单元。该管理单元涉及的利益相关者多方结构，以及成员的选择方式和决策方式清晰透明性，在流域利益相关者之间建立信任和参与度，以进行项目规划和决策。

流域管理机制是一个制定计划、确定目标、负责实施、监测活动的组织。每一个水基金都有特定的宗旨和目标，但是一般来说，它们主要用于4个方面：①为下游水资源用户维持和改善水量与水质；②维持全年正常水流量；③维持或改善淡水和陆地的生物多样性；④维持或提升上游居民的福祉。流域管理机制常常探索用科学的管理方法来提高流域干预措施的影响力和效益。

2. 水基金的历史

水资源保护有很多种途径。例如，美国的一些城市直接购买水源区的土地，以杜绝会产生污染的活动，本书第六章介绍的纽约市为避免建设水过滤系统，而采取投资流域保护的计划。除此之外，还有其他的付费模式。例如，2003年，自然基金协会在玻利维亚开创了"水共享"模式。通过协商，下游灌溉用水者向上游土地所有者提供蜂箱和果树等创收手段。作为交换，上游土地的所有者则需将其牛群用围栏围起来以保护森林。

水基金是指特定的流域保护措施组合，包括融资机制、治理机制、流域管理机制。该设想于20世纪90年代末在厄瓜多尔基多市提出。厄瓜多尔基多市当时正值发展期，用水需求大，人们担心流域内过多的土地开发会影响水资源供应。但许多农民和牧场主又需要在流域内从事生产活动以维持生计，这使得流域管理困难重重。直到水资源使用者自愿对农民提供补偿，局面才出现了转机。1997年，大自然保护协会及其合作委员会开始与基多市市政当局和基多市水务公司（现为EPMAPS公司）进行协商，以自然保护协会成立的信托基金为财务基础，在基多市水务公司的捐赠资金的支持下，于2000年推出了水基金。随后，其他的用水户和机构也陆续参与到水基金项目中来。

在基多建立了水基金之后，该模式在拉丁美洲和世界范围内得到迅速推广。2011年，大自然保护协会联合了美洲开发银行、墨西哥经济发展基金（FEMSA）和全球环境基金来支持现有的水基金项目，推动新的水基金项目在拉丁美洲和加勒比地区的开展。"拉丁美洲水基金合作伙伴计划"已经成为了拉丁美洲地区水基金广受支持并得以发展的关键。该计划中约有20个基金项目在运行，还有20个基金项目在规划中。大自然保护协会及其合作伙伴已经将水基金的想汰推广到全球多个国家和大洲。截至 2017 年，大自然保护协会正在进行中的水基金项目有 29 个，还有 30 个项目在规划中，其目标是改进水基金模式，以减少水源保护投资风险。

3. 水基金的各种形式

在水基金的框架下，每个不同的基金都有各自的具体形式和功能，以适应当地的社会文化、生态和经济背景。因此，虽然所有水基金会都致力于调动资源实施流域管理，但却有着不同的筹资、治理和管理策略。表 9.1 列出了水基金的几个关键要素，并详细说明了不同基金之间存在的差异。

表 9.1　水基金的多样性

水基金所在城市/州	目标	主要资金来源	政府的作用	参与者（开展保护活动的人）	项目活动内容
哥伦比亚考卡谷	水质（泥沙）和水量，生物多样性保护，生计改善	私人公司，政府，环境机构，私人土地所有者	州政府出资	当地社区，农村家庭	森林保护，植被恢复，农林复合，牲畜管理，教育，加强地方组织
哥伦比亚麦德林	水质（沉积物和营养物）	水务公司，政府环境机构，私营公司，市政府，非政府组织	市政府和地方政府出资，在治理委员会中发挥作用，与公共政策和机构保持一致	由水基金执行小组支持的私人和公共土地所有者，为负责特定工作而雇佣的承包商（如植树、研究等）	有针对性的土地保护，生态恢复，改进农业生产方式，教育，农村地区的卫生
厄瓜多尔基多	水质和水量	水务公司，电力公司，非政府组织，私人公司，多边组织，双边组织，市政府	公共事业基金出资，在治理委员会中发挥作用，与公共政策和机构保持一致	由水基金执行小组支持的私人和公共土地所有者，为负责特定工作而雇佣的承包商	有针对性的土地保护，生态恢复，改进农业生产方式，土地征用，教育，水资源管理
秘鲁利马	可持续水资源管理	私营公司，非政府组织，政府环保部门	目前不发挥主要作用，联邦水资源监管机构现在要求所有水务公司对自然基础设施进行投资	由水基金执行小组支持的私人和公共土地所有者，为负责特定工作而雇佣的承包商	有针对性的土地保护，生态恢复，水处理，教育，改进农业生产方式，治理方式，传统水技术
巴西圣保罗	水量（流量调节）和水质（沉积物），环保意识，农村收入	市政府，流域委员会，政府水务部门，州环保署，非政府组织	主要由政府出资和管理，由市政税收和州政府出资	伊克斯特玛的农民和其他城市的源头流域	生态恢复，森林保护，水土保持，土路管理

水基金所在城市/州	目标	主要资金来源	政府的作用	参与者（开展保护活动的人）	项目活动内容
巴西里约热内卢	水量（流量调节）和水质（沉积物、污染），生物多样性保护，农村收入	流域委员会，州环保署，非政府组织	主要由政府出资和管理，由市政税收和州政府出资	里约克拉罗和其他上游城市的农民	生态恢复，森林保护，水土保持，土路管理，农村污水服务
巴西坎博里乌	水量（旅游季节）和水质（沉积物）	市政府，水务公司，非政府组织	主要由政府出资和管理，由公共事业基金和州政府出资	坎博里乌的农民	森林保护，土路管理，生态恢复
肯尼亚内罗毕	水质（沉积物），参与性土地及水资源规划	污水和自来水公司，电力公司，政府机构，私营公司，非政府组织	在治理委员会中发挥作用，参与并发挥技术专长	非政府组织，农民协会，与土地管理者和小规模农民合作的民间社会组织	改进农业生产方式，重新造林
美国新墨西哥	水质（火灾后土壤和残骸），森林恢复	联邦、州和地方政府，供水设施，私人公司，个人	国家出资，在治理委员会和实施过程中发挥作用	联邦政府，当地伐木公司，非政府组织	森林疏伐，生态恢复，教育

二、水基金的三个案例研究

以下三个案例展示了水基金的相似性和多样性。

（一）案例1 水资源保护基金

厄瓜多尔基多市的水资源保护基金保护项目（FONAG）由基多市水务公司和大自然保护协会于 2000 年创立。此项目旨在应对与日俱增的用水需求和流域退化问题，这是最早的正式运作的水基金项目。厄瓜多尔基多市的水基金保护项目拥有超过 1100 万美元的捐赠基金，设有董事会作为决策机构，并设有技术秘书处来实施流域管理活动。

1. 问题

从 20 世纪 90 年代起，人们开始担心，大量农民和牧场主在上游地区开发使用土地可能会对厄瓜多尔首都基多的供水产生影响。于是，出现了对开展流域管理的农民和牧场主进行补偿的呼声。水资源保护基金（FONAG）于 2000 年应运而生，该基金属于私人信托基金，主要负责管理公共和私人流域，2017 年 7 月接受的捐赠额超过 1200 万美元。董事会是该基金的治理机构，由基多自来水公司、基多电力公司、大自然保护协会，以及一家私营酿酒厂、一家装瓶厂和一个当地非政府组织共同组成；技术秘书处则负责基金的管理。

除了开展直接源头流域保护活动外，该基金还与 400 多个当地家庭合作，致力于加强流域治理、环境教育和沟通。基金会的愿景是：动员流域内的所有行动者履行其对自然资源，特别是水资源的公民责任。

2. 生态系统服务

基多市的水源源头位于安第斯山脉高地，大部分为高山稀疏草地，此外还有高海拔湿地生态系统和高海拔森林生态系统。其中，高山稀疏草地有机土壤深厚，对水文调节具有重要意义。诸如放牧（如牛、羊）、耕种（如马铃薯种植）、农业耕作用火、植树造林等活动可能会对土壤疏松程度产生影响，从而改变水文过程、降低水环境质量（如沉积物、浊度、营养物质、细菌）。FONAG 已经根据各子流域中胁迫要素对市政供水系统中的重要性，将其工作的重点放在不同子流域的区别管理上。

FONAG 对安第斯山脉流域的管理不仅对水资源有重要意义，对生物多样性和碳固定也有重要意义。安第斯山脉的高山稀疏草地中的本地特有种比率很高，如龙鳞木森林，安第斯熊（眼镜熊）、安第斯貘（山貘）、安第斯秃鹰这样的濒危物种都栖息于此。另外，安第斯山脉湿地的碳储存量也非常高。

3. 生态系统服务的受益者

水资源保护基金最初有两个主要成员，即大自然保护协会和基多水务公司（主要用水单位）。随后，其他一些用水单位也陆续加入进来：2001 年基多电力公司加入，一些私人组织加入（包括 2003 年加入的一家啤酒公司），2005 年瑞士发展与合作署加入（将董事会的席位让给了当地一个非政府组织），2005 年一家瓶装水公司加入。对水务公司和其他主要用水单位来说，加入该基金的主要动机是为了避免或降低未来可能增加的水处理和供水成本。而对大自然保护协会而言，其动机则是获得生态保护长期融资。

4. 生态系统服务的提供者

基多供水流域的生态系统服务提供者多种多样。一些水源地是由环境部管理的国家保护区。另外，基多水务公司和 FONAG 本身也都在流域上拥有自己的土地。其他提供者包括自给型小牧场主和小农场主，按照社区规则拥有和管理土地的（原住民）社区土地所有者以及大型私人土地所有者。

5. 交换条件：补偿措施

水资源保护基金在水务公司、基金会、私人土地所有者和组织良好的社区所拥有的土地上，实施开展了各种流域保护及恢复项目。

（1）管理基金及其合作伙伴拥有的土地

水资源保护基金负责管理与基多市水务公司共同拥有的逾1.6万 hm^2 的土地。为了对高山稀疏草地（称为巴拉莫）和湿地进行保护，项目修建了栅栏隔离牛群，并雇佣当地居民作为"巴拉莫卫士"，控制来自牛群、野火的威胁。数十年来，在高山稀树草地、河岸地区、湿地上饲养牛羊已经司空见惯，因而对这些地区进行修复十分重要。土地的恢复可能是被动的（例如用栅栏将牛隔离在外，让土地自我恢复），也可能是主动的（例如重新种植本地树种）。

2000年水资源保护基金创立之时，基多市水源流域的国家保护区资金不足。FONAG 通过开展"公园警卫"等活动，为这些地区提供了重要的管理支持。在国家环境部获得资金支持并具备了管理其所有保护区的能力后，水资源保护基金开始转移工作重心，不过它仍然与环境部保持着高度的协作关系。

（2）与公共或私人土地所有者合作

FONAG 自创立以来就一直在与当地社区和农民合作，对土地进行保护和修复。大多数情况下，土地所有者会留出重点区域以实施保护活动，水资源保护基金会对其实施奖励或提供实物补贴，具体激励机制包括：①提供围栏用品；②提供技术和实物，帮助种植植物围栏；③提供进行植被恢复所需的种子；④提供改善农业活动所需的技术援助；⑤支持发展其他收入来源（如豚鼠养殖场等）；⑥支持建立有机蔬菜园等替代食物来源；⑦支持社区从养牛转变为养羊驼（安第斯骆驼，可产毛来丰厚利润）；⑧开展消防培训。

除了直接管理来保护和恢复自然生态系统之外，水资源保护基金还开展了促进流域治理和可持续管理的项目，包括：①环保教育，超过45 000人参与了可持续流域管理课程的教学；②水资源管理，提高流域决策数据的质量和可获得性，包括与厄瓜多尔国家水务局密切合作，改进和更新有关水资源特许权方面的信息；③宣传，宣传可持续流域管理的重要性以及水基金的工作内容和成果。

6. 价值转移机制

水基金的平均年度预算为200万美元，资金主要来自捐赠款的利息、董事会成员的年度捐款（董事会成员年度捐款的30%用于基金年度预算，其他70%用于捐赠投资）以及其他捐款。

目前，水基金每年的利息约为40万美元；2000年收到的赠款为21 000美元，截至2017年，赠款总额已超过1200万美元。

　　水基金董事会中的公共机构成员提供了最大的资金来源：基多水务公司贡献了超过 80% 的年度捐款，基多电力公司则是第二大捐款方。董事会的决策权与货币捐助比例挂钩。2006 年，基金会在其董事会成员的支持下，帮助通过了一项市政条例，该条例要求基多水务公司拿出其收入的 2% 捐给水基金——高于最初自愿承诺的 1%，这对于确保基金会的长期财务安全具有重要作用。

　　水基金还得到了开发银行（如美洲开发银行）和双边合作组织的资助。美国国际开发署（USAID）是其重要的捐助方，在基金成立初期提供了大量支持。其他有意支持水基金目标的组织也提供了部分赠款和捐款，其中包括可口可乐公司及其在当地的瓶装水商等企业捐助方。

　　为了顺利开展相关项目，水基金与土地所有者签订了保护协议，为合作开展项目创造了条件。水基金的技术团队与各土地所有者通过协商，确定了适合当地需求和利益的激励计划。所有的工作经费都是由基金会的年度预算支付的，基金会约有 40 名工作人员负责确保社区能够收到实物或金钱奖励。此外，管理层还包括一名主管（技术秘书处）、一名技术主任、社区公园安保人员、负责监测的水文学家、生态恢复行动的技术小组成员、通信人员、行政人员和领导当地学校开展教育工作的小组成员。

7. 监测核查

　　水资源保护基金最近开展了一些监测和评估项目，以衡量其工作成效。例如，监测基多市几个重要流域水源的流量和质量，再根据监测信息来提高投资的有效性，主要用于实现水务公司目标方面的有效性评估，以及提升对潜在投资者的说服力。同时，水资源保护基金还在监测陆地和淡水生态系统的完整性。此外，基金会还与各高校建立了研究和监测方面的伙伴关系。

8. 成效

　　水资源保护基金已经成功地保护和修复了超过 2.5 万 hm^2 的高山稀疏草原、湿地和安第斯森林。早期的监测和科学研究表明，水基金所开展的工作对流域水质和生态系统完整性产生了系统性的积极影响，放牧对生态的影响以及火灾带来的损失也有所减少。

　　在拉丁美洲水基金伙伴关系的支持下，水基金正在开展一项投资回报研究，以评估在流域保护方面的投资究竟给基多自来水公司带来了多少经济效益。初步分析显示，在未来 20 年里，水基金的干预措施的投资回报率为正。由于水源水中的营养物、细菌、浊度和沉积物减少，水量增加，基多水务公司的水处理成本随之降低。

（二）案例 2　上塔纳-内罗毕水基金

2015 年，肯尼亚在塔纳河流域开展了上塔纳-内罗毕水基金项目。塔纳河流域为内罗毕提供了占其总用水量 95% 的水资源，为肯尼亚输送了占其 50% 的电力，还惠及了上百万的农民家庭。该项目包含多个目标，包括改善上游农民生计，以及通过减少土壤侵蚀来维持旱季水流量以确保内罗毕的水供应。

1. 问题

上塔纳-内罗毕水基金是为了向内罗毕市提供清洁、可靠的水资源而设立的。内罗毕市 90% 以上的水资源来自上塔纳河，水质的下降会使得内罗毕城市供水和污水处理公司的工作难度增大，尤其是在暴雨期间，水中会含有大量的泥沙。而且，水中的泥沙也影响了位于上塔纳河的水电站，该水电站由肯尼亚最大的水电公司肯尼亚电力公司建设，提供了肯尼亚 50% 的电力。

2012 年，6 个创始合作伙伴开始正式探索成立流域水基金，此前针对水源保护制定的可行解决方案也已经开展过一些分析讨论。经过数年的努力，各方通过一系列技术分析、建立伙伴关系、发展治理结构，确定了各项活动的优先顺序以保障预期成果的实现，同时还在该流域实施了试点项目。最终，该水基金于在 2015 年 3 月正式启动。

上塔纳-内罗毕水基金是一个独立的慈善信托基金，其治理委员会由地区政府、农业部长、地区行政长官理事会、内罗毕水务公司，以及一家饮料公司和一家水电公司共同组成。

2. 生态系统服务

塔纳河的源头位于阿伯代尔国家公园，这里栖息着很多珍稀和特有的野生动物，包括濒危的山羚羊和科伦坡猴。塔纳河全长为 1000km，在注入印度洋前，流经森林、小型农业社区和小城镇，以及内罗毕市的饮用水取水口。自 20 世纪 70 年代以来，该流域的农业得到了巨大发展，主要作物为茶叶、咖啡、香蕉和其他由小型农户种植的作物。由于土地稀缺和水土流失导致土壤肥力下降，农民将种植范围扩大到陡坡和河岸地区，导致地表植被丧失，裸露的山坡极易遭到侵蚀。在雨季，大量泥沙被雨水裹挟着冲入河道。

上塔纳-内罗毕水基金希望能增加稳定、清洁的水资源供应。为此，水基金开展了各项活动来修复退化的农业用地以减少土壤侵蚀。具体的活动包括：①在高海拔集水区，选择已经被开垦为农业用地，但尚未进行农业生产的土地种植原生树种；②沿着河流和溪流种植树木作为缓冲地带，以减缓径流对土壤的冲刷；③利用梯田种植方式来稳固土壤；④增加地表覆盖保护土壤使其不受冲刷，以恢复土壤肥力；⑤增加缓冲带，以保持土壤并减缓径流的冲刷，例如，种植河岸带植被和竹子稳固河岸土壤；⑥在集水区的高处增加蓄水池，用来储存雨水；⑦通过安装雨水蓄水池和滴灌设备来减少在干旱时期的灌溉压力。

3.生态系统服务的受益者

上塔纳-内罗毕水基金的主要受益者是内罗毕居民、内罗毕城市水务和污水处理公司、肯尼亚电力公司。这条河为内罗毕的 400 万居民和流域内的另外 500 万人提供饮用水。此外，塔纳河干流上还有 5 座水电站大坝，装机容量达 5.43×10^8 W。

内罗毕人口在过去的 25 年翻了一番，并将继续增加，这对塔纳河上游流域的食物、水和电力供给提出了更高的需求。然而，由于雨季泥沙激增，沉重的泥沙负荷使得水处理成本增加了 33% 以上。在泥沙淤积后，水库会丧失部分有效蓄水能力，也降低了肯尼亚电力公司跨季节调控生产的能力。目前，城市用水缺口已高达 30%，但新的农业用地还在不断增加对灌溉用水的需求，二者矛盾日趋激化。基金的设立初衷就是为了帮助缓解这些问题。

这项水基金还有许多其他受益者，例如农民（通过参与基金项目提高了农业生产力）、使用塔纳河水资源的沿岸居民、依赖水力发电的肯尼亚民众，甚至可以说每个人都能从流域生态系统保护或修复中获益。表 9.2 列出了一系列利益相关者的预期收益。

表 9.2　上塔纳河-内罗毕水基金的预期收益

利益相关方	收益
内罗毕城市水务和污水处理公司和内罗毕市水用户	保障市政供水； 减少污泥的处理费用； 提高旱季径流量； 改善水资源供给
肯尼亚电力公司	减少水库泥沙淤积； 减低涡轮进水阀的维修费
上游农民	增强水土保持效果； 增加牲畜饲料产量； 提高收入和就业机会
城镇私企水处理部门	改善水供给
当地社区	净化饮用水
生态系统服务（普遍而言）	扩大传粉昆虫的栖息地； 提高新种植树木的碳储量

资料来源：Vogl et al. 2016

4. 生态系统服务的提供者

上塔纳河流域的陡峭山坡上有 30 万处小型农地，生活在流域的农民中约有 98%种植茶叶、咖啡、香蕉等农作物。据估计，大约有 5 万名农民生活在流域最陡峭和最重要的地区。

5. 交换条件：补偿措施

与厄瓜多尔水资源保护基金类似，上塔纳-内罗毕水基金使用实物补偿机制来鼓励农民采用最佳的农业管理方式、修建河岸缓冲区以及植树造林。实物补偿包括提供集水盘、种子、设备和牲畜。补偿还包括能力建设和农业生产培训。加入水基金的农民也在社区中充当环保倡议者的角色，通过社区会议和当地社团传播有关流域保护的信息。

6. 价值转移机制

与厄瓜多尔的水资源保护基金类似，上塔纳-内罗毕水基金也是一个公私合作伙伴项目，由自愿捐款和多边资助者共同支持。在设立的前 4 年，该水基金通过自愿捐款筹集到了 400 万美元。董事会成员无须进行年度捐款，但还是有许多成员向基金会进行了捐助。例如，内罗毕市供水和污水公司在收取水费时征收了 0.5%的税，并将税款用于支持水基金，这也成为了该基金的一个重要捐助来源。该基金还有一些重要的多边供资机构，包括全球环境基金（GEF），承诺提供 100 万美元的种子资金。该项目的目标是募集 1500 万美元的长期资金。

为了实现既定目标，该基金利用在上游流域运行多年的非营利和营利性农业及植树组织建立的社会资本与农民进行合作。这些组织包括绿带运动、可持续农业社区发展计划、水资源使用者协会、肯尼亚全国农棉联合会和其他民间组织。

7. 监测与验证

上塔纳-内罗毕水基金制定了有力的监测和评价方案,用于评估相关行动的规模及预期成果的交付情况，目前其中的许多成果已经顺利实现。该方案还负责监测：①水基金如何制度化（具体指标衡量指标包括：捐赠资金数额、指导委员会和董事会举行会议的次数等）；②水基金对生计、粮食安全和经济发展的支持举措（具体衡量指标包括：项目服务的人数、涉及的土地面积和安装的滴灌系统数量等）；③知识管理和学习系统的状况（衡量指标包括：设立的水质监测站的数量，参与意识提升项目的学校数量，政府保护水土的政策数量等）。水基金还负责收集相关数据并进行分析，包括下列成果指标的分析整理：①流域内湖泊的浑浊程度；②流入水库的泥沙量；③取水处最大浑浊度低于标准值而可以避免启动滤水器的天数；④在安装了滴灌或集水器后，农户少抽取的河水量；⑤在安装了滴灌或集水器后，农作物产量的提高量；⑥居民在"多维贫困测量工具"中分数的提高；⑦认为农场永久性覆盖植被增加、土壤侵蚀减少的家户的增加数；⑧项目体现在政府政策、战略或计划中的经验教训。

8. 成效

上塔纳-内罗毕水基金项目已吸引 1 万名农民签约，有 12 万英亩的农田已被纳入可持续管理项目，每年种植 17.5 万株树木。从 2013 年起，参与的农民数量大约每年翻一番。

上塔纳-内罗毕水基金进行的一项商业案例研究，模拟了大规模实施水基金预计可以节约的成本以及其他方面的收益。在全面实施的情况下，预期成果包括：河流泥沙浓度减少 50% 以上（因流域和年份不同会有所不同）、关键水库的年淤积量减少 18%、水质改善（还可能减少 50 多万人患上水传播疾病的病原体）等。预期的资金成本节约收益详见表 9.3。总的来说，向水基金干预措施投入的 1000 万美元，预计将在 30 年内带来 2150 万美元的经济效益。

表 9.3 内罗毕上塔纳河水基金主要受益人的预期货币收益

利益相关者	收益或成本	现值（美元）
水基金	成本：投资成本（董事会和多边投资者的自愿捐款）	（7 110 000）
流域农业生产者	成本：水土流失防控设施的维护等	（8 520 000）
	收益：提高农业生产力	12 000 000
内罗毕市供水和污水公司	收益：节省的水处理成本（絮凝剂和电力）、节省的工艺用水收入、预计未来需求增加时节约的成本	3 390 000
肯尼亚发电公司	收益： 避免生产中断，因水量提升而增加的发电量	6 250 000
合计	收益现值	21 500 000
	成本现值	（15 600 000）
	净现值	5 900 000

资料来源：Vogl et al. 2016

（三）案例 3 坎博里乌水供应项目

坎博里乌水供应项目主要服务于巴西旅游胜地巴尔内阿里奥坎博里乌市，该项目旨在通过向土地所有者支付费用，鼓励其保护和恢复沿河流和陡坡地区的森林，以此减少城市饮用水取水口的泥沙淤积。

1. 问题

海滨城市巴尔内阿里奥坎博里乌市是巴西重要的旅游胜地，常住人口为 17 万人。在夏日旅游旺季，城市人口高达 80 多万。巴尔内阿里奥坎博里乌市居民整年都担心水中沉积物浓度的升高。并且由于旅游旺季用水需求量增加了 4 倍多，人们还要担心水资源供应是否足够的问题。巴纳里奥坎博里乌水务公司负责为巴纳里奥坎博里乌市和坎博里乌市（巴纳里奥坎博里乌市的内陆区域）供水。

坎博里乌水基金是巴纳里奥坎博里乌水务公司与大自然保护协会、巴西国家水务局、坎博里乌市政府和巴纳里奥坎博里乌市政府等合作伙伴共同发起的一个项目。此前颁布的一项市政法律要求水务公司将 1% 的预算用于资助流域管理计划，这笔钱后来成为了该基金的资金来源。在参观了巴西在圣保罗埃斯特雷马的第一个饮用水生产项目后，一名颇具创新精神的水务公司雇员借此契机，利用上述法定资金推出了这个饮用水生产项目。

坎博里乌水供应项目给了大自然保护协会启发，他们与国家水监管机构合作，允许当地水务公司和巴西其他水务公司收取一定比例的费用用于支持自然保护。他们正在与巴西其他水监管机构和水务公司合作，以推广这种模式。

2. 生态系统服务

坎博里乌市和巴尔内阿里奥坎博里乌的水源源头位于"大西洋森林山脉"。虽然坎博里乌周边地区的森林覆盖率比较高，但大西洋森林仍是巴西受威胁程度最高的森林生物群落。考虑到未来的农业扩张和城市化，其前景不容乐观。

一般认为，森林砍伐会造成水中沉淀物增多，使得水务公司水处理成本增加，旅游旺季供水不足。水基金希望能通过激励土地所有者保护和修复森林来改善水质。根据巴西森林法，水基金优先考虑在河岸缓冲区和陡峭坡地造林。在坎博里乌，森林覆盖率很高，有种子库可利用，因此该计划正在考虑在需要恢复的地区进行被动恢复。此外，沉积物主要来源于土路，所以改善土路也是项目重点之一。

坎博里乌地区还面临另一个挑战，即越来越多的低海拔水稻田被不断扩张的城市所取代。水基金项目正在考虑如何解决这个问题。但就目前来说，它超出了项目范围。

3. 生态系统服务的受益者

该项目旨在减少城市饮用水取水口的总悬浮物，从而减少水资源浪费和水处理成本。主要受益者是巴纳里奥坎博里乌水务公司，该公司负责为该地区游客、巴纳里奥坎博里乌的居民，以及坎博里乌的高地市供水。

4. 生态系统服务的提供者

流域水源区的土地主要为持有大中型地块的农户所有。鉴于该地区长期以来对政府机构的不信任，项目经理们一直在努力建立地区信任关系，以招募农户参与项目。该项目还需在巴尔内阿里奥坎博里乌市和坎博里乌市之间建立起信任，这两个市依赖同一水资源系统。巴尔内阿里奥坎博里乌市得益于海滩资源和旅游业，成为了巴西五大最富有的城市之一。坎博里乌市是邻近巴尔内阿里奥坎博里乌市的内陆自治市，是水资源供应商所在地，城市发展水平较低。虽然两市之间有合作关系，但仍有必要投入大量资源建立双方的信任，让巴尔内阿里奥坎博里乌水务公司项目得以在坎博里乌流域开展，为双方提供水资源。尽管任何拥有实际土地使用权的人，理论上都可以加入该水基金，但实际上加入的人却不多。目前的情况是资金充裕，却花不出去。

5. 交换条件：补偿措施

与厄瓜多尔基多市的水资源保护基金和上塔纳-内罗毕水基金不同，坎博里乌市水供应项目中的农民每年可得到约 300 巴西雷亚尔（约 100 美元）的直接补偿，在一年内分 2 次支付，用于开展修复和保护工作。项目合同主要的关注点在于森林保护，但与巴西其他地区不同的是，更多的资金是用于生态保护而非生态恢复；在坎博里乌市，加入该项目的所有地区都能得到同等补偿。

对在该地区开展项目而言，有一点至关重要，那就是巴西的森林法将保护和恢复溪边和山顶生态系统视为重中之重。因此，该项目会有针对性地帮助参与者满足相关的法律要求。然而，坎博里乌地区对森林法的执行一直很差，因此尚不清楚该项目是否促进了当地的生态保护。

6. 价值转移机制

巴纳里奥坎博里乌水务公司是该项目最重要的出资人，相关市政法律规定，水务公司预算的 1% 须用于资助流域管理计划。

水务公司为第一项目经理，项目管理层的其他成员则负责参与监测、现场验证和外联等工作。

7. 监测核查

坎博里乌水供应项目与国家气象组织合作，监测水体沉积物和流量情况。他们使用一种"前后-控制-影响"设计方法，每 6 个月，水务公司和至少一个项目管理部门的成员对项目地和项目活动进行核查。

8.成效

坎博里乌水供应项目是一个新的项目，目前很难量化其带来的生态系统服务价值。2017 年，已有 17 位土地所有者登记在册，约有 20hm^2 土地在进行修复，300 hm^2 土地在保育。

相关人员利用水文模型和经济模型，对项目成熟后的预期成效进行了模拟分析。水文模型表明，在项目全面实施的情况下，水量和水质都会有很大的改善。与单纯减少泥沙沉积的策略相比，坎博里乌水基金在为期 30 年（2015～2045 年）的时间里，成本和收益预计不会太大。通过减少水处理成本、降低水资源损失所节省的成本，可以抵消掉水务公司 80% 的项目投资以及水基金 60% 的总成本。除此之外，目前已经确认，推行该项目还能带来一系列其他重要收益（如降低洪水风险等），这也大大提升了水基金所带来的总体效益。

三、结　　论

水基金虽然有不同的具体形式，但其特点都是将两项不同的活动结合起来——筹集资金和协调流域管理。相关行动可分为三个部分：筹资机制、流域管理机制和治理机制。

筹集资金并不是水基金成功的唯一标志，成功实施相关项目还需要上游居民的有效参与。建立信任也至关重要。许多水基金是与现有的当地合作伙伴共同发起成立的，这样就可以有效利用他们在当地的关系网和社会资源。

对上游居民而言，直接收到款项是项目能给他们带来的最实质的好处之一，但在许多情况下，水基金项目是以实物或技术支持的形式来进行价值转移。此外，生态环境教育项目往往也是流域管理的一个关键部分，能使水基金触及更多人，让居民知晓其开展的土地管理可以为下游和当地带来哪些好处。对下游受益人来说，可能需要针对项目参与情况进行严格的分析，以证明项目的投资回报率；但在很多情况下，当地具有影响力的个人对项目的领导和愿景也是项目成功的关键。

水基金能在全世界得以推广，足以证明其独特魅力。对项目进行生态环境成效和社会经济效益的监测尚处于初级阶段，还需要继续投资来进一步验证其有效性。这一点对于水基金的进一步推广十分重要。

主要参考文献

Abell，Robin，Nigel Asquith，Giulio Boccaletti，Leah Bremer，Emily Chapin，Andrea Erickson-Quiroz, Jonathan Higgins et al. 2017. *Beyond the Source：The Environmental，Economic and Community Benefits of Source Water Protection*. Arlington，VA：The Nature Conservancy.

Bennett，Genevieve，and Franziska Ruef. 2016. *Alliances for Green Infrastructure：State of Watershed Investment 2016*. Washington，DC：Forest Trends Ecosystem Marketplace.

Brauman，Kate A.，Gretchen C. Daily，T. Ka'eo Duarte，and Harold A. Mooney. 2007. "The nature and value of ecosystem services：An overview highlighting hydrologic services." *Annual Review of Environment and Resources* 32：67-98. https：//doi.org/10.1146/annurev.energy.32.031306. 102758.

Bremer，Leah，Adrian L. Vogl，Bert De Bieve，and Paulo Petry. 2016. *Bridging Theory and Practice for Hydrological Monitoring in Water Funds*. Latin America Water Funds Partnership.

Kroeger，Timm，Claudio Klemz，Daniel Shemie，Timothy Boucher，Jonathan R. B. Fisher，Eileen Acosta，P. James Dennedy-Frank et al. 2017. *Assessing the Return on Investment in Watershed Conservation：Best Practices Approach and Case Study for the Rio Camboriú PWS Program，Santa Catarina，Brazil*. Arlington，VA：The Nature Conservancy.

Vogl，Adrian L.，Benjamin P. Bryant，Johannes E. Hunink，Stacie Wolny，Colin Apse，and Peter Droogers. 2016. "Valuing investments in sustainable land management in the Upper Tana River Basin，Kenya." *Journal of Environmental Management* 195（1）：78-91. https：//doi.org/10.1016/j. jenvman.2016.10.013.

第十章　基于市场的机制

丽贝卡·卓别林·克莱默，丽莎·曼德勒，劳伦·费斯坦迪格

　　基于市场的机制，因其可为自然资本和私营企业带来双赢而受到关注。通过这些机制，在消费者对产品或服务需求的支撑下，企业承担了获得或增强自然资本的成本。本章介绍了两种基于市场的机制：生态认证和生态效益投资。在生态认证领域，通常在企业自身努力或第三方认证的支持下，企业受品牌差异化、消费者忠诚度或产品价格溢价的驱动，对维持或增强生态系统服务方面有着重要贡献。本章重点介绍生态旅游和供应链生态认证两种机制。在生态效益投资领域，金融产品的消费者可以选择把钱投到某个投资项目，该投资项目则负责为其带来财务回报，同时产出生态系统服务效益。为了对生态效益投资机制有更深入的了解，本章主要介绍两个案例，一个是澳大利亚墨累-达令盆地水资源共享投资伙伴关系的私募股权案例，另一个是美国华盛顿特区基于自然的雨水基础设施债券（DC Water Bond for Nature-based Stormwater Infrastructure）的债务案例。通过一系列长期设立且被广泛采用的计划，供应链认证的有效性与其他机制比较，已经经过比较成熟的研究，而且带来了明显的生态环境效益。而大多数面向生态系统服务开展的生态效益投资均刚开展不久，尚未得到充分评估。这两种机制都有望继续扩宽政府和慈善机构投资以外的资金渠道，以保障并巩固自然资本。

一、引　　言

　　基于市场的交易是一种具有广泛吸引力的自然保护融资机制，这类交易中的生态系统服务的保护成本，由消费者承担。这种机制有吸引力的原因是它有潜力为环保事业和私营企业创造双赢的局面，比起政府资金或慈善捐赠，这种机制能筹措到更大的资金量来保护或增加自然资本。本章将重点介绍代表生态认证及生态服务投资两种市场机制的 4 个典型案例。

　　就生态认证而言，消费者会依据第三方认证，优先购买具有优良环境质量的产品。这可以为愿意遵守认证原则的生产商提供更高的定价或更一致的需求。为了对这一机制进行验证，我们研究了两个案例，即生态旅游场地认证，以及食品纤维供应链认证。

在生态系统服务效益投资案例中，金融产品的消费者出于获取经济回报和环境效益的目的购买相应的投资产品。本章首先对生态效益投资机制进行了概述，重点讨论了两个案例：一个是澳大利亚墨累-达令盆地水基金项目中的私募股权投资案例；另一个是华盛顿雨洪缓解项目中以债务为基础的效益投资案例，该项目通过债券为基于自然解决方案的项目筹资。

二、生态认证

生态认证是一种基于市场且能为生态系统服务保护提供资金的机制，这一机制旨在对采用更公正或可持续生产方式的生产商予以奖励，并让消费者通过消费选择来实现其认可的社会价值观念。生态认证可涉及社会责任、品牌质量或环境因素，如能源效率和可持续生产方式。当生态认证应用于生态系统服务时，旨在确保生产者在生产商品或提供服务的同时能维持或改进生态系统服务（图 10.1）。

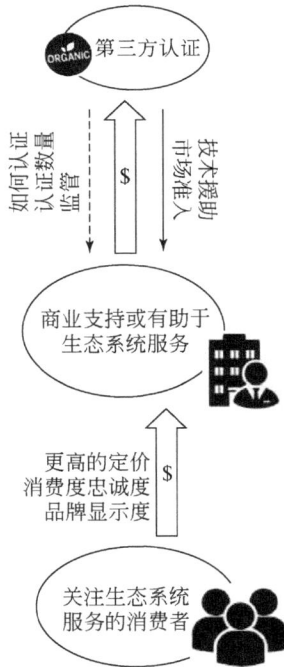

图 10.1 就生态认证而言，消费者通常愿意支付更高的价格，或更倾向购买具有可持续发展认证的产品或服务；而企业作为更加可靠的生态系统服务提供商，也由此获得了更高的盈利能力或收入。第三方认证机构可以通过透明可信的方式，向消费者证明其认证产品符合可持续发展标准，同时也向生产者提供技术援助或更佳市场准入条件。

　　大多数生态认证被称为"第三方"认证，这意味着一个独立实体负责评估一个企业是否符合认证标准，并通过持续审核来确保该企业一直符合标准。第三方认证机构会经常向生产者提供技术或其他形式的协助推动执行认证标准。

　　值得注意的是，一些企业会将保护自然资本和生态系统服务作为其核心业务模式的一部分或企业战略的一部分。这种自我品牌建设模式与前面提到的认证模式原理相似。即使没有第三方认证，企业做出的环保承诺可能会对消费者忠诚度或支付意愿产生类似的影响，从而让企业获益。

（一）案例 1　生态旅游场地认证

1. 问题

　　世界上许多极度贫困地区往往是生物多样性最丰富的地区。这些地区的人们为了满足最基本的生活需求，不得不（过度）利用自然栖息地上的资源。如果当地居民能够通过可持续旅游（以尊重当地文化和环境的方式）从希望享受生物多样性的游客那里获得收入，那么当地居民就可以更好地守护而不是消耗自然栖息地。生态旅游不仅能保护生态环境还能促进经济发展，其所具备的这种潜力使得生态旅游在 20 世纪 90 年代获得了许多自然保护主义者、国家政府和国际援助机构的支持。然而，不适当的生态旅游也会对生物多样性产生意外的影响，这突显了制定生态旅游实践标准和认证标准的必要性。

2. 生态系统服务

　　旅游价值和休闲价值是生态旅游机制的关键。有了经济上的激励机制，当地社区会改进对生物多样性和生态系统的保护以吸引更多的访客。更好的生态环境也会带来其他的效益，如包括文化服务在内的其他供给服务，以及水文调节和气候调节等。

3. 生态系统服务的受益者

　　生态旅游活动中生态系统服务的主要受益者是游客。根据景点规模的不同，受益者可能是当地游客、国内游客或国际游客。按广义的效益来衡量的话，受益者也包括当地社区，因为当地社区从这些自然区域获取生计、文化产品，以及其他的各种社会效益，他们还可以依靠该自然区域获得饮用水、防洪减灾等效益。

4. 生态系统服务的提供者

　　生态旅游经营者显然是提供生态系统服务的一个重要组成部分，但生态系统的所有者才是生态系统服务功能量的提供者，而正是这些生态系统吸引了众多的游客。在旧的激励机制下，当地的人们会砍伐森林、清除植被，造成栖息地的破坏或退化。为使生态旅游成为一个有效的方案，需要为他们提供正确的激励机制，让他们保持栖息地的健康状态，从而持续吸引客。

5. 交换条件

虽然生态旅游不是一个新概念，但生态旅游认证是比较新的概念。生态旅游企业希望通过认证计划吸引更多的游客，或者与未经认证的企业相比对游客收取更高的费用。生态旅游认证的另一个优势是经过认证的运营商能获得监管机构的优待，比如，他们更容易获得在公园和保护区的运营许可证，或是获得更长期限的许可证。

1991 年，《莫霍克协定》提出了生态旅游认证的基本运作方案和标准。最近，全球可持续旅游理事会采用了一套更具体的全球认证标准，并计划成为生态旅游认证的国际权威机构（即生态旅游认证机构的认证）。不过，该理事会允许国家或地区团体根据其管辖区的具体情况来决定如何以及在多大程度上采纳该标准。全球可持续旅游理事会明确的认证标准和绩效指标包括：①证明实施了有效的可持续管理；②生态旅游地的社会和经济效益最大化，负面影响最小化；③最大限度地让文化遗产受益，并最小化负面影响；④最大限度地提高环境效益并减少负面影响，如节约资源，减少污染，保护生物多样性、生态系统和自然景观。

虽然全球可持续旅游理事会希望其标准能包含地方或区域标准，但这些标准太新，目前还无法评估。因此，研究地方的生态旅游认证和运作案例，或许对理解这些项目的运作模式更有启发性。哥斯达黎加可持续旅游认证（Costa Rican Certification for Sustainable Tourism Program，CST Program）计划是发展中国家首次建立的基于成效的自愿性环境保护项目。根据该认证，具有较高环境绩点的饭店可以自行确定溢价（Rivera，2002）。通过这一认证计划的饭店不仅有更高的环保效益，而且往往具有更多的差异化优势（如更高端）和价格溢价。美国最近的夏威夷生态旅游项目和此计划类似，它能为全州提供可持续旅游的第三方认证。

6. 价值转移机制

生态旅游及其认证机制可通过一个特定的商业案例得到最好的展示，夏威夷森林和山道之旅（Hawaii Forest and Trail，HFT）就是一个很好的例子。夏威夷森林和山道之旅由夏威夷生态旅游局认证，经营路线所涉及的土地中很大一部分是从私人土地所有者那里通过授权获得了使用权。这深化了土地所有者和游客对保持土地生物完整性意义的认识。夏威夷森林和山道之旅按毛收入向土地所有者分成，这笔收入与该土地在其他方面的收入（如经营牧场）相比相当可观。这种激励进一步推动土地所有者更好地保护其土地。正如土地所有者诺波·帕切克指出："这些土地资源具有内在价值，这种机制可以将内在价值转换为现实收益。"

夏威夷森林和山道之旅生态旅游机制设计的重要之处就是具有排他性，这不仅有助于将 HFT 的品牌与其他公司区别开来，还能让土地所有者的合作伙伴持续投资，以免变成公地悲剧。夏威夷森林和山道之旅经营者认为解说体验使得他们的项目独一无二，并让客户愿意支付更高的价格，因为游客获得了和自然互动的绝佳机会。HFT 之所以能向游客收取更高的费用，不仅是因为他们让游客见到了前所未见的风光，更是因为他们让游客能和自然亲密接触。让夏威夷森林和山道之旅引以为傲的是，不少游客变成了具有使命感的"回头客"，持续不断地为资源保护提供资金和政治上的支持。

理想状态下，这种排他性的安排所产生的收入能直接反哺自然资源保护。如果设置排他性的理由是只有经过认证的可持续经营者才能避免敏感的生态系统不受影响，那么保护这些资源最有效的方式应该是将经营收入投入到资源保护。就夏威夷州的案例而言，夏威夷森林和山道之旅向夏威夷州支付许可证费用，但这并不能保证这笔收入会用于产生该收益的公园。

7. 监督核查

在科学文献或认证材料中，关于什么是符合标准（需要满足多少标准）或如何定期对企业进行审核的内容非常少。全球可持续旅游理事会要求采用"标准化、透明和公正的核查程序，审核员具备可持续旅游与合格评定方面的经验和技术"，并紧跟国际标准化组织（ISO）在审核和合格评定程序方面的趋势。夏威夷生态旅游局没有公布统计数据，但是像夏威夷森林和山道之旅这样成功的项目应该高于审核标准。

8. 成效

评价生态旅游认证对生态保护的作用是非常有必要的，但大多数有关生态旅游的出版物都是研究生态旅游对社会问题的影响，如本土文化保护或旅游收入分配，却很少研究生态旅游对生物多样性的影响。虽然生态旅游对当地生物多样性有积极的影响，但仍然存在一个问题：长途旅行（如果生态旅游变得更加昂贵，就会吸引更多的、来自更远地方发达国家的游客）是否会对全球碳排放产生累积性的影响，从而加剧气候变化。

哥斯达黎加奥萨半岛的生态旅游取得了巨大的社会效益、环境效益和经济效益，例如提高资源获取的公平性，为国家公园和植树计划融资，并带来更高和更稳定的收入。经过可持续旅游认证（CST）的拉帕里奥斯生态别墅项目表明，别墅及其附近（5km 范围内）的森林覆盖面积有所增加，森林砍伐的趋势得以扭转，但是与项目地相距更远地区森林面积却在继续减少。

夏威夷森林和山道之旅为自然和当地社区提供了多方面的"红利"。这些好处有助于维持多个正在开展的管理项目，例如在科哈拉的独特的湿地恢复项目。除了将一定比例的总收入支付给土地所有者以鼓励其进一步开展保护实践外，夏威夷森林和山道之旅项目还通过实物资助和开展外延项目（包括夏威夷种植节、哈卡劳森林开放屋和威可洛亚旱地森林倡议等），将其净利润的一部分回馈给当地社区。除了夏威夷生态旅游认证外，该项目还与一些致力于生态保护和可持续旅游的机构、国家和国际组织建立了战略伙伴关系。

9. 关键的经验教训

夏威夷森林和山道之旅是一个很好的例子，世界上其他地区还有许多生态旅游项目可以借鉴其经验，以提升和保护自然资本。生态旅游很好的为自然资源管理者提供了收入，这些收入又能进一步支持自然资源的管理，并在游客中树立了强有力的道德观念来保护他们的旅游地。但是，评估认证在生态旅游中的作用还为时尚早。第三方认证是否会充分影响旅行者的偏好，以获得相对于未认证的旅游资源的竞争优势，还有待观察。然而，像夏威夷森林和山道之旅项目这样的运营方与其客户之间建立的关系，长期来说，有可能提供超过任何单一交易差价的财务支持。下一个关于供应链的案例中，第三方认证机构的作用可能会更大，案例中的消费者与具体的地区或生产者之间不存在直接的关系。

（二）案例 2　食品与纤维供应链认证

1. 问题

农业、林业和海洋产品消费的增长对相关的生态系统造成了压力。大型消费品公司的经济规模甚至与许多国家的经济规模相当。因此，这些公司及其供应商对业务模式的调整可以对生态系统带来巨大的影响。消费者可以通过支付更高价格购买有生态认证标签的产品，使产品收获或生产过程中的"外部性"影响"内部化"。

2. 生态系统服务

许多生态系统服务为陆地和海洋生产活动提供了支持同时也受到这些生产活动的影响。农业、林业和水产养殖业认证标准倾向关注以下 5 个因素：土壤、水、农药、土地覆被和生物多样性。土地覆被可以影响其他 4 个因素，如植被是否拦截了污染物以及是否可以维持生物多样性；土地覆盖还可以带来协同效益，这些效益通常由一些项目来实现。例如，为达到气候缓减目标而进行碳固定和存储。如能减缓气候变化的固碳功能。

渔业认证标准通常侧重于以下 4 个因素：鱼群数量、对非目标捕捞鱼种的影响、对濒危物种和受威胁物种的影响、生态系统完整性。生态系统完整性可以影响其他

3 个因素，如红树林和珊瑚礁等沿海栖息地是鱼苗的成长地，对维持鱼群数量至关重要。生态系统完整性还能提供其他协同效益，如旅游价值和抵御沿海风暴。

3. 生态系统服务的受益者

与生态旅游认证类似，商品认证支持两个不同层面的生态系统服务受益者。一方面，购买认证产品的消费者认为他们的购买行为支持了生物多样性的保护，会带来更多的全球效益。另一方面，由于陆地和海洋生态系统的改善，能提供更多的生态系统服务，当地居民可从中受益。经认证和未经认证的农户都同样受益于其生产环境中所积累的生态系统服务，如传粉昆虫数量增加、虫害减少等。

4. 生态系统服务的提供者和调节者

在这种情况下，生态系统服务供给能力受到生产者如农民、林农、渔民的影响。他们并不提供生态系统服务，而是为生态系统服务提供管理支持。如果缺乏有效管理，可能会引起污染、过度采集或过度捕捞的问题。这些行为体并不提供生态系统服务，相反，他们如果管理不善，倒反会造成污染和过度捕捞等问题，从而破坏生态系统服务。

5. 交换条件

消费品的生产者需要支付一定费用获得认证证书，才能在其产品上使用认证标志。认证可能会带来经济效益（价格溢价或品牌价值）和生态效益（更具可持续性地生产，提高生物多样性和增加生态系统服务）。认证市场正快速增长，不过除了咖啡之外（目前认证量占生产总量的 38%），认证在整个生产中所占份额仍相对较小。其他采纳认证的主要产业还有：可可豆（22%）、棕榈油（18%）、茶叶（12%）、野生捕捞渔业（10%）；水产养殖业（4%）、棉花（3%）、糖（3%）、大豆（2%）和香蕉（3%）等产业中采纳认证的比例也有一定的增长（Potts et al.，2014）。

6. 价值转移机制

认证可采取的模式很多，但各种模式都有一个共同的机制——生产者要达到一系列标准，才能在营销和推广中使用认证标识。由于咖啡是最成熟的认证商品，展示了通过认证机制可以达成哪些目标，因此该行业算是这一领域的一个极好案例。最成功的咖啡认证项目之一是由雨林联盟（RFA）所管理的。全球每年生产超过 30 万 t 经雨林联盟认证的咖啡，占全球总市场的 2%。雨林联盟认证要求执行一系列行业标准，如农场管理系统的实施、生态系统保护（如森林迹地和河岸植被）、野生动物保护、水资源保护、综合作物管理、土壤保护、废物综合管理，以及若干社会层面的标准。

7. 监督核查

第三方对认证进行监督审核，通常要求生产商在每次审核时都要有所改进。尽管许多认证希望在景观尺度上产生影响（如生物多样性保护），但大部分审核都是在农场尺度上统一进行的。

8. 成效

进行认证的动机多种多样，企业可能希望能通过认证迎合部分消费者的价值观，提高产品价格与品牌声誉，或者履行可持续生产责任，降低运营风险，扩大市场准入范围。与生态旅游相比，人们对商品认证的生态效益进行了充分研究。事实上，2015 年开展的对 30 项生态有效性认证的科学调研表明，这些认证项目中有相当大的一部分（23 项）对生态系统服务或生物多样性产生了积极的影响（Chaplin-Kramer et al.，2015）。结果显示，咖啡和海鲜认证通常能产生积极影响，木材认证的影响则比较复杂。最常见的研究指标是森林覆盖率，其次是生物多样性，目前尚无研究记录商品认证对土壤和水的影响。

继续以雨林联盟认证咖啡为例，该认证在拉丁美洲和非洲取得了特别突出的成果。雨林联盟认证使哥伦比亚东部安第斯山脉的森林覆盖率得以提高，景观连通性也逐步加强（Rueda et al.，2015）。埃塞俄比亚也出现了类似的改变，与没参与认证的森林咖啡区相比，雨林联盟认证提升了20%的森林保护可能性（Takahashi and Todo，2013）。对于低收入生产者来说，这种影响甚至更大（近30%），这表明，认证对贫困生产者的行为产生了重大影响，促使他们采取实际行动保护森林。

除了生态效益，认证还能产生经济效益。虽然生产者通过认证能否获得产品溢价并不明确，但生产者确实能通过许多其他方式受益。在秘鲁，雨林联盟（RFA）认证的农民获得了小幅产品溢价。对农民来说，认证项目提供的技术援助所带来的增产，其经济意义远比小幅溢价重要（Barham and Weber，2012）。在哥伦比亚，雨林联盟为其认证的咖啡带来的40%溢价随着时间的推移在不断减少，但农民仍然选择继续与该项目合作，这表明，虽然当初的溢价承诺是许多农民决定加入认证计划的原因，但溢价却不是他们后来选择继续合作的原因（Rueda and Lambin，2013）。他们继续与认证项目合作的动力包括：能有更多获得资本、技术或知识的机会，以及一系列的社会福利（例如维系更牢固的家庭和社区关系、改善工人待遇及其总体生活质量，以及在农场工人社区中扮演领导角色等）。

9. 关键的经验教训

商品认证越来越受到消费者和企业的欢迎，并且至少在某些商品生产上（如咖啡），商品认证能显著改善生物多样性和生态系统服务。商品认证还提供了一个重要的机制：即使消费品厂商不对其整个供应链建立起监管链，他们也能通过认证实现其可持续发展的承诺。在生态旅游案例中，消费者直接与生产者进行互动，但在进行商品消费时，消费者无法窥见所有生产流程。所以，对难以追溯的生产流程而言，认证是一种推动可持续生产的重要激励机制。

生产商在采纳认证标准后获得的财务效益尚不明确，因为就算有溢价，随着时间的推移或者市场的波动，溢价也会逐渐降低。不过，参与认证计划的生产者似乎获得了许多其他的社会效益。这表明认证机制是保护陆地系统与海洋系统的生物多样性和生态系统服务的持久机制。

三、生态系统服务领域的生态效益投资

生态服务投资是另外一种以市场为基础的生态保护融资机制。生态服务投资以其最广泛的形式，旨在结合社会效益和环境效益来产生经济回报（即所谓的双重底线或三重底线）。其中，财务回报可返还到投资者，非财务回报则更普遍地惠及环境和社会。效益投资模式可应用于债券、私募股权、基金等各种金融工具。当这些应用于生态系统服务时，投资所产生的现金流将用于保护或增加生态系统服务（图 10.2）。

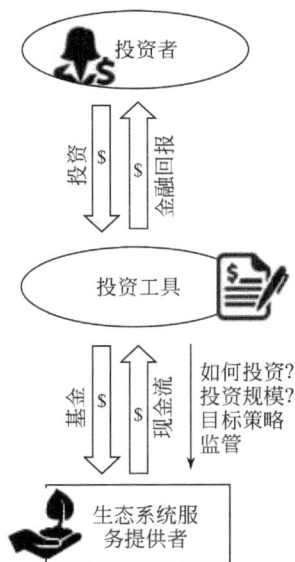

图 10.2　在效益投资中，投资者向投资工具（例如债券、投资基金）中投入资金，这部分资金又用于资助生态系统服务提供者，然后生态系统服务提供者将产生的现金流返还给投资工具，从而为投资者提供财务回报。投资工具决定在何处以及如何投资以保护或加强生态系统服务，并监督项目是否合规。

市场上的一些投资者和投资工具追求市场水平的"风险调整资本回报率",而也有一些投资者和投资工具愿意接受较低(也称为"优惠")的回报率,以换取环境和社会的协同效益。

瑞士信贷银行 2016 年的一份报告显示,到 2020 年,自然保护融资市场中来自机构投资者和高净值人群的投资(包括对生态系统服务和其他环境效益的投资)可能达到 2 千亿～4 千亿美元(Huwyler et al.,2016)。低利率以及缺乏更具吸引力的投资选项,大大提升了人们对生态保护金融的兴趣。另外,自然保护融资的回报与其他资产类别的投资回报的关联度不高,从多元化投资的角度,自然保护融资对投资者也有潜在的吸引力。

其他章节中介绍的生态系统服务机制也能为私人融资创造机会。例如,监管驱动下的缓解措施(第七章)为缓解银行的投资创造了机会,在这种情况下,需要大量投资来预先建立银行,并在出售信贷时产生利润。木材等商品的生态认证(本章案例 2)也可为私人融资提供投资机会。这些项目初始时需要资金来改变经营方式并获得认证,后续生产过程中才会产生长期利润。

本小节将着重研究两个案例:第一个是私募股权投资案例,即澳大利亚墨累-达令盆地水资源共享投资伙伴关系(WSIP)项目;第二个是基于债券的生态效益投资案例,即哥伦比亚特区供水和污水管理局的环境影响债券。融合财务目标和环境目标的私人投资在美国已有近 20 年的历史,专门针对生态系统服务的投资是其中一个更新、更具体的效益投资的类别。还有一些案例目前还处于项目实施的早期阶段(框 10.1)。再经过几年的成长,我们应该就能研究和评估更多投资项目的成功案例了。

框 10.1 森林恢复力债券:将私人资本与减少火灾风险并提供协同效益的恢复项目联系起来

本杰明·P.布莱恩特、扎卡里·奈特、菲尔·萨卡、尼克·沃布罗克

过去 50 年,美国西部大型火灾的发生率不断攀升。一个世纪的育林防火政策造就了不同寻常的茂密森林,导致森林火灾风险不断升高。高密度的森林,加上炎热干燥的气候,使森林火灾频繁发生。2017 年成为了美国历史上最昂贵的防火季,全年共消耗 27 亿美元的防火资金,占到美国林业局(USFS)年度预算的 56%。不幸的是,这已经成为了一种新常态,扑灭森林大火、进行灾后重建和基础设施更新每年都要耗费数十亿美元,这还没算上火灾带来的生命财产损失、流域破坏和巨大的碳排放。

森林恢复可以提高自然抵抗火灾的能力，降低火灾防控难度，更好地保护人们生命和财产安全。有鉴于此，森林恢复项目主要包括疏伐小直径树木和低矮树丛以减少可燃物、开展规定的防火措施等以降低火灾对生态的破坏，并让火灾更易于在小范围内得到控制。森林恢复项目可以给土地所有者以外的不同利益相关者带来各种好处，有些好处直接来自恢复项目本身，有些则来自火灾风险的下降。这些利益相关者包括：①因供水安全性提升而受益的水厂和水电公司；②因住房和基础设施火灾风险降低而受益的企业和社区；③因消防和灾后恢复成本降低而受益的各级政府；④因减少吸入有害烟雾而受益的人口；⑤受益于当地生态游憩价值的居民和游客。

美国林业局已将5800万英亩的土地划入面临严重火灾的高风险区，亟需开展生态森林恢复。然而，虽然该项目能带来巨大效益，但由于美国林业局缺乏必要的资金，无法按照正常进程和规模来实施相关项目。

森林恢复力债券为解决这一问题提供了一种新思路。该债券由蓝色森林保护组织和世界资源研究所共同开发，将私人资本与经认证的执行伙伴有机结合起来，在政府资助能力之外，加快恢复的进程和规模。项目资金由私人资本预先垫付，然后由土地管理者和其他受益人根据年度合同现金流返还本息。

图1列出了成功发行森林恢复力债券的步骤。第一，项目规划和批准，通常由土地管理者负责，包括各种利益相关者的投入。第二，经济评估，评估项目给下游和流域利益相关者带来的效益。第三，利益相关者确认其在项目中的利益，并承诺根据他们获得的利益支付合同款项。第四，确定有望提供前期垫资以换取长期偿付的潜在投资者。每个利益相关者承担一部分项目成本，共同负担整个项目成本，并让投资者获得适度回报。支付过程可以在成本分摊的基础上进行，也可以在项目开展后根据对商定环境成果的评估的基础上进行。第五，投资资金用于资助一个与森林、利益相关者、社区有着紧密联系的非营利执行伙伴，由其雇佣当地承包商确保按照规定按时完成相关工作。工作成果验证包括美国林业局的监督，以及学术项目合作伙伴的第三方监督。

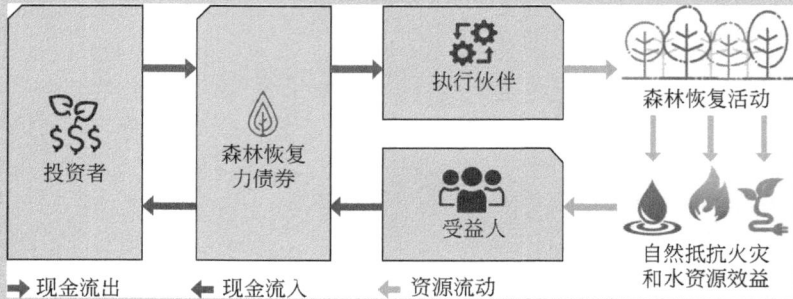

图1 森林恢复力债券结构

　　截至 2018 年 11 月，第一个试点森林恢复力债券项目已完成签约，并在加利福尼亚州北部尤巴流域正式开展恢复活动。除美国林业局外，该项目还汇集了多个出资方，其中国家森林基金会（National Forest Foundation）为主要的项目实施方，尤巴水务局为主要合同受益方。尤巴水务局已签署了成本分担合同，将从公用事业收入中逐年偿付部分恢复成本，以补充美国林业局的偿付，并帮助投资者获得回报。项目执行期间的监测措施包括用遥感卫星监测来评估恢复项目开展后森林地区的水平衡变化情况。受益的兑现和衡量方式随着时间的推移而改善，根据绩效合同评估，不同的项目参与者根据其偏好来表征、转化风险及回报的能力也随之提高。总体而言，这些方面的提高，可以激励更多受益人和投资者加入到森林恢复力债券项目中来。

　　在利益相关者的利益相对分散、不够集中的情况下，集体行动往往会受阻。森林恢复力债券通过制定灵活和创新的合同内容，可以让每个受益人都可以按照其要求的条款、时限和约束条件来签订合同，这也成为了一个创新解决方案，可以更好地满足美国西部土地管理者提出的大规模森林恢复需求。

（一）案例 3　墨累-达令盆地水资源共享投资伙伴关系

1. 问题

　　墨累-达令盆地被称为澳大利亚的"粮仓"。该地区占全国农业用地面积的20%，生产了澳大利亚全国 1/3 的粮食，包括产值近 70 亿澳元的灌溉农业作物。在干旱气候条件下，该地区年降雨量变化大、水分蒸发损失严重，这对满足农业用水和其他用水带来了挑战。澳大利亚在 1997~2009 年经历了创历史纪录的旱灾（称为千年大旱）。尽管旱灾给农业生产造成了损失，但是盆地的水资源市场让农民能够进行水权交易，将水资源输送给高价值作物和多年生不能休耕的农作物，而低价值的一年生作物则可进行休耕，直到水量恢复。这种方式减轻了干旱对经济的影响。除此之外，由于水量的减少，旱灾对湿地、淡水和河口水生态系统造成了破坏。目前看来，如何有效地分配水资源来维持该地区的农业和生态系统及其提供的服务仍是一个挑战。为应对这一挑战，大自然保护协会、墨累-达令湿地工作组（一个澳大利亚非营利公司）和 Kilter Rural 公司（一家澳大利亚资产管理公司）合作创建了被称作为"墨累-达令盆地水平衡基金"的水资源共享投资伙伴关系（WSIP）。该基金通过购买水权，将部分水权出租给农民，并捐出剩余的水资源用于生态保护，从而确保了农业用水，恢复了受威胁的湿地，并为投资者带来了回报。

2. 生态系统服务

该项目水资源的分配方式会影响湿地和农田生态系统所提供的服务。分配给农业的水权能促进粮食作物和纤维作物的生产。澳大利亚 50% 以上的灌溉农产品都产自墨累-达令盆地，如棉花、干草、杏仁和坚果等；分配给湿地的水权能促进生物多样性的保护，尤其是保护了鸟类、野生动物和受威胁物种。湿地还为澳大利亚原住民提供了文化价值，更支撑着各种社会价值、文化价值和精神价值。

3. 生态系统服务的受益者

当项目将水权分配给农业时，受益者为农民和消费者。当项目将水权分配给湿地时，受益者为全球范围内关心生物多样性的人以及当地的原住民。这种将水权分配给环境的做法也促进了生态系统的可持续性，最终能增加该地区农业生产的持久性和可持续性。

4. 生态系统服务的提供者

水资源共享投资伙伴关系（WSIP）项目是生态系统服务的提供者，通过持有水权并决定如何在农业和环境用途之间进行分配来影响生态系统服务。获得水权的农民和湿地土地所有者也为提供生态系统服务做出了贡献。

5. 交换条件：补偿措施

墨累-达令盆地水资源基金会购买水权，每年再将其水权的 60%～90% 出租给农民用于农业生产，水权租赁产生的利润会返还给基金投资者。基金会将剩余的 10%～40% 的水权用于湿地恢复，尤其是用于私人土地上具有高保护价值的湿地或平原湿地森林，因为这些私人土地上的湿地生态系统无法获得政府的用水配给。

该基金在 2015 年 12 月结束了第一轮融资，共向投资者募集了约 2000 万美元。基金计划在未来 4 年内将这一额度扩大至 7500 万美元。截至 2016 年 5 月，该基金已拥有 85 亿 L 的水权，自成立以来已实现 2.3% 的净营业利润，长期回报率的预期值为 7%～9%。

不久前，该基金还支持了几个环境用水项目。一个是在 2016 年 4 月，澳大利亚政府（联邦环境水务）向南威尔士州塔濡原住民地的湿地提供了 9.5 亿 L 的水权。水资源共享投资伙伴关系（WSIP）项目帮助墨累-达令湿地工作小组对这部分水权进行了计划、管理和输送。项目中的水权由政府（联邦环境水务）而不是 WSIP 项目提供。这些水资源流向了国有土地上的湿地，而这些土地的所有权和管理权日后将归还给原住民。另一个项目则在 2017 年 9 月在古尔本河漫滩展开（Kilter Rural and TNC，2017）。

6. 价值转移机制

水资源共享投资伙伴关系（WSIP）项目有两个主要组成部分：平衡水资源基金和环境用水信托基金。平衡水资源基金的项目由 Kilter Rural 公司管理。基金投资者包括基金会、养老基金和高净值个人投资；澳大利亚国家银行也向基金提供了贷款。

基金购买永久性的水权，然后在干旱年份将水权的一部分（60%～90%）租给农民，向环境用水信托（一个可免税的非营利组织）捐赠 10%～40%的水权。在农业需求较低的雨水充沛的年份，基金会将更多的水分用于环境，这也是模仿向湿地供水的自然模式。

最后，科学和文化咨询委员会帮助环境用水信托实现其环境目标和文化目标。这些目标包括改善植被和受威胁物种的健康状况等生态保护效益，以及为原住民社区带来社会和文化效益。

水资源共享投资伙伴关系项目是墨累-达令盆地基于现有水权市场以及相关条件建立的。在澳大利亚，水权主要根据用水情况进行分配。例如，在干旱的年份，水权持有者仅能获得他们水权份额的 75%。这与美国西部形成鲜明对比。在美国西部，最早持有水权的人能获得其水权份额 100%的量。自 2007 年开始，即使没有在墨累-达令盆地拥有任何土地，投资人也能进行水权交易。

该基金对环境和文化成果开展了评估监测，并每年公布评估结果。此外，还对当地社区居民进行培训，使其参与到监测活动中。

7. 成 效

在生态环境方面，截至 2018 年 6 月，水资源共享投资伙伴关系项目为 2016年开始的水资源活动以及 2017 年和 2018 年的水资源分配捐款提供了财政支持。截至 2019 年 1 月，该基金自成立以来的年化回报率为 14.93%（Kilter Rural，2019），大大超出 7%～9%的目标回报率。鉴于该基金自 2015 年才开始运作，其在财务、环境和社会文化目标方面的长期有效性仍有待观察。

8. 关键的经验教训

墨累-达令盆地水资源共享投资伙伴关系项目的案例凸显了多种类型的参与者和机构对效益投资的作用和重要性。该案例中，政府通过设立水权和水权市场条件，在实现 WSIP 项目机制中发挥了关键作用。例如，即使在盆地内没有土地，政府也准许各利益相关方拥有水权并进行交易。私人投资者（包括一些出于慈善目的的投资者）为水基金提供购买水权所需的资金，而非营利公司和非政府组织（如环境用水信托）则促成了水资源共享投资伙伴关系（WSIP）项目环境目标和社会目标的落地与实施。

基于在墨累-达令盆地以及全球水权市场的经验，大自然保护协会提出了一些成功实施 WSIP 项目模式所需的有利因素，其中包括：法律规定并适用的水权、对节约出来的水进行交易的能力、转让永久性水权和短期用水权的能力、总用水量的上限、农业和其他利益相关者的认可和支持、对项目监督以确保符合要求。水资源共享投资伙伴关系（WSIP）项目可以根据这些因素确定项目地并创造投资机会，通过水权分配来帮助平衡包括农业生产和生物多样性保护在内的多种社会效益。

（二）案例 4 华盛顿特区环境影响债券

1. 问题

华盛顿特区和其他许多城市不透水地表面面积一直在增加，阻碍了雨水被土壤吸收（见第七章案例 1）。导致城市污水与雨水的排水系统经常发生溢流，每年会有 1000 万 m^3 的雨水和未经处理的污水流入当地水体，并最终流入切萨皮克湾。这些溢流不仅降低了水体水质，还违反了《联邦清洁水法案》。2005 年，美国环境保护局、司法部、华盛顿特区政府和华盛顿特区供水和排污管理局决定预算 26 亿美元建设一个管网系统解决这一问题，在溢流进入水道前对溢流进行处理。这一项目由华盛顿特区供水和排污管理局负责。

从那以后，基于自然的雨洪截留方案成为了一项具有可行性的选择。由华盛顿特区供水和排污管理局调整了与联邦政府的协议，以便能使用绿色基础设施来减少溢流。2016 年，华盛顿特区供水和排污管理局发行了环境影响债券。此债券能为绿色基础设施建设提供资金，从而减少暴雨径流。该债券创新性地采取了按绩效付费的机制，政府对投资人的支付额度取决于项目在减少暴雨径流的实际效果。

2. 生态系统服务

一般情况下，华盛顿特区的雨水和生活污水共用一套下水道系统，这些污水在经过处理后会排入当地水体。当发生强降雨时，排入下水道的雨水和污水超出了系统的容量，于是溢出的废水未经处理就流入了当地水体。绿色基础设施（如雨水花园和绿色屋顶）能通过增加地表渗透和减缓暴雨流量来减少溢流事件的发生，从而避免排水管网系统被暴雨淹没而导致污水溢流。如果绿色基础设施降低了雨洪，那么新排水管网系统的建造规模（以及成本）也能适当降低。绿色基础设施还提供了排水管网系统不具备的协同效益，如与绿色空间相关的美学价值、休憩价值和健康福利。

3. 生态系统服务的受益者

排水管网混合污水溢流的减少使得水质得到了改善。位于河流附近和切萨皮克湾下游的人们，特别是那些从事休闲、商业捕鱼以及水上旅游业的人将从中受益。华盛顿特区居民交纳的税收中的一部分会用于偿付债券投资者，通过这种形式华盛顿特区居民为雨水调节服务间接付费。如果说绿色基础设施比扩建下水道系统更具成本效益，那么融资成本的降低也能惠及居民。

4. 生态系统服务的提供者

生态系统服务的提供者是华盛顿特区供水和排污管理局。目前，华盛顿特区供水和排污管理局正在建设具有雨水调节服务的绿色基础设施。

5. 交换条件：补偿措施

为了验证项目的有效性，华盛顿特区供水和排污管理局在 $8hm^2$ 的土地上，用出售债券的部分收益来建设绿色基础设施（特别是建设渗水路面和雨水花园）作为试点。华盛顿特区供水和排污管理局将向债券持有者支付年息，并在 30 年后偿还本金。2021 年后，华盛顿特区供水和排污管理局和持券人之间采取按绩效支付的机制（详见下文"价值转移机制"）。在绿色基础设施建设之前和之后，华盛顿特区供水和排污管理局会对项目地的暴雨径流进行监测，支付金额取决于绿色基础设施在减少暴雨径流方面的成效。

6. 价值转移机制

华盛顿特区供水和排污管理局用于建设绿色基础设施的资金来自发行 2500 万美元债券的收入，该债券被出售给高盛和卡尔福特基金会（一家非营利性投资公司，现在是卡尔福特影响力资本），是票面利率为 3.43%（年息）的 30 年期债券。该利率与哥伦比亚特区供水和排污管理局发行的其他 30 年期债券的历史利率相当。

然而，根据按绩效付费的机制，投资回报取决于 5 年来绿色基础设施的环境成效。如果绿色基础设施符合预期，则不会发生基于绩效的付款，并且该债券将充当常规债券。华盛顿水务公司及其合作伙伴模拟了一系列可能的结果，并将 95% 的结果作为预期范围。如果绿色基础设施的表现超出预期，公司将向债券投资者额外支付 330 万美元，将其回报率提高到 6.4%。在这种情况下，绿色基础设施的作用与预期目标相比，能更有效地减少暴雨径流，公司也由此能通过减少所需的绿色基础设施数量（可能还有灰色基础设施）来管理相同流量的雨水，从而在规模扩大时节省资金。反之，如果绿色基础设施表现严重不佳，那么投资者将向水务公司支付 330 万美元，这笔钱基本上能覆盖公司前 5 年的利息支付成本。如果水务公司的绿色基础设施试点失败，上述条款就变成了该公司的一张保单。

最后，这种按绩效付费的机制能让华盛顿特区供水和排污管理局与债券投资者分担绿色基础设施投资的风险。如果试点成功，华盛顿特区供水和排污管理局预计将投资 9000 万美元建设 $120hm^2$ 的雨洪管理绿色基础设施。

7. 成效

渗透性路面和雨水花园在减少雨洪径流方面的有效性将得到独立验证，试点项目地截留的水都将被输送到一个测量管道中，以便直接测量。在建设绿色基础设施之前，项目就已经测量了项目地 12 个月的雨洪径流，并将之与绿色基础设施建成之后的雨洪径流数据进行比较。预期结果的 95% 范围意味着涵盖了不同年份之间天气的潜在差异（这种差异可能会影响结果），验证结果于 2021 年公布。

8. 关键的经验教训

与墨累-达令盆地水资源共享投资伙伴关系项目案例相似，该效益投资的案例显示了政府和私人可发挥互补作用。华盛顿特区利用绿色基础设施进行雨洪管理的想法来源于联邦政府清洁水法的规定。随后，私人投资者提供了华盛顿特区供水和排污管理局进行绿色基础设施试点的先期资本，以换取未来 30 年的预期回报。

绿色或基于自然的基础设施的绩效风险一直是限制其取代灰色基础设施的主要原因之一。华盛顿特区债券采用的按绩效付费模式提供了一种分担风险的方式，该方式将政府的一部分风险（其资金有限，须花小钱办大事）转移给愿意承担风险并接受合理投资回报的投资者，不过这种模式要求在项目实施前能够充分量化项目风险并能对项目绩效进行准确地考核。

四、结　论

生态系统服务方法的一个主要优点是使以前隐藏的自然价值变得更加明确和透明，让人们看到它们的价值。这里强调的以市场为基础的机制，提供了一种纠正市场失灵的方法：在传统市场不能充分获取生态系统所提供的价值时，通过建立新市场，让消费者分担维护和提升生态系统服务的一部分成本或风险。在理想的情况下，这类机制不仅能拓宽政府和慈善机构以外的环保资金渠道，而且还能建立一套可持续的自然资本安全融资体系，使其不受政治因素或捐助者意愿波动的影响。这里主要阐述的两种市场机制，即面向生态系统服务的生态认证和生态效益投资，这代表了当前非常普遍的一系列选择，也产生了一些很成功的模式。

　　随着生态系统服务这一理念变得日趋主流，其他的市场机制也在不断涌现。例如，瑞士再保险公司正与大自然保护协会、墨西哥政府和其他合作伙伴开展合作，为保护墨西哥坎昆海岸沿线的珊瑚礁制定保险方案（Harvey，2017）。希望这也能为保障其他地方的自然资本和生态系统服务提供一个全新的选择。

　　很多地方的政府法规都对环境质量以及仰赖于自然资本的人类福祉提出了一定的要求。当市场机制与这类法规有机结合时，可能会带来特别的成效。虽然在许多案例中，政府在确保公共产品提供的过程中扮演着关键角色，但市场机制同样也可以成为提供公共产品的有效途径。如果我们能确定自然资本的受益人群，以及他们在多大程度上有能力和动力为继续获得这些收益付费的话，那么这类方法将在解决自然资本的可持续融资方面，表现出巨大的潜力。

主要参考文献

Barham，Bradford L.，and Jeremy G. Weber. 2012. "The economic sustainability of certified coffee: Recent evidence from Mexico and Peru." *World Development* 40，no. 6: 1269-1279.

Buckley，Ralf. 2009. "Evaluating the net effects of ecotourism on the environment: A framework, first assessment and future research." *Journal of Sustainable Tourism* 17，no. 6: 643-672.

Chaplin-Kramer，Rebecca，Malin Jonell，Anne Guerry，Eric F. Lambin，Alexis J. Morgan，Derric Pennington，Nathan Smith，Jane Atkins Franch，and Stephen Polasky. 2015. "Ecosystemservice information to benefit sustainability standards for commodity supply chains." *Annais of the New York Academy of Sciences* 1355，no. 1: 77-97.

Harvey，Fiona. 2017. "Mexico launches pioneering scheme to insure its coral reef." *The Guardian*，July 20，2017. https://www.theguardian.com/environment/2017/jul/20/mexico-launches-pioneering-scheme-to-insure-its-coral-reef.

Huwyler，Fabian，Jurg Kappeli，and John Tobin. 2016. *Conservation Finance from Niche to Mainstream: The Building of an Institutional Asset Class*. Credit Suisse and McKinseyCenter for Business and Environment.

Kilter Rural and TNC. 2017.*The Murray-Darling Basin Balanced Water Fund Information Memorandum*. Kilter Rural. http://kilterrural.com/news-resources/murray-darling-basin-balanced-water-fund-information-memorandum.

Kilter Rural. 2019. *The Murray-Darling Basin Water Fund Investor Update*，*January 2019*. Bendigo，Australia: Kilter Rural.

Kitney，Damon. 2016. "Heavyweights invest $100m in Murray-Darling water." *The Australian*，April 4，2016.

Martin，Abby. 2017."A pioneering environmental impact bond for DC water." *Conservation Finance Network*，January 2，2017. http://www.conservationfinancenetwork.org/2017/01/02/ pioneeringenvironmental-impact-bond-for-dc-water.

Medina，Laurie Kroshus. 2005. "Ecotourism and certification： Confronting the principles and pragmatics of socially responsible tourism." *Journal of Sustainable Tourism* 13，no. 3： 281-95.

Potts，Jason，Matthew Lynch，Ann Wilkings，Gabriel A. Huppe，Maxine Cunningham，and Vivek Anand Voora. 2014. *The State of Sustainability Initiatives Review 2014： Standards and the Green Economy*. Winnipeg，MB： International Institute for Sustainable Development.

Quantified Ventures. 2016. *DC Water's Green Infrastructure Environmental Impact Bond Overview*. http： //www.quantifiedventures.com/s/DC-Water-EIB-Overview.pdf.

Richter，Brian. 2016. *Water Share： Using Water Markets and Impact Investment to Drive Sustainability*. Washington，DC： The Nature Conservancy.

Rivera，Jorge. 2002. "Assessing a voluntary environmental initiative in the developing world： The Costa Rican Certification for Sustainable Tourism." *Policy Sciences* 35，no. 4： 333-360.

Rueda，Ximena，and Eric F. Lambin. 2013. "Responding to globalization： Impacts of certificationon Colombian small-scale coffee growers." *Ecology and Society* 18，no. 3.

Rueda，Ximena，Nancy E. Thomas，and Eric F. Lambin. 2015."Eco-certification and coffeecultivation enhance tree cover and forest connectivity in the Colombian coffee landscapes." *Regional Environmental Change* 15，no. 1： 25-33.

Takahashi，Ryo，and Yasuyuki Todo. 2013. "The impact of a shade coffee certification programon forest conservation： A case study from a wild coffee forest in Ethiopia." *Journal ofEnvironmental Management* 130： 48-54.

Valderrama，Alisa. 2016. "Pay for performance meets green infrastructure." NDRC. https://www.nrdc.org/experts/alisa-valderrama/pay-performance-meets-green-infrastructure.

第十一章　多边和双边机制

里克·托马斯

减少森林砍伐和森林退化导致的温室气体排放计划（REDD+）已成为近年来通过调控土地利用（特别是在热带地区）解决气候变化问题的最重要、资金最充足的举措之一。为了动员发达国家对适当的森林管理技术进行投资，REDD+创造了一套全新的机制，使森林的碳汇价值超过砍伐森林所带来的收益。本章中，我们将一起了解在印度尼西亚开展的多边供资 REDD+ 项目，以及在巴西开展的双边供资 REDD+ 项目的实施情况。

一、REDD+概述

长期以来，决策者们都很清楚森林在提供碳储存等生态系统服务方面具有的重要作用。虽然许多人希望《京都议定书》的清洁发展机制能有效解决森林砍伐问题，但该机制只创造了造林和再造林的生态信用，没有针对减少森林砍伐的生态信用。这一政策缺陷也正是建立减少森林砍伐和森林退化导致的温室气体排放计划（REDD+）的初衷。通过 REDD+计划，发达国家可以向发展中国家提供资金，用于减少森林砍伐和森林退化导致的温室气体排放，同时提高森林碳储量和森林覆盖率。当前已经投入了数十亿美元来推行这一计划。2010 年，在联合国气候变化框架第 16 届缔约方会议上，减少森林砍伐和森林退化导致的温室气体排放计划（REDD）的名称调整为 REDD+，增加了减贫、生物多样性保护和维持重要生态系统服务等其他目标。

本章通过两个案例研究，重点介绍《联合国气候公约》REDD+为气候调节所开展的项目支付情况。第一个案例是印度尼西亚的一个多边筹资项目，资金来自多国政府。在本书第十三章中也可以看到类似的方法（比如哥斯达黎加的森林碳伙伴关系基金）。第二个案例主要是面向亚马孙基金的，该基金是一个巴西和挪威政府之间的双边融资机制。

二、案例1 多边协定——印度尼西亚森林碳伙伴关系基金

1. 问题

印度尼西亚拥有全球第三大的热带森林（仅次于巴西亚马孙地区和刚果盆地），其泥炭地的碳储量更是排在热带地区前列。发生在这些森林和泥炭地中的人为火灾，以及将森林开垦为油棕榈种植园等行为，使该国成为全球最主要的陆地碳排放国之一。2000~2012 年，该国减少了 600 多万公顷林地，同期森林砍伐平均每年增加 $47\,600 hm^2$。总的来说，森林退化和森林砍伐导致了该国 85%的碳排放。此外，印度尼西亚是一个动植物多样性丰富的国家，其动植物包括世界上 10%的植物物种、12%的哺乳动物物种、16%的爬行动物和两栖动物物种，以及 17%的鸟类物种。目前，这些物种中的很多都面临着灭绝的危险。

虽然碳排放导致的栖息地破坏是全球性的问题，但它对印度尼西亚当地民众造成了远超预期的危害。印度尼西亚目前还有许多社区的生计主要依靠森林资源。据估计，该国 74%以上贫困人口的生计依赖于当地的生态系统服务，这些服务随着该国的森林退化和森林砍伐而不断被削弱（UNORCID，2015）。缓慢燃烧的泥炭地产生的烟雾也带来了一系列健康问题（如呼吸系统疾病以及因此造成的个人生产能力下降等），进而因健康问题无法工作给经济带来不利影响。据估计，2015年印度尼西亚的火灾损失达 300 亿美元（Petrenko et al.，2016）。一份报告表明，仅 2006 年一年，非法伐木就使该国损失了 20 多亿美元的收入（Harwell，2009）。

2. 生态系统服务

森林能提供众多的生态系统服务。从全球层面来看，森林大量的碳储存能力有助于缓和气候变化带来的危害。从地区层面看，森林有助于防止土壤侵蚀和养分流失，并可通过减少暴雨径流，实现水体过滤和含水层补给，从而提高水资源的可利用性。

在印度尼西亚中苏拉威西省开展的 REDD+研究（UNORCID，2015）发现，每公顷森林每年可防止相当于 $6538 kg/hm^2$ 的土壤侵蚀，这意味着森林在减缓地表径流造成的土壤养分流失的同时，每年每公顷还能减少约 30 美元的损失。研究发现，印度尼西亚 5 个重点省份开展水土流失防治的经济价值每年在 200 万~8100 万美元。这些省份的碳固定和碳储存价值分别为每年 1700 万~9700 万美元和 12 亿~190 亿美元。水资源补给所带来的经济价值则达到每年 4.35 亿~24 亿美元不等。

3. 生态系统服务的受益者

生态系统服务的受益者主要是那些生计或生活质量将因持续砍伐森林而受损的群体。依靠当地水源作为饮用和烹饪用水的社区将大大受益，因为这些地区的水体在森林变为农业用地后遭到沉积物和养分径流的严重污染。当地的森林为棕榈藤、大量药用植物和其他植物提供了宝贵的生态系统服务，而这些植物对当地人的生计来说至关重要。此外，由于碳排放会影响全球，如果气候变化影响不断扩大，全球都将被殃及。因此，全球社会也是这些生态系统服务的受益者。特别是容易受有害气候事件影响的地区，如沿海社区和低地岛屿居民，受益程度会更高。

4. 生态系统服务的提供者

在建立筹备基金前的谈判中，印度尼西亚政府是生态系统服务的提供者，也是因其行动而获得补偿的主体。虽然这是一种国家策略，但在 REDD+框架下，印度尼西亚各省份和地区实体，都可被视为生态系统服务的提供者，并因此获得补偿。

5. 交换条件

建立筹备基金旨在帮助发展中国家做好准备，更好地参与到未来的大规模 REDD+项目中，以此维护其森林生态系统服务。为此，该基金协助缔约方采用国家 REDD+战略，制定参考排放水平，设计检测、报告和验证（MRV）系统，建立 REDD+国家管理机制，包括采取适当的环境和社会保障措施等。参考排放水平是指一个国家当前因森林砍伐和森林退化而产生的温室气体排放量，该国新增的排放量将与该排放量水平进行比对评估，这一参考值通常是被监测地区在指定时间范围内的历史平均值。如果一个国家在实施 REDD+后，碳排放量低于参考水平，那么就可以认为该国实现了减排。而保障措施是指确保减排行动不会损害其他环境或社会价值（生物多样性或当地社区福祉等）的一系列举措。

有意从筹备基金获取资金的国家，先要提交一份筹备计划构想说明（Readiness Plan Idea Note，R-PIN）。该说明是一个模板，它规定了一个国家实施 REDD+项目须满足的最低要求。例如，在印度尼西亚，非法伐木是森林砍伐的主要形式，那么针对印度尼西亚的 R-PIN 就会建议该国大力提升执法力度和合规性，以便开展有意义的 REDD+战略。一旦 R-PIN 获批，下一步就是各国制定其各自的筹备计划，这一计划可以视为项目框架，列出了开展 REDD+项目的具体方法、预算和时间表等。一旦筹备计划获批，各国就有资格拿到筹备资金，着手开展计划中的能力建设项目了。

6. 价值转移机制

各国在申请筹备基金时的相关进展由森林碳伙伴关系基金进行监督。该基金于 2007 年在巴厘岛协议后成立，是一个由企业、个人和政府部门共同组成的全球伙伴关系。尽管筹备基金是个多边组织，资金可以来自多个私人和公共来源，但迄今为止，只收到了各国政府（政府组织）的公共拨款。向筹备基金捐款的实体包括：欧盟委员会、澳大利亚、加拿大、丹麦、芬兰、法国、德国、意大利、日本、荷兰、挪威、西班牙、瑞士、英国和美国。在世界银行作为负责监督这些捐款的受托方情况下，筹备基金自成立以来已收到 3.65 亿美元的承付款项。

截至 2018 年 6 月，印度尼西亚已从筹备基金获得了超过 400 万美元的项目启动资金。从 2011 年起，相关资金已以赠款的形式开始拨付。

7. 监测与验证

在分配资金之前，森林碳伙伴关系基金会审查评估每个国家的筹备计划，重点评估相关计划是否有助于该国在未来实施有意义的 REDD+战略。通过验证该国是否制定了严格的国家 REDD+战略，基金会还将为其设定精确且适当的参考排放水平，并建立相关系统来监测和验证战略实施后所带来的效益。

此外，森林碳伙伴关系基金还会审核，每个计划是否都与民间社会和当地社区进行了充分的沟通协调。如果相关国家在制定和执行其筹备计划和 REDD+战略时，建立了有效的参与性机制，确保相关进程均能与当地社区进行有意义的沟通协调，且当地社区也能从该国的能力建设项目中获益的话，该国就算满足了审核要求。

8. 有效性

筹备基金目前已成功帮助印度尼西亚和其他 36 个国家制定和实施了严格的基础设施准备计划，为其下一步开展 REDD+项目打下了坚实的基础。截至 2016 年 6 月，印度尼西亚的 REDD+战略已最终确定，这意味着该国已成功建立了国家森林监测系统（NFMS），并确定了开展 REDD+的参考排放水平、相关监测、报告、验证机制以及项目保障信息系统（SIS REDD+）。

筹备基金还帮助印度尼西亚找出了森林管理方面的薄弱领域，该国可能没有能力自行解决。具体而言，根据森林碳伙伴关系基金的反馈，该国需要在能力建设和提高地方社区对 REDD+的认知方面继续加大投入，并制定更明确的奖励和绩效制度，以确保在减排方面取得有意义的进展。

虽然上述进程有助于印度尼西亚弥补这些不足，但因为该国尚未提交其实施 REDD+战略的相关成果，所以筹备基金在减少森林砍伐和森林退化方面究竟能起到多大作用，目前还不得而知。

9. 主要经验教训

印度尼西亚 REDD+融资案例强调了启动资金对能力建设的重要性和必要性。印度尼西亚的森林资源已遭到大面积破坏，如果没有这类启动阶段的援助，就不可能在森林管理战略方面取得有意义的进展。主要原因有 3 个：一是腐败现象。二是私人行为者从砍伐森林获取的经济价值。三是主要生态系统服务效益的分散性（虽然诸如防止水土流失等服务可以由国家承担，但碳储存目前还达不到这一点）。对印度尼西亚森林政策的调查也证实了这一理念：在挪威同意为减少森林砍伐项目提供高达 10 亿美元的资金后，该国才在 2011 年暂停发放新的原始森林砍伐许可。然而，值得注意的是，挪威只拨付了上述承诺金额中的约 1.08 亿美元。

由于针对森林碳存储项目的大部分资金都是基于成果拨付的，因此，建立严格的项目制度（就像筹备基金帮助建立的那样）是有效实现和量化减排目标的必要先决条件。

三、案例 2　双边协议——亚马孙基金（挪威-巴西）

1. 问题

南美洲的亚马孙雨林是地球上最大的雨林，生长着 3900 多亿棵树。广阔的森林覆盖面积为 5.5 亿 hm^2，横跨 8 个国家，这也让森林管理变得极其困难，因为很难让各国制定出比较一致的管理方案。不同国家有不同地理特征和政策，这也导致了亚马孙河流域森林砍伐区分布极不均匀，其中大约 80%的森林砍伐活动发生在巴西。1988～2006 年，巴西亚马孙地区的森林砍伐率平均为 18 100km²/a，并在 2004 年达到顶峰。1970～2017 年，约有 768 935km² 的亚马孙森林被砍伐，其中大部分都属于非法砍伐（Butler，2017）。砍伐的主要目的是改种大豆和养牛，这是该国两个重要的收入来源。

2. 生态系统服务

亚马孙地区的巨大体量，决定了它能提供影响全球的生态系统服务。2007 年的一项研究发现，亚马孙河流域储存了约 860 亿 t 的碳，占全世界热带森林碳储存总量的 1/3 以上。据估计，亚马孙河流域的森林每年能从大气中吸收 15 亿 t 二氧化碳。除了吸收温室气体外，树木根系从森林中吸收的土壤水分还回收了亚马孙河流域 25%～50%的降雨，这也是全球大气水循环中的关键部分。

3. 生态系统服务的受益者

数以千万计的人口生活在亚马孙河流域，其中包括 400 多个不同的原住民社区，其中有很多都依靠森林的服务来维持生活。因此，他们也是减少森林砍伐的全球受益者之一，如印度尼西亚案例中的生态系统服务受益者一节所述。

4. 生态系统服务的提供者

在亚马孙基金项目的资助下，巴西政府是负责提供碳固定和碳储存生态系统服务的一方。

5. 交换条件

为了让巴西通过亚马孙基金获得资金拨付，巴西必须先制定一系列举措，以确保其能有效减少温室气体排放。这些举措包括制定国家战略计划，消除森林砍伐和森林退化的驱动因素，解决土地保有权问题、森林治理问题等，并推出相关保障措施。与筹备基金的要求类似，巴西还必须执行国家森林参考排放水平标准，建立强有力且透明的国家森林监测系统，保障 REDD+项目的开展，并设立相关机制，披露上述保障措施的执行信息。此外，巴西还必须提交关于排放量的两年期报告和最新情况总结，并详细说明上述保障措施是如何在 REDD+框架下开展的。

6. 价值转移机制

与上一个案例中谈到的筹备基金不同，亚马孙基金是一个双边支付机制，这意味着巴西与单一捐助者（在本例中是挪威）需要通过谈判签署一项合约（亚马孙基金还由其他多个双边谈判项目所组成，其中包括与德国和巴西石油公司的合约项目）。谈判后，资金转移到管理亚马孙基金的实体——巴西开发银行，并在核实预先确定的结果后开始拨付。截至 2018 年，挪威已向亚马孙基金捐款超过 11 亿美元。虽然这些资金是用于开展森林保护的，但挪威和巴西的合约中并未要求巴西证明其如何使用亚马孙基金的款项。

7. 监测与验证

与其他基于结果的支付计划类似，巴西的减排计划也是参考历史平均值这一参考水平进行评估。然而，根据巴西和挪威之间的谈判，每五年都要在过去五年的平均水平上，设定一个新的参考值，这就要求巴西不断改进相关战略，以更好地处理森林砍伐问题。减排本身是需要独立验证的，但根据合约，巴西推行保障措施的计划目前还没有受到任何监测评估。

在核验了该国的排减量之后，所有相关文件和核验结果都会在利马信息中心公布，该中心是由《联合国气候公约》为提高透明度而开发的一个在线数据库。

8. 有效性

根据利马中心的数据，2006～2010 年，巴西每年成功地减少了超过 5.11 亿 t 的碳当量排放，从 2010～2015 年，每年减少了超过 2.77 亿 t 的碳当量排放，总计减排量达到 61.25 亿 t。迄今为止，巴西是唯一一个向利马中心提交过验证结果的国家。其他国家在证实减排成果后也会将相关信息公布上网。

9. 主要经验教训

巴西的减排大部分得益于制定了严格的政府计划，这些计划由于国际援助的推动更加健全，这也说明了国际协议的重要性，唯有如此才能有效支持缔约方制定出解决森林砍伐问题而非继续破坏森林的国家政策。

巴西在减少森林砍伐造成的温室气体排放方面取得的成功，可以对未来开展其他 REDD+ 项目提供重要的经验教训和借鉴作用。例如，巴西发现 REDD+ 计划在制定农业、林业、基础设施和环境政策等跨部门政策时成效最为显著。通过整合 REDD+ 计划的各项行动，而不是将其彼此孤立，可以迫使各个部门都认真思考其在森林砍伐导致温室气体排放这一过程中扮演的角色，以及各自在缓解这一进程的行动中可以发挥哪些作用（Viana et al., 2012）。另一个关键成果是，为开展能力建设项目提供援助对于 REDD+ 计划的成功实施至关重要。能力建设项目不应局限于帮助建设基础设施，还应包括开展教育拓展活动等，以便帮助当地社区了解相关问题并做出针对性的改变。巴西正是通过推出各种培训班和宣传活动，成功解决了这些问题（Viana et al., 2012）。

巴西的成功经验说明，最有效的 REDD+ 计划都是将工作重点放在了面向社区的森林管理上。通过将熟悉森林的地方和原住民社区纳入管理计划中，能够更好地引导社区居民遵守管理计划，也由此让整个战略变得更加务实和健全。这些调查结果已被用于帮助其他国家（如部分非洲国家，包括喀麦隆、加蓬、中非共和国、刚果民主共和国和刚果共和国等）开展 REDD+ 项目。

四、结　　论

通过 REDD+ 项目案例，我们对条件性的国际援助政策机制有了一定了解。开发机构或国家基金负责提供援助，帮助具有重要森林资源的发展中国家建立有效的地方和国家机构及管理框架，在减少森林砍伐的同时，也能验证相关项目确实能为森林地区带来看得见摸得着的变化。这些REDD+筹备工作表明，定向投资可以在短期内给森林管理带来重大变化。

　　虽然到目前为止，REDD+筹备资金已初见成效，但这种方法还有一个明显的缺陷——如果地方或国家的森林管理方式出现重大变化，那么相关效益就有可能受到影响。因此，关键就在于一旦投资终止，业已减速的森林砍伐是否会卷土重来。因此，要想确保在REDD+框架下长期提供生态系统服务，就需要注意设立相关机构和筹资机制，以确保今后外国投资减少甚至完全停止的情况下，这些机构和机制仍然能持续发挥作用。

主要参考文献

Butler，Rhett. 2017. "Calculating deforestation figures for the Amazon." Last modified January 27, 2017. https：//rainforests.mongabay.com/amazon/deforestation_calculations.html.

Forest Carbon Partnership Facility. 2016. *Carbon Fund Methodological Framework*. https：//www.forestcarbonpartnership.org/carbon-fund-methodological-framework. — . 2017. *Technical Assessment of the Final ER-PD of Costa Rica*. https：//www.forestcarbonpartnership.org/sites/fcp/files/2017/July/TAP%20Report%20version%20post-CF14-%20apr%2025%202017.pdf.

Harwell，Emily. 2009. "*Wild Money*"：*The Human Rights Consequences of Illegal Logging and Corruption in Indonesia's Forestry Sector*. Human Rights Watch. https：//www.hrw.org/report/2009/12/01/wild-money-human-rights-consequences-illegal-logging-and-corruption-indonesias.

Margono，Belinda Arunarwati，Peter V. Potapov，Svetlana Turubanova，Fred Stolle，andMatthew C. Hansen. 2014. "Primary forest cover loss in Indonesia over 2000-2012." *Nature Climate Change* 4，no. 8：730.

Petrenko，Chelsea，Julia Paltseva，and Stephanie Searle. 2016. *Ecological Impacts of Palm Oil Expansion in Indonesia*. Washington，DC：International Council on Clean Transportation.

Saatchi，Susan S.，R. A. Houghton，R. C. Dos Santos Alvala，Joao Vianei Soares，and Yifan Yu.2007. "Distribution of aboveground live biomass in the Amazon basin." *Global Change Biology* 13，no. 4：816-37.

UNORCID （United Nations Office for REDD Coordination in Indonesia）. 2015. *Forest Ecosystem Valuation Study*：*Indonesia*. https：//unredd.net/documents/global-programme-191/redd-and-the-green-economy-1294/forest-ecosystem-valuation-and-economics/14398-forest-ecosystem-valuation-study-indonesia.html.

Viana，Virgilio Mauricio，Andre Rodrigues Aquino，Thais Megid Pinto，Luiza M. T. Lima，AnneMartinet，Francois Busson，and Jean-Marie Samyn. 2012. *REDD+ and Community Forestry*：

Lessons Learned from an Exchange of Brazilian Experiences with Africa. Washington，DC：World Bank.

Voigt，Christina，and Felipe Ferreira. 2015. "The Warsaw Framework for REDD+： Implicationsfor national implementation and access to results-based finance." *Carbon and Climate LawReview* 9，no. 2：113-29.

第三部分　国　家　案　例

第十二章　中国：制定政策以增强
生态系统服务

欧阳志云，宋昌素，克里斯蒂娜·黄，格雷琴·戴利，刘建国，詹姆斯·萨尔兹曼，
孔令桥，郑华，李聪

　　为了应对严峻的环境危机，中国的决策者正在制定新的管理战略，对所有部门和管理机构实施重大改革，以更好地协调经济发展和生态保护之间的关系。这种管理策略旨在通过加强和维持生态系统服务功能提升生态质量，改善人类生计。第一步是在全国范围内开展生态系统调查和评估；第二步是将生态系统服务空间化，确定生态系统服务供给的关键区域；第三步着力于如何更好地保护生态系统服务并评估其供给效果；最后一步是如何将生态系统服务转化为实际有效的政策，比如生态功能区划、生态补偿、生态恢复和生态系统生产总值核算。中国在推进绿色发展方面所做的巨大努力可以总结出四点关键经验：将重大生态问题导向和生态系统服务科学相结合，确立生态系统服务的可持续供给为国家目标，通过政策创新和金融机制使生态系统服务成为主流，需要新的政策机制使当地居民和其他利益相关者参与到保护政策的制定和实施中。

　　近几十年来，经济的高速增长使中国成为有史以来发展最快的主要经济体，同时也遭受严重的生态危机。土地退化、水土流失、土地沙化、水资源短缺、水环境污染等生态问题导致中国的生态系统十分脆弱。由于快速城镇化及自然资源的消耗日益增多，所受的生态威胁在规模和严重程度上都在加剧（Bryan et al.，2018）。野生动物栖息地减少导致生物多样性下降，空气质量和水体质量的下降影响人类健康出现问题。1998年，滥伐森林和水土流失导致长江流域发生特大洪涝灾害，造成数千人死亡，超过1320万人无家可归，以及360亿美元的经济损失，中国政府从政治层面开始意识到生态危机。

　　为解决危机，中国政府意识到必须将中国的发展模式从无限制的经济增长转变为尊重生态承载力的增长。党和政府正在为中国设计一条新的发展道路——提出生态文明建设。生态文明的目标是通过实现人与自然和谐共处，改善人类生计、提升人类福祉。生态文明不只是社会发展的一个哲学设想，决策者也在制定新的

管理战略，对所有部门和管理机构实施重大改革，以更好地协调经济社会发展和生态保护的关系。生态文明吸收融合了中国包容性绿色增长的方法，通过加强和维持生态系统服务功能来提升生态质量、改善人类生计。

　　本章将介绍中国生态系统调查和生态系统服务功能空间化的科学举措，以及在生态功能区划、生态补偿、生态恢复和生态系统生产总值核算中的应用（图12.1），最后总结了如何加强基于生态系统服务保护的经验教训。

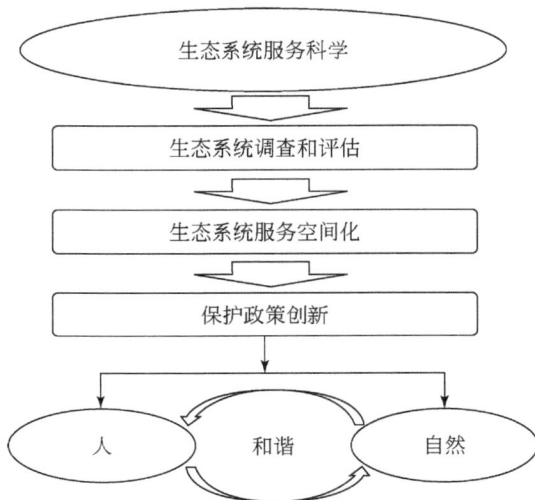

图 12.1　将生态系统服务功能主流化纳入中国政策制定框架图。

一、生态系统调查评估

　　中国生态环境十年变化（2000～2010 年）遥感调查评估工作对中国生态系统服务做了详细的分析，涵盖了中国主要的陆地生态系统（图 12.2）。该调查评估工作由生态环境部①和中国科学院联合开展，中国科学院相关研究机构、生态环境部相关直属部门、各省（自治区、直辖市）生态环境科研技术部门，以及高等院校等 139 个单位的 3000 多名技术人员参与其中，体现了"部院合作、天地一体、全程质控、科学严谨"的特色。调查结合了地理技术和生态技术，用以确定生态系统格局、生态系统质量、生态系统服务和生态问题的现状和趋势。调查评估数据来源广泛：①获取了国产环境卫星和国外卫星遥感数据 20 355 景；②收集整理了 39 个生态系统长期定位站生物物理观测数据［如数字高程数据

　　① 2000~2008 年，为环境保护总局，2008~2018 年为环境保护部。

（DEM）、土壤、水文和气象数据］；③实地调查与核查野外样点 11.45 万个、样方 5333 个；④生物多样性调查和记录；⑤政府部门的评估数据（如荒漠化、土壤侵蚀等）。得到了全国 2000 年、2005 年和 2010 年 3 个年份的生态系统类型与分布，以及植被覆盖度、叶面积指数、净初级生产力、生物量、地表蒸散发、地表温度 6 类生态评估参数。

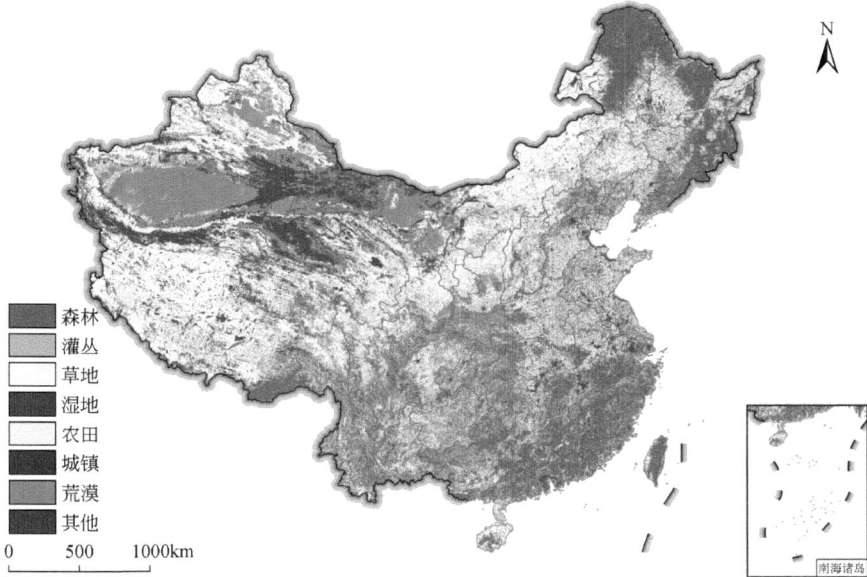

图 12.2　中国生态系统空间分布格局。

调查结果显示，2010 年，中国陆地生态系统中草地面积最大，为 283.68 万 km^2，占土地面积的 30%，其次是森林（20.2%）、农田（19.2%）和荒漠（13.5%），灌丛、湿地、城镇和其他生态系统总共占比 17.1%。2000～2010 年，中国有 19.58 万 km^2 的生态系统类型发生变化，占土地面积的 2.1%。城镇生态系统面积增加 5.5 万 km^2，农田生态系统面积减少 4.8 万 km^2。约有 4.1 万 km^2 的森林、0.9 万 km^2 的灌丛和 2.1 万 km^2 的草地从其他生态系统转变而来，其中大部分（54.6%）来自农田生态系统。除此之外，青藏高原、三峡大坝区域、长江中下游地区和东北平原的湿地生态系统面积有所增加。共有 1.86 万 km^2 的其他各类生态系统转变为湿地生态系统，其中 38.2% 来自农田生态系统，27.5% 来自草地生态系统。

二、生态系统服务空间化

调查评估选择了食物供给、固碳、土壤保持、防风固沙、水源涵养、洪水调蓄和生物多样性的栖息地供给共 7 类生态系统服务（Ouyang et al.，2016）。其中，食物供给数据是由粮食产量转化为热量（kcal）得到［图 12.3（a）］。其他生态系统服务功能由 InVEST 模型（生态系统服务和权衡综合评估的软件模型）和其他生物物理模型评估得到［图 12.3（b）～（g）］。

中国的食物供给功能主要集中在东部平原区（包括东北平原、华北平原和长江中下游平原）和四川盆地［图 12.3（a）］。提供生态系统服务的重点区域遍及全国各地［图 12.3（b）～（g）］，生态系统服务空间化明确了提供生态系统服务功能的关键区域，这有助于在空间规划时确定优先保护的生态区域［图 12.3（h）］。从全国范围来看，仅占土地面积 37% 的优先保护区域提供了全国约 83% 的固碳服务、78% 的土壤保持服务、59% 的防风固沙服务、80% 的水源涵养服务和 56% 的生物多样性的自然栖息地供给服务。

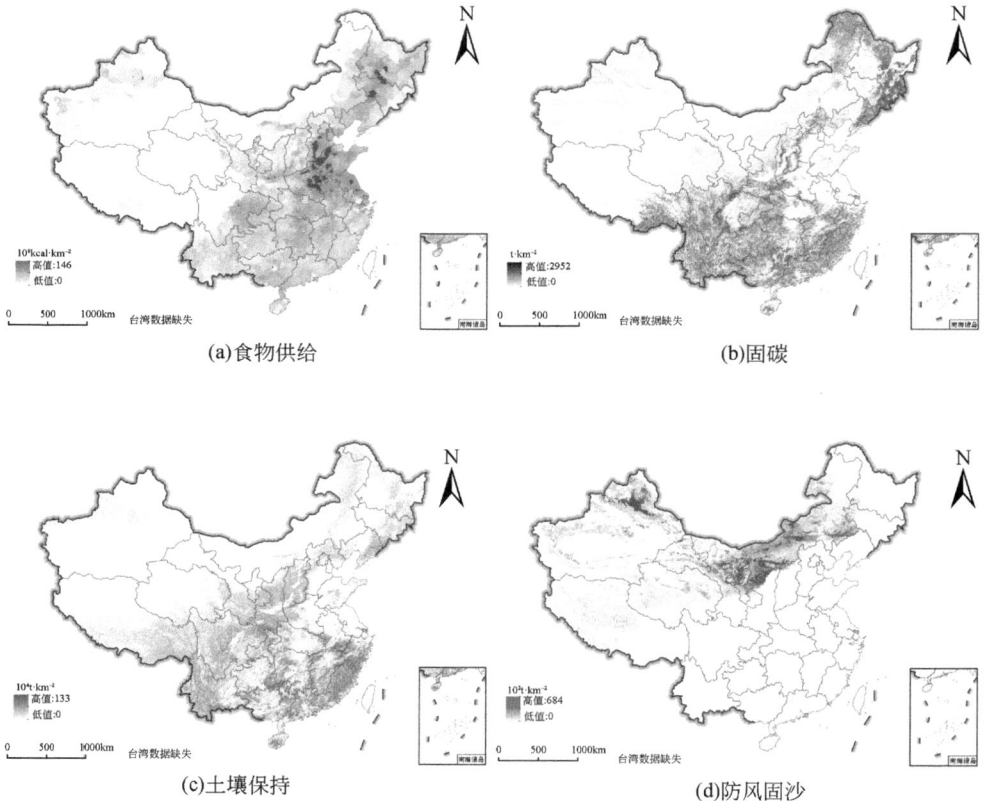

(a)食物供给

(b)固碳

(c)土壤保持

(d)防风固沙

(e)水源涵养

(f)洪水调蓄

(g)生物多样性的栖息地供给

(h)生态系统服务功能相对重要性

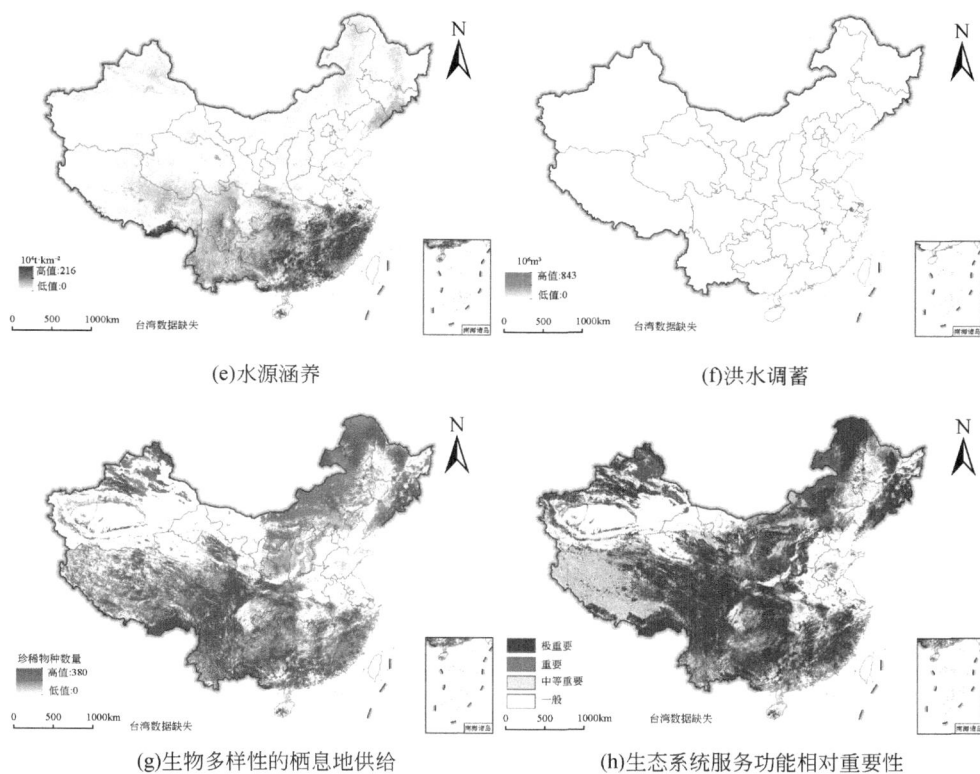

图 12.3　中国生态系统服务功能的空间分布格局。

中国生态系统调查评估对生态保护政策机制成效进行了最新最全面的分析评估。2000～2010 年，中国生态系统变化面积约占土地面积的 2%。其中，增加最多的是城镇生态系统和森林生态系统，减少最多的是农田生态系统。评估结果表明，2000～2010 年，有 6 项生态系统服务增加。其中，食物供给功能增幅最大，为 38.5%；固碳功能、土壤保持功能、洪水调蓄功能、防风固沙功能和水源涵养功能的增幅分别为 23.4%、12.9%、12.7%、6.1%和 3.6%；然而，生物多样性的栖息地供给功能有所下降，降幅为 3.1%（图 12.4）。

三、保护政策创新

基于全国生态系统调查评估和生态系统服务空间特征，尤其是生态系统服务重要性的空间分布格局，提出了一系列新的生态环境保护政策并开始实施。这些政策主要包括生态功能区划、生态补偿、生态保护红线生态恢复和生态系统生产总值核算。

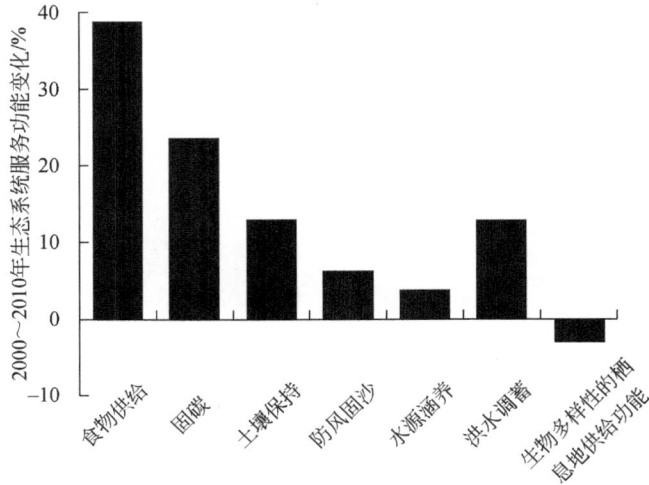

图 12.4　2000～2010 年中国生态系统服务功能变化。

1. 生态功能区划

　　基于生态系统服务空间格局数据结果，原环境保护部和中国科学院于 2008 年发布了历时四年编制完成的《全国生态功能区划》。2015 年，原环境保护部和中国科学院决定以 2014 年完成的全国生态环境十年变化（2000～2010 年）调查与评估为基础，对《全国生态功能区划》进行修编。从全国生态功能区划中确定了 63 个对保障国家生态安全具有重要意义的重要生态功能区（图 12.5）作为保障生态系统服务供给的重要区域。这些重要生态功能区包括水源涵养区、生物多样性保护区、土壤保持区、防风固沙区和洪水调蓄区五类区域（表 12.1，图 12.5）。重要生态功能区总面积为 474.1 万 km^2，约占全国土地面积的 49.4%，提供了全国约 78% 的固碳服务、75% 的土壤保持服务、61% 的防风固沙服务、61% 的水源涵养服务、60% 的洪水调蓄服务以及 68% 的生物多样性的自然栖息地供给服务。这些区域的生态系统是重要的湿地、森林和草地和物种栖息地。

表 12.1　重要生态功能区

重要生态功能区类型	数量	面积（万 km^2）
水源涵养区	20	203.6
生物多样性保护区	25	174.3
土壤保持区	5	39.3
防风固沙区	7	53.1
洪水调蓄区	6	3.8

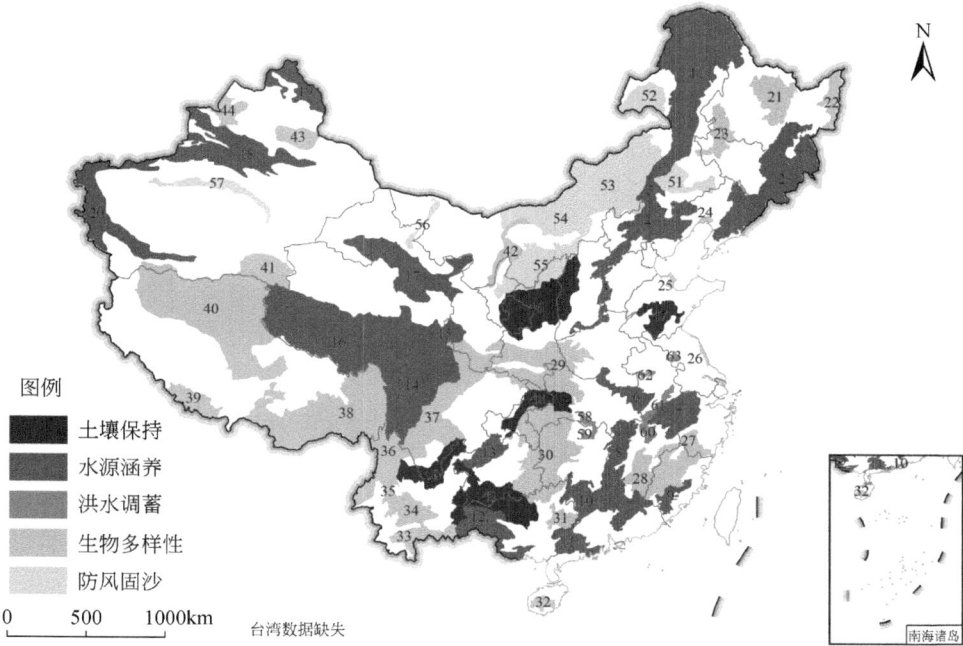

图 12.5　生态环境部根据生态系统服务功能分布确定的重要生态功能区。

　　中央和地方各级政府利用重要生态功能区确定优先保护区域，以保护重要的生态系统服务功能免受城镇化、工业化和农业发展的影响（Johnson，2017）。例如，国务院据此制定了全国主体功能区划——国家层面的区域发展战略，以保障中国构建高效、协调、可持续的国土空间开发格局。在全国主体功能区划中，重要生态功能区属于"限制开发区"，把增强生态产品的生产能力作为首要任务，以保障生态系统服务功能的可持续供给不受经济社会发展影响。

　　联合国环境规划署（2016）曾经盛赞中国的全国主体功能区划是中国治国理政新思路的重要创新点，"这是第一次，一个大国经济体，根据不同地区的主要生态环境状况，指定'主体功能区'管理国土空间开发利用"。

2. 生态补偿

　　中国大多数的重要生态功能区位于偏远农村和山区。在这些地区，当地社会经济发展和人类生活高度依赖自然资源，就业机会十分有限，对工业和农业发展的限制将严重影响当地百姓的传统生计。因此，中国政府已经推出并实施一系列生态补偿措施来促进生态保护，提升当地社区的生计水平。这些生态补偿措施包括天然林保护工程、森林生态效益补偿、重点生态功能区生态转移支付、湿地生态补偿、草原生态补偿和区域间的跨流域生态补偿（Jin et al.，2016）。接下来，笔者将简单介绍重点生态功能区生态转移支付和北京与河北之间的跨流域生态补偿案例（Zheng et al.，2016）。

（1）生态转移支付

为了保证重点生态功能区充分发挥水源涵养、水土保持、防风固沙和生物多样性维护等功能，自 2008 年起，中央财政设立国家重点生态功能区转移支付，补助总额为 60 亿元（合 9.04 亿美元），转移支付以县为单位，共涉及 230 个县。涉及县的数量和补偿金额逐年增加，截至 2017 年，补偿总额增长为 2008 年的 10 倍，达 627 亿元（合 90 亿美元），受益县的数量达到 700 个。迄今为止，中央政府在重点生态功能区转移支付的总投入超过 3000 亿元（合 430 亿美元）。国家重点生态功能区转移支付按县测算，财政部将资金下达到省，省级财政根据本地实际情况分配落实到相关重点生态功能区市县，考虑人口规模、生态系统类型、重点生态功能区的空间分布、自然空间比率和人均收入等因素。省级政府负责实际的资金分配和监管工作，中央政府定期评估转移支付的分配和使用情况，以监督资金转移的有效性。

重点生态功能区转移支付的资金主要从两方面促进社会经济可持续发展：①促进生态恢复和保护工程，②改善涉及民生的基本公共服务（教育和医疗等）。生态转移支付的资金分配由中央政府决定，中央政府将资金下拨到涉及重点生态功能区的相关省份，省级单位根据重点生态功能区县边界将资金分配到相关市县。地方政府利用补偿资金通过以下方式来控制生态退化：①补偿当地为放弃工业生产和经济发展造成的损失；②支持国家自然保护区和国家公园的规划；③为生态恢复项目提供资金；④为保护重点生态功能区的护林员发放工资；⑤制定控制和减少污染的相关措施。根据各市县的实际发展情况，这些资金还可以用于改善基本公共服务，如为学龄儿童提供公共教育、改善医疗服务。

中央政府定期监督地方政府的财政责任绩效，考核其生态系统服务、基本公共服务和扶贫减贫方面的效果，并根据考评结果对转移支付资金实施相应的激励或约束措施。对于因非不可抗因素而导致生态环境状况持续恶化的地区，将暂缓下达转移支付的 20%，待生态环境状况改善后再行下达。对于连续三年生态环境恶化的县区，下一年度将不再享受转移支付，待生态系统服务功能和水质恢复到 2009 年前的水平时将重新享受转移支付。

（2）密云水库流域的"稻改旱"工程

北京是世界上水资源最短缺的城市之一，面临严重的水资源危机，急需解决方案，而生态补偿正是保护其有限水资源的关键战略。密云水库是北京地区生活用水最重要的地表水源地，保障其可持续和清洁的水资源供应是目前面临的主要问题。降水减少和上游的农业用水增加导致密云水库的流入水量有所下降。20 世纪 60 年代的年平均流入量为 13 亿 m³，但是到 21 世纪初，年平均流入量降低至不到 4 亿 m³，降幅近 70%。此外，当时农业面源污染正在破坏密云水库的水质。日益减少的河道流量和日益加重的污染物浓度引起了人们对水污染的高度关注，如果不加以解决，这些威胁可能会毁掉北京最后一个地表水源地。

密云水库提供了北京一半以上的饮用水，但是上游河北省和下游北京市之间的水资源竞争却日益加剧。上游地区农民收入仅为下游地区农民收入的 1/3。在上游地区的农业和工业需水量不断增加时，北京的需水量也因不断增长的人口（当时约有 2100 万人口）和城镇化而持续增加。妥善处理上游和下游相关利益者之间的利益关系，实现社会经济的可持续发展，是密云水库流域面临的最大挑战之一。

自 2001 年以来，北京市和河北省共同启动了"稻改旱"工程，该工程的双重目标是增加产水量、减少污染。漫灌稻田的种植水稻是密云水库流域产水量下降和水体污染的主要原因之一。"稻改旱"项目给农民发放补贴，将水稻田转变为旱地耕种，以增加水资源供给、改善水体净化功能。2006 年，北京市和河北省的承德市、张家口市签署"稻改旱"协议，在密云水库上游实行"稻改旱"工程，以玉米种植取代高耗水的水稻。为了弥补"稻改旱"给村民们造成的经济损失，北京和河北建立了横向的生态补偿机制。2006 年，补偿标准是每亩①每年 450 元，并根据土地的市场使用价值进行调整，2008 年北京市政府将补偿标准提高到 550 元，以保证参与项目的农户家庭收入维持稳定。截至 2010 年，密云水库上游的农户已经将 10.3 万亩全部水稻田改造为旱地耕种。

"稻改旱"项目取得了显著的生态环境效益，增加了水资源供给，改善了水环境质量。项目实施以后，每年的产水量可以增加 1820 万 m³，总氮和总磷每年分别减少 10.36t 和 4.34t，增加的水量为 2000～2009 年密云水库年平均径流量的 5%。种植水稻和玉米的纯收入分别为 8602 元/hm² 和 1501 元/hm²。由此看来，该项目的实施不仅增加了产水量，而且减少了处理总氮和总磷污染的成本。改善水质带来的经济效益为 12 341 元/hm²，总氮和总磷的治理成本每公顷可以减少 46 元。总体而言，"稻改旱"项目得到较高的投入产出比，项目收益超过投入成本的 1.3 倍。

3. 生态系统恢复工程

退化的生态系统占比较大，中国政府在生态系统恢复和生态工程建设方面做出了巨大努力，以提升生态系统服务功能（Zhang et al.，2016）。中央政府在国家和区域尺度上开展了大范围的生态恢复项目，如退耕还林、青海三江源生态保护和建设工程、京津风沙源治理工程、三北防护林体系工程、祁连山生态环境保护与综合治理工程、长江中上游防护林体系工程、青海湖流域生态环境保护与综合治理工

---

① 1 亩≈666.7m²。

程、岩溶地区石漠化综合治理工程等。虽然其中一些项目也得到生态补偿，但是这些项目的主要目标是恢复退化的生态系统，提高生态系统服务功能。在这一部分笔者将主要介绍中国最大的也是最有名的"退耕还林"工程。

几十年来，中国经历了大规模的土壤侵蚀，饱受水土流失的困扰和影响，造成了严重的社会影响和经济财产损失。长江和黄河中上游大规模的森林砍伐导致土壤侵蚀，导致下游更易受到洪水的影响。"退耕还林"工程是一项通过为农民提供粮食和资金补助，将陡坡上的耕地停止耕种、转变为森林和草地的农田置换工程（Liu et al.，2008）。1999 年，四川、陕西、甘肃三省率先启动退耕还林试点，并于 2000 年全面启动（图 12.6）。截至 2013 年，中央政府累计投入 3542 亿元，共完成营造林任务 4.77 亿亩。国家向退耕还林者提供适当的粮食补助、种苗造林费和现金（生活费）补助。在原粮补助方面，长江流域和南方地区、黄河流域和北方地区每亩退耕地每年补助原粮分别为 150kg 和 100kg，或按粮价折算成现金分别为每亩退耕地每年补助 210 元和 140 元。参与退耕还林的农民还可以得到每亩退耕地每年 20 元的生活补助费及每亩退耕地和宜林荒山荒地 50 元的种苗造林费。补助年限取决于农田置换类型，还草补助按两年计算，还果树等经济林补助按 5 年算，还松树、刺槐等生态林按 8 年算。按照规定，只有还林还草成活

图 12.6　中国"退耕还林"工程的空间分布。

率在 85% 以上的退耕还林户才能获得补贴，在实践中这个成活率标准可以根据当地实际情况进行调整。截至目前，全国 25 个开展"退耕还林"工程省区和新疆生产建设兵团的 2279 个县（市、区）、3200 万农户、1.24 亿农民直接从"退耕还林"工程建设中受益，工程建设取得了显著的生态效益、经济效益和社会效益，这也使"退耕还林"工程成为全球最大的生态补偿项目之一。

"退耕还林"工程的目标主要包括两方面：一是减少土壤侵蚀，二是通过拓展农户增收致富门路开展扶贫工作。"退耕还林"工程采用自上而下的方式设定保护目标和综合管理模式，由各省的地方政府自行实施管理工作，在这个过程中农户是自愿选择加入项目的，农户会因为提供和改善生态系统服务而得到补偿。项目实施的主要目的是补偿农户因停止耕作造成的经济损失，弥补将农田转换为森林和草地的机会成本，从而提升生态系统提供生态系统服务的能力。"退耕还林"项目由国家林业和草原局负责实施，资金由财政部管理。国家林草局制定国家和省级的植树造林活动，然后将土地配额分配到各省级政府，省级政府将目标任务分配给县和乡镇政府，然后再由其分配给参与的农户。通过签署责任协议，地方政府需负责完成国家林草局的目标和任务。

"退耕还林"项目已经在增强水源涵养和土壤保持功能方面取得明显成效。例如，科学评估显示，2000～2005 年湖南省的土壤侵蚀减少 30%，地表暴雨径流减少约 20%；项目使长江和黄河流域的泥沙淤积减少 22%。同时，工程的实施还通过稳定表层土壤改善了土壤结构、组成和有机质的等理化性质。在陕西省吴起县柴沟流域，"退耕还林"工程区地块的土壤含水量比非工程区内的地块平均高 48%，工程也提升了水源涵养功能，减轻了荒漠化。在甘肃民勤县，植被增加使地表风速降低 30%～50%，湿度增加 15%～25%，同时减少了空气中的粉尘。总体看来，过去十几年中"退耕还林"工程显著提升了中国森林和草地的质量。

4. 生态系统生产总值核算

几十年来，中国政府的绩效考核是以 GDP 为核心进行衡量的。这使中国经济获得前所未有的发展，但是这完全不利于生态系统保护。为了使政策制度与生态保护接轨，中国政府提出生态产品和生态服务价值化，建立自然资源负债表等举措，生态系统生产总值（GEP）核算就是用来评估生态保护工作和政策成效与进展的综合指标。GEP 是一定区域的生态系统为人类生存与福祉提供的最终产品和服务的价值总和，生态产品和生态服务的价值量等于单价乘以其功能量。与 GDP 一样，GEP 是一个核算指标而不是一项经济福利措施（图 12.7）。

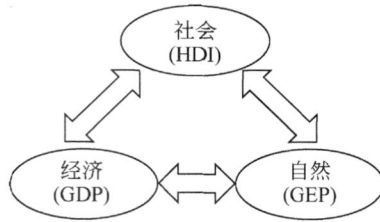

图 12.7　中国正在建立生态产品和服务价值核算体系——生态系统生产总值（GEP）。

　　人类社会与其赖以发展的生态环境构成了经济–社会–自然复合生态系统。为了核算人类经济活动的成果，建立了国民经济核算体系，以"国内生产总值"（GDP）为主要核算指标，用来衡量一个国家或地区在一定时期内生产和提供的最终产品和服务的总价值。为了评价社会发展水平，广泛应用的有"人类发展指数"（HDI），该指数综合健康、教育和生活水平三个方面，对一个国家或地区的经济社会发展的综合状况进行评价，联合国开发计划署每年发布报告。但对生态系统为人类生存与发展提供的支撑作用与福祉，尚缺乏普遍接受的核算指标以及与国民经济统计相匹配的核算制度。建立 GEP 旨在形成一套与国内生产总值相对应的、能够衡量生态状况的独立评估与核算体系。GEP 核算采用"千年生态系统评估"框架对生态系统服务进行分类，包括尽可能多的生态系统服务，以保证决策者的使用和实施。GEP 这个考核指标及其核算方法是一个全新的探索，是对现有考核制度的一个有益补充和完善，但还并非成熟完善的标准体系。就像 GDP 在首次提出后的几十年内不断改进完善一样，随着监测数据的完善和研究的深入，GEP 核算也会日臻成熟。

　　GEP 核算的第一步是统计生态系统在一定时间内提供的各类产品的产量、生态调节功能量和生态文化功能量，如生态系统提供的粮食产量、木材产量、水电发电量、土壤保持量、污染物净化量等。第二步是确定各类生态系统产品与服务的价格，根据生态系统服务功能类型，采用不同的定价方法，农产品、林产品和渔业产品等产品提供的价值主要用市场价值法核算，这些产品的市场价格比较容易获取；有一部分服务通过政府制定的政策进入市场从而产生价格，比如固碳功能可以采用碳市场交易定价；然而很多生态系统服务不在市场交易范围内而缺少价格，尤其是调节服务产品，主要用替代市场法和假想市场法进行定价，比如水质净化的单价可以采用污染物处理成本进行替代；文化服务产品价值使用旅行费用法。在生态系统产品与服务功能量核算的基础上，功能量与单价的乘积即为生态系统产品和服务的价值量，将各项服务的价值量相加便可以得到生态系统生产总值 GEP。这就提供了一个与 GDP 类似的核算技术易于操作、数据可获得的通用考核指标。

GEP 的概念、核算和发展依赖于各方合作伙伴的共同努力，已经得到了相关部门的认可和支持。比如，世界自然保护联盟（IUCN）和中国科学院生态环境研究中心在"生态文明建设指标框架体系国际研讨会"上，对生态系统生产总值（GEP）进行了进一步的界定，以确定一个将 GEP 和 GDP 联结起来的可行性方法。自 2014 年以来，GEP 核算已经得到中国政府和亚洲开发银行等多边组织的广泛认可和大力支持（Ouyang et al.，2017）。目前开展的试点地区包括青海、海南、内蒙古、贵州 4 个省（自治区），10 个地级市（州、盟）（深圳市、丽水市、抚州市、通化市、黔东南苗族侗族州、兴安盟、甘孜藏族州、普洱市和鄂尔多斯市）以及上百个县级市（区）（如阿尔山市、习水县、顺德区、屏边县和峨山县等）。

四、经验总结

中国在推进绿色发展方面所做的巨大努力可以提供四点关键经验。

1）将生态问题导向和生态系统服务科学相结合。20 世纪 90 年代以来，中国面临着日益严峻的水资源短缺、野生动物栖息地丧失，以及生态系统退化引起的洪水、沙尘暴等自然灾害的挑战。在此期间，生态系统服务概念及其评估方法蓬勃发展，并成为研究热点，这为中国确定保护区域提供了理论基础和科学指导，评估生态系统服务的科学已经成为保护政策制定和创新的关键。

2）确立生态系统服务的可持续供给为国家目标。自 2005 年以来，中国明确了保护生态系统的目的就是确保生态系统服务的可持续性供给。优先考虑将水源涵养、土壤保持、防风固沙、洪水调蓄和生物多样性保护等生态系统服务的可持续供给作为国家和民族的目标。同时还要求资源开采和土地开发不能以牺牲生态系统服务为代价。

3）通过政策创新和金融机制使生态系统服务成为主流。中国首先在全国范围内开展综合性生态系统调查和评估，然后对生态系统服务进行空间化，并据此确定生态系统服务重要性高的区域为重要生态功能区，最后根据以上研究成果，中国政府制定并实施了一系列生态系统服务保护政策，包括生态补偿和生态转移支付、生态系统恢复工程、区域生态合作，及以生态系统服务产出为基础的新型生态绩效考核评估机制——生态系统生产总值（GEP）核算。

4）管理者对政策创新和金融机制的需求。目前，中国在生态系统保护方面仍然面临很大的挑战。中国许多地区的生态系统质量和生态系统功能仍然低下，水土流失、土地沙化、自然湿地退化、滨海湿地等野生动物栖息地减少等问题依旧突出，尚未得到解决。这需要继续出台相关生态系统保护政策帮助当地居民消除贫困。为了确保政策的有效实施，当地居民和其他利益相关者共同参与保护政策的制定与实施至关重要。

主要参考文献

Bryan, Brett A., Lei Gao, Yanqiong Ye, Xiufeng Sun, Jeffery D. Connor, Neville D. Crossman, Mark Stafford-Smith et al. 2018. "China's response to a national land-system sustainability emergency." *Nature* 559, no. 7713: 193-204.

Jin, L., et al. 2016. *Advances of China Eco-Compensation Policies and Practices in All Sectors*. Beijing: Economic Science Press.

Johnson, Christopher N., Andrew Balmford, Barry W. Brook, Jessie C. Buettel, Mauro Galetti, Lei Guangchun, and Janet M. Wilmshurst. 2017. "Biodiversity losses and conservation responses in the Anthropocene." *Science* 356, no. 6335: 270-75.

Liu, Jianguo, Shuxin Li, Zhiyun Ouyang, Christine Tam, and Xiaodong Chen. 2008. "Ecological and socioeconomic effects of China's policies for ecosystem services." *Proceedings of the National Academy of Sciences* 105, no. 28: 9477-82.

Ministry of Ecology and Environment of the People's Republic of China. 2015. http: //www.mee.gov.cn/gkml/hbb/bgg/201511/t20151126_317777.htm.

Ouyang, Zhiyun, et al. 2017. *Developing Gross Ecosystem Product and Ecological Asset Accounting for Eco-compensation*. Beijing: Economic Science Press.

Ouyang, Zhiyun, Hua Zheng, Yi Xiao, Stephen Polasky, Jianguo Liu, Weihua Xu, Qiao Wang et al. 2016. "Improvements in ecosystem services from investments in natural capital." *Science* 352, no. 6292: 1455-59.

United Nations Environment Programme (UNEP). 2016. *Green Is Gold: The Strategy and Actions of China's Ecological Civilization*. Geneva, Switzerland: UNEP.

Zhang, Ke, John A. Dearing, Shilu L. Tong, and Terry P. Hughes. 2016. "China's degraded environment enters a new normal." *Trends in Ecology & Evolution* 31, no. 3: 175-77.

Zheng, Hua, Yifeng Li, Brian E. Robinson, Gang Liu, Dongchun Ma, Fengchun Wang, Fei Lu, Zhiyun Ouyang, and Gretchen C. Daily. 2016. "Using ecosystem service trade-offs to inform water conservation policies and management practices." *Frontiers in Ecology and the Environment* 14, no. 10: 527-32.

第十三章 哥斯达黎加：将自然资本价值纳入主流

阿尔瓦罗·乌曼·奎萨达

哥斯达黎加曾一度因为森林砍伐率屡创纪录而受到关注，如今却因其瞩目的生物多样性和长期保护举措而广为人知。20 世纪 90 年代初以来，该国建立了完善的国家公园和保护区体系，其中有很多被列为世界遗产地。通过推出各种财政奖励机制，哥斯达黎加为生物多样性保护和森林管理投入了大量的财政资源。值得注意的是，跟其他国家相比，哥斯达黎加更广泛地采用债务-自然互换方式，互换的债务涉及商业债务和与其他国家的双边债务。该国在理论和实践方面首创的其他创新机制还包括：鼓励再造林的税收减免、禁止毁林及著名的国家级生态系统服务付费（payment for ecosystem services，PES）计划。简而言之，哥斯达黎加已有效扭转了森林退化趋势，目前正在推行净植树造林，同时在经济、卫生、教育和其他社会福祉方面也有诸多改善举措。整体来看，该国 27% 的土地处于受保护状态，同时有 20%（超过 100 万 hm^2）的土地都有一段时期处于 PES 计划覆盖下，以鼓励保护和恢复自然环境，实现广泛的自然效益。随着时间的推移，这些政策和金融机制取得了长足的发展，也有一部分机制差强人意，已重新设计或完全停止，但这些机制一同构成了该国相关文化演变中的关键一环，并在不断进步。今天，该体系的有效性主要可以归功于它在确保生态安全，以及在农村和原住民的土地与生计方面带来了许多相互补充、相互作用的影响力。全世界对这一体系的关注，其实可以追溯到许多其他国家根据自身情况做出的政策调整。

哥斯达黎加在很多方面都是独一无二的。其中有一个关键的地理因素——该国位于南北美洲大陆之间的狭窄大陆桥地区。哥斯达黎加地形崎岖，拥有海拔高达 3800m 的山脉。该国同时存在两个截然不同的季节，这也造就了极其多样的生物栖息地。哥斯达黎加的生物多样性在美洲和整个热带世界都很突出。虽然陆地面积只有 5.1 万 km^2，该国却拥有地球上已知的所有动植物中 5% 的物种。

哥伦布在 1502 年第四次远航时抵达了现在的利蒙港。他对当地丰富的黄金储量印象深刻，于是将这块土地命名为"哥斯达黎加"。尽管该国有一些金矿床，但采矿活动早已禁止，哥斯达黎加人意识到，真正的财富在于它所拥有的"绿色黄金"——生物禀赋。这种价值观和态度的改变来之不易，经历了很长时间的演变才逐渐深入人心。

在 16 世纪 20 年代初期，当第一批西班牙殖民者和定居者来到哥斯达黎加时，他们发现了横跨大陆的天然森林。在哥斯达黎加西北部的尼科亚半岛，原住民部落广阔的固定农田与干旱森林相互交织。在较湿润的地区，农业系统的转移已经很普遍，他们的共同特点是允许森林重新生长。

西班牙殖民者的到来也带来了新的疾病，导致当地人口锐减。随着拉丁文化逐渐开始主导哥斯达黎加的大部分地区，当地文化中的农业传统遭到抛弃。这一过程发生在该国除塔拉曼卡南部山脉（现在的阿米斯塔德国家公园）外的大部分地区，因为西班牙人无法征服当地的原住民部落。

在西班牙人到来之前，哥斯达黎加的人口据估计有几十万（大致接近 50 万）。之后，土地不断被侵占，疾病开始蔓延，给当地带来了灾难性的影响，原住民人口在 1569 年减少到约 17 000 人，到 1801 年则减少到约 8000 人。由于当地人主要生活在内陆的山谷和高原上，一直与外界隔绝，生活贫苦，也是人口不断减少的原因之一。

到了 19 世纪中叶，肥沃的中央山谷几乎被完全占领，殖民者迁入森林。一波又一波的定居者和移民摧毁了该国大片的森林，一种新的文化开始出现。在农村人口中，"边疆心态"也一直持续到近几十年。关于热带森林有两个神话传说——森林是农民的敌人，以及生长着茂密森林的土地才是最肥沃的。此外，大多数的热带国家都要求"改善土地"（即移除森林植被），以获得土地的合法所有权。

在这块土地肥沃的火山土壤上发展咖啡农业，对土地定殖产生了重大影响。到 19 世纪 50 年代中期，哥斯达黎加开始向欧洲出口咖啡。市场的渗透引起了重大的社会变革，也开启了哥斯达黎加融入全球经济的进程。传统的咖啡种植园保留着遮阴用的大树冠，并种植了大量的固氮树种，因此，种植咖啡对生态的总体影响没有新无树冠品种和种植方式的影响那么大，但后者已逐渐取代了一些旧的种植园。但现在许多生产商又回归了传统的种植体系，并通过公平贸易或有机市场来销售咖啡。

哥斯达黎加的森林覆盖率经历了巨大的变化，从西班牙人到来时的近 95%下降到 1950 年时的 70%，到 20 世纪 80 年代末又下降到 30%以下。1940～1980 年，哥斯达黎加的森林砍伐速度极快，每年达到 1%以上，成为拉丁美洲森林砍伐率最高的地区之一。

这种大规模的环境变化是国内政策、国际市场和政治压力共同作用的结果。在森林砍伐的早期，由于宽松的土地所有权和廉价的信贷，森林迅速转变为农业或畜牧业用地。20 世纪 70 年代，连世界银行也向哥斯达黎加提供了扩大养牛产量的信贷，牛肉和咖啡、香蕉等其他出口作物在国际市场上的高价也助推了这些政策加速毁林的趋势。

全国公路网的发展对森林砍伐也产生了很大的影响。新的道路建成后，森林砍伐活动随即展开，新道路附近的森林在五年内消失殆尽。20 世纪 50 年代美洲公路建成时，佩雷斯-泽莱登地区及其西南部的邻近山谷皆是如此。

关键在于，森林所有者认为种树没有什么价值，法律和体制结构则强化了这种观点。树木不像牛或拖拉机那样的资产，人们可以去银行借贷这些资产。树木不能作为抵押品，只有变成木材以后才具有价值。伐木者为了每公顷森林里寥寥无几的珍稀树木，便对其余森林进行了大规模的破坏性砍伐。

20 世纪 80 年代出现了一些显著的变化，终止了这一趋势。中美洲战争造成的政治和经济不稳定，以及全球肉类、糖和咖啡市场的崩溃，导致重要农业和畜牧业用地遭到遗弃。与此同时，哥斯达黎加已经开始制定保护政策，比如建立国家公园和保护区。人们开始通过紧急保护运动呼吁变革。

一、哥斯达黎加开始制定保护政策

早在 19 世纪中叶定居者占领中部山谷的大部分地区之后，人们就开始意识到有必要保护哥斯达黎加难得的自然资源了。早期的法令引入了不可分割区域的概念，即不能私有的土地都应当予以保护。

1913 年，波阿斯火山的火山口和火山湖受到保护。1945 年，"国家公园"这个词第一次出现在哥斯达黎加的立法中。这部法律宣布，未来泛美高速公路两侧 2km 范围内都将受到保护。1955 年，立法通过了创立旅游研究所的提议，并赋予它建立和维护国家公园的权利。同时，该法还宣布，距离火山口 2km 半径范围内的区域均属国家公园的范围。

然而由于缺乏资源，这些早期措施并没有得到很好的执行。例如，泛美高速公路附近的橡树林仍然在几年内就消失了，大部分都被当地居民砍去烧炭。然而保护国家公园的呼声不断高涨，1969 年新颁布的林业法设立了国家公园管理局。

建立和管理国家公园及保护区的努力得到了后来所有政府的支持。何塞·菲格雷斯执政期间（1970～1974 年）开始申报部分国家公园项目，包括卡瓦塔、圣罗莎、波阿斯、伊拉祖、曼努埃尔·安东尼奥和林科·德拉维耶亚国家公园，以及哥斯达黎加唯一的考古公园——瓜亚博国家纪念碑。丹尼尔·奥杜伯执政期间（1974～1978 年）赋予了国家公园管理局更强的独立性，并增加了一些重要的新园区，包括巴拉·汉达、奇里波、科科瓦多、托尔图盖罗和布劳利奥·卡里罗，以及希托伊·塞雷尔、卡拉拉和坎诺岛保护区。罗德里格·卡拉佐政府（1978～1982 年）则继续推进了这类政策，新增了科科斯岛、帕罗·维尔第和拉阿米斯塔德国家公园。

1978 年发生了两件大事。一是政府成立了国家公园基金会。根据哥斯达黎加法律，该基金会作为私人实体运作，由创始人、政府代表和基金会所在市政府代表来任命三名成员。由于基金会是政府创建的，基金会五分之四的成员由政府掌控。设立国家公园基金会是众多基础性环保政策之一。

二是哥斯达黎加启动了一项财政激励计划——由国家通过减税来支付再造林的费用。森林覆盖的减少是当时最重要的生态问题，于是政府决定支持再造林计划。该计划允许相关纳税人购买再造林合同以换取减税资格（第一年减 50%，接下来四年减剩下的 50%）。森林企业家得以购买土地、重新造林并减税出售。作为回报，他们可以保留土地和树木。不幸的是，由于买家只对减税感兴趣，而且在第一年就可以扣除一半的税款，导致许多种植计划失败。

路易斯·阿尔贝托·蒙格执政期间又增加了一些保护区，如拉塞尔瓦，该保护区将布劳利奥·卡里略国家公园延伸至北部平原和帕夸尔河流域，受水电开发威胁的某个主要的景点就位于这一区域。在此期间，美国国际开发署（USAID）开始在自然资源领域大展拳脚，其在林业方面开展的第一个项目就包括通过补贴信贷来吸引农民重新造林。

通过持续的努力，哥斯达黎加的国家公园与保护区体系和储备金保护了该国自然和文化多样性最突出的区域，这一体系的核心就在于超过 6000km^2 的国家公园和自然保护区（占该国国土面积的 12%）。此外，还有 15%的区域分属不同的保护类别，包括森林保护区、保育区、野生动植物保护区和原住居民保护区等。由国家牵头的这项重要保护工作，是对此后制定的生态系统服务付费政策（PES）的补充。

二、设立环境能源部

1986 年，在奥斯卡·阿里亚斯总统任期内（1986～1990 年），哥斯达黎加成立了自然资源能源和环境部，这是一个重要的政治里程碑。原隶属于农业部的国家公园和所有与森林和野生动物相关的机构，由此合并到新的环境能源部（MINAE）。哥斯达黎加历史上第一次在内阁层面确立了生态环境的地位，这也是该国保护环境、启动可持续发展的重要政治胜利。在前一届政府结束时还通过了一项新的林业法，该法随着新的环境能源部的设立而生效。

新政府还启动了一项参与性进程以制定国家可持续发展战略，将保护地体系分散并区域化，建立新的保护资金机制，吸引新的双边捐助方，设立国家生物多样性研究所，并率先推出了瓜纳卡斯特国家公园项目，设立了阿雷纳尔国家公园。

1986 年，奥斯卡·阿里亚斯政府履新时，财政补贴造林计划已经失控。财政部曾抱怨说，他们直到人们提交纳税申报表之后才知道最终会减免掉多少税收，该计划的规模当时已经高达 10 亿克朗（1000 万～2000 万美元）。

与此同时，新成立的环境能源部也意识到，通过财政补贴来支持再造林从一开始就是个错误。首要任务应该是保护现有的森林，而不是让部分富人或公司从这一计划中受益。然而，当前仍有必要重塑再造林文化，并制定政策让植树和森林具有商业价值。

新方案的制定迫在眉睫，重点将放在小型土地所有者和农民组织上。财政部继续支持这项计划，但他们会提供一笔用于支持合作社或农业中心这类组织的预算金额，这类组织的成员将成为新命名的 CAF 认证（法律新引入的一种林业证书）受益人：提前提供资金给农民和农场主种树。项目允许的最大种植面积为 5 公顷，优先考虑小型土地所有者。

当哥斯达黎加 1988 年开始尝试债务-自然互换计划时，这一举措得到了相当大的支持。该机制始于 20 世纪 80 年代末，当时发展中国家的债务由商业银行持有，然后在二级市场折价出售。在典型的交易中，捐赠者（私人、非政府组织或发达国家政府）会以相当大的折扣买入债务，然后到受援国政府的中央银行将其兑换成当地货币债券或未来偿付（以当地货币）。这一想法的初衷是让相关各方都能受益——国家减少了债务，项目获得了地方资金，捐助者扩大了自身影响力。新的一批保护区由此得以设立。

在推行了最初一波的商业债务-自然互换计划后，这一机制被多个捐助国采用，他们将其与自己的双边债务一起搭配使用。例如，美国通过了一项热带森林保护法案，允许用债务换取生态保护。哥斯达黎加成为从这一法案中受益最多的国家。今天，发展中国家的债务超过 1 万亿美元，因此，这一机制在全世界范围内仍具有巨大的应用潜力。

通过这一新机制，哥斯达黎加还吸引了两个新的双边捐助者：瑞典和荷兰。他们为两个最大的商业债务-自然互换项目提供了资金，瑞典的债务互换流向了瓜纳卡斯特国家公园，而荷兰的债务互换则流向了一个基金项目，主要负责为森林管理和再造林提供资金，这对政府提供的资源也是极大的补充。约有 1200 万美元现金的捐款和赠款被用于购买哥斯达黎加国内面值相当于 7500 万美元的商业债务。作为交换，中央银行返还了 3500 多万美元流动性很强（成熟期短）的地方货币债券。捐赠者的捐款由此几乎翻了三倍，而政府也减少了外债。

三、从森林补贴政策向生态系统服务付费（PES）转变

哥斯达黎加尝试过使用各种各样的金融工具，包括软贷款、财政激励计划、CAF 林业证书以及限制森林许可证和促进可持续林业等措施。1985 年，中央银行

批准了一项即将发展可持续林业公司的债券-自然互换项目。尽管实施了各种各样的激励措施，但在阻止毁林和鼓励重新造林方面取得的成效有限。尽管如此，这些早期的激励措施还是提供了宝贵的经验和教训，也为生态系统服务付费（PES）计划的制定铺平了道路。

新的 7575 号《林业法》于 1996 年获批，引入了新的机制和手段。首先，该法禁止转换林地用途，处罚从罚款变为监禁，有效地降低了森林转换为牧场或农业用途的机会成本。其次，引入了用于保护森林、可持续管理森林或实施再造林项目的偿付机制，有效地为 PES 计划打下了基础。

林业和生物多样性法律中，使用了"环境服务"一词，7575 号《林业法》界定义了四种环境服务类型：

1）碳固定、捕获和长期储存。
2）水文服务，清洁、稳定水源的供给，河流流域保护。
3）生物多样性保护和可持续利用。
4）美景和审美价值。

通过 7575 号法律授权，PES 计划由国家林业融资所于 1997 年开始运作。该机构也是管理 PES 系统的主要机构。

该系统以土地为基础，由国家林业融资所与私人森林所有者（优先针对拥有明确土地所有权者）签订五年期合同，承诺维护现有森林或进行再造林或可持续林业项目。森林工程师每年会监测一次遵守情况。

作为回报，土地所有者将生态系统服务的"权利"让渡给国家林业融资所，后者则充当这些服务的批发中介。最初，人们预计国际碳市场将迅速发展，国家林业融资所持有的碳信用可以在国际市场上出售。然而，这一预期最终落空，哥斯达黎加只向挪威出售了 200 万美元的碳额度以刺激私人碳市场。

四、PES 的结构与设计：制度架构和配套政策

PES 计划是按先到先得的原则开展的，目的是让人们签字，所以在第一阶段没有设定目标。世界银行的贷款和全球环境基金（GEF）的赠款是一个重要的支持来源，目的是拓展和补充政府提供的资金。政府的支持则主要来自国家林业融资所负责管理的 3.5% 的燃料税。世界银行会提供一笔名为生态市场 II 的结构类似的后续贷款，就生物多样性走廊的建设目标提供咨询意见，并采用了水的差别付费。

国家林业融资以现有的非政府组织、合作社和区域农业文化中心为中介，与个人土地所有者取得联系，这些中介机构为项目提供技术援助和监测。该计划从一开始就实行区域化实施，由国家林业融资所在全国设立七个办事处，处理和决

定从财政部获得资金的个人申请。2009 年，哥斯达黎加总审计长下令将国家林业融资所直接纳入政府部门。

超过 80%的 PES 资源主要用于森林保护和再造林。在哥斯达黎加环境能源部决定可持续林业应在没有补贴措施的情况下盈利后，可持续林业方案就没有再继续实施了。

PES 计划项目受到了广泛的关注，因为它过去是、现在也仍然是唯一的国家级项目。PES 采用的方法在研究者和学术界引发了广泛的批评和争议。有人认为这是一个多余的举措，缺乏明确的重点，有人认为它在制止森林砍伐方面没有价值，还有人则认为鉴于目前较低的执法水平，有必要保持森林的生态位（Porras et al., 2013）。

有一个重要事实我们不能忘记，那就是 PES 计划并非一个单独的举措，而是与其他附加政策协同合作的。最重要的一点是，建立国家公园和保护区制度最初是通过法令推行的，后来得到了国会的批准。哥斯达黎加已投资数亿美元，用于购买国家公园界内的私有土地并建立公园管理系统，这一举措已公认为全球最佳实践之一。

第二项附加政策是禁止将土地用途从林业改为牧场和农业用地，此外还有一个配套政策则与私人保护区的建立有关。哥斯达黎加有 200 多个私人保护区，一个赫赫有名的案例是蒙特威尔德保护区，这些保护区都是私人所有的，由美国教友会在 1954 年创建。该地区得到了瑞典儿童和各方的大力支持，由私人捐款建立，如今由非政府组织运营。

第三个关键的附加政策是禁止开展可持续林业，并决定在保护区内开展教育、科研和旅游活动。要想衡量这些措施的相对重要性并不容易，因为这些措施都有助于减缓并最终扭转毁林的进程。因此，我们不能孤立地审视 PES 计划所产生的影响。

PES 计划最初只是一个试验，当何塞·菲格雷斯（José Figueres）执政时期（1994～1998 年）同意为 PES 计划征收 5%的燃料税（后来降低到 3.5%）时，出现了一个政治窗口机会。哥斯达黎加财政部的支持也非常难得，这笔资金超过了它对世界银行贷款的对应捐款。尽管这项税收无法被视为正式的碳排放税，但它可以算得上一个很好的替代品。它还有一个额外的优势，即收入用于森林保护和再造林，在这个意义上它是独一无二的。

PES 计划一直是关注、分析和批判的对象。这不是研究人员从头开始设计的程序，而是一个政策和制度方面的实验，会随着时间的推移而发展，自 20 多年前成立以来逐渐确立其关注的重点。

哥斯达黎加热带森林砍伐的逆转是许多政策共同作用的结果。自 20 世纪 80 年代初以来，PES 计划在各国政府的政治支持下发挥了关键作用，这种持续性是至关重要的。毫无疑问，这一成就为墨西哥和厄瓜多尔等其他国家也树立了榜样。80 多个国家已经向哥斯达黎加派出了科研人员来研究这一工作。

五、PES 计划项目融资及其影响

该计划的资金主要来自政府，包括专项税收（3.5%的燃油税，根据实际油价大致相当于每年 1200 万～1600 万美元）和总额超过 8000 万美元的两项世界银行贷款，以及全球环境基金和德国合作银行的大额投入。哥斯达黎加是唯一一个用贷款资助这一项目的国家。

此外还有从 2006 年税收增加时开始征收的水费（其中 25%的水费将用于开展具有战略意义的流域 PES 计划），以及来自私营部门的投入。有一家市政水务公司将 PES 计划纳入其成本构成，并实际向客户收取费用。一些私人水电项目也有投入，但只有约 3%的项目是由私人资金资助的。

如今，哥斯达黎加国家林业融资所（包括继续管理 PES 计划的地区办事处）共有约 90 名员工，是隶属于哥斯达黎加环境和能源部的一个分权机构。

该所直接与哥斯达黎加财政部合作，有能力获得其他国际资金来源，也可以自行募集资金。这是通过生态市场 II（Ecomarkets II）计划实现的，该计划包括一个创建环境基金会（FUNBAN）的条款，使其能够像可持续生物多样性基金（Sustainable Biodiversity Fund）那样募集资金。

国际碳市场是哥斯达黎加国家林业融资所的一个重要目标，最初与挪威的 200 万美元交易发展成为了"经认证的碳补偿（CTOs）"，那时碳信用是广为人知的概念。这些 CTOs 在芝加哥气候交易所（Chicago Climate Exchange）上市，但从未被售出过。由于官方市场未能发展，国际碳市场令人失望。同时，因为在气候谈判中，林业问题变得非常复杂，所以不可能进行官方交易，而且市场自愿提供的价格也非常之低。事实上，哥斯达黎加的国内价格据估计接近 8 美元/t 二氧化碳（Porras et al.，2013），基本一直超过自愿国际碳市场价格近 50%。REDD+市场与哥斯达黎加 PES 计划所能提供的产品一致，但也未能最终实现交易。

PES 计划主要针对 5 种私人土地使用类型，①森林保护；②商业再造林；③农林业；④可持续森林管理；⑤退化地区的恢复。如前所述，第④项并未继续推行，这些类型的土地利用是提供上述 4 种生态系统服务的一个代表。该计划确认了补水地区，引入了差别支付制度。例如，五年期间的基本付款额为每年 64 美元/hm^2。最初这笔款项是根据放牛的机会成本来计算的，位于保护空缺的土地每年会获得 75 美元/hm^2 的收入，而位于补水区的土地每年则可获得 80 美元/hm^2。

如今，该计划变得更为重点突出，基于评分系统的打分进行申请。申请人数往往远超该计划所能处理的数量，每 10 个申请者中只有 3 个能获批。这主要是由于法律和财政方面的限制。该计划的年成本为 1500 万～2000 万美元。

该计划有一个重要的特点——大约 10%的受益人是申请该计划的原住民社区，而不是个人土地所有者。过去 5 年中，该计划也因此向这些社区转移了 2500 多万美元，这些社区则将资金用于建设学校或保健中心。其他重要的受益方还包括在正式保护区以外的保护项目，这些项目由私人基金管理，如为保护瓜纳卡斯特地区周边公园而购买的土地。

可持续生物多样性基金（SBF）是一个重要创新项目，由全球环境基金和后来的德国合作银行各投入 750 万美元，绿色信用卡和清洁旅行补偿计划则负责当地配套资金。该基金的资本化水平达到了 1800 万美元，并于 2016 年开始支付热点地区的生物多样性费用，目前正试图与专门的保护团体（如观鸟者）合作，建立相关机制，使私人捐助者能够支持 PES 计划在生物走廊或热点地区的生物多样性付款。

对 PES 计划进行的为期 20 年的评估，得出的结论是：该计划自成立以来产生了诸多积极影响。1997～2012 年，共保护了 86 万多公顷森林，再造林 6 万 hm^2，支持了近 3 万 hm^2 的可持续森林管理，最近还开展了近 10 000hm^2 的自然更新。自 2003 年以来，PES 计划覆盖的总面积一度接近 100 万 hm^2，在农林复合系统下共种植了 440 万棵树。对于一个只有 51 100km^2 的发展中国家来说，这可以算是一个巨大的成就。到 2010 年，大约 52%的土地已处于某种森林的覆盖之下（Porras et al.，2013）。

总的来说，哥斯达黎加在近 20 年的时间里为这项计划投资了 4 亿多美元，从 16 000 多家私营机构那里购买了生态系统服务，其中包括原住民社区（约占计划的 10%）。对于一个发展中国家来说，这是一个非常重要的成就，并且与同类型的保护投资项目相比具有一致性。

六、瓜纳卡斯特保护区

瓜纳卡斯特保护区计划是世界上最宏大的生态恢复计划之一，占地 1260km^2（几乎占到哥斯达黎加陆地面积的 2.5%），覆盖了热带干旱森林、雨林、云雾林和 430km^2 的海洋保护区。这里有 37.5 万种野生动植物，占哥斯达黎加生物多样性的三分之二以及地球生物多样性的 2.4%（Pringle，2017）。该保护区一开始只包括圣罗莎国家公园（Santa Rosa National Park），这是 1971 年何塞·菲格雷斯总统宣布的第一批国家公园之一（Umaña，2016）。

热带干旱森林是中美洲最濒危的生物带之一，建立瓜纳卡斯特国家公园项目（Guanacaste National Park Project，GNPP）旨在保护从加利福尼亚到巴拿马仅存的最大干旱森林。该项目必须要足够大，以容纳最初生长在该地区的所有已知动植物健康种群的栖息地，并包含足够多的重复栖息地，以便游客和研究人员能够集中利用某些区域。这项工作的主要内容包括恢复大面积物种丰富的热带干旱森林，主要的运行机制是由管理人员控制野火、由牛群控制草地面积、由野生动物和家畜传播树木种子。该公园不但是一个重要的文化资源，还做出了重大的科学贡献，面向保护区内的所有小学生提出了"准分类学者"和"生物学扫盲"的概念和相关实践。

准分类学者处于不同文化间的交叉地带。一方面，他们身处科学的世界，与全球分类学和生态学专家开展交流并提供新的数据。另一方面，他们是缺乏官方科班背景的社区成员，由农民、学校家长、教徒和其他人员组成。准分类学者受过物种收集训练，许多人掌握了足够的科学和实用知识，他们的子女最终也可能成为专业的生物学家。

瓜纳卡斯特保护区开展重要创新的第二个领域是在瓜纳卡斯特干森林保护基金和该领域的国家学校系统支持下开展的生物学扫盲工作。这个项目始于 1987 年，向 4～6 年级学生教授生物多样性保护的基本知识以及如何利用生物多样性改善生活。

在此基础上，在生物学家丹尼尔·詹森和温妮·哈尔瓦长期以来的知识辅助和科学引导下，瓜纳卡斯特保护区也获益良多。最初的计划中，瓜纳卡斯特国家公园项目面积仅为 82 500hm^2，包括购买土地在内的总费用约为 1200 万美元。今天我们可以自豪地看到，项目的土地面积指标已经超过了原先的 2 倍，捐赠资源超过了 5 倍。

瓜纳卡斯特保护区得到了阿里亚斯政府在政治和财政方面的重要支持（1986～1990 年）。从那时起，该保护区获得了各种各样来自融资机构及公共私人机构的资金和捐款。1988 年，瑞典拿出 350 万美元用于购买 2450 万美元的哥斯达黎加商业债务，中央银行为此提供了 1700 万美元的流动政府债券。这项交易是通过国家公园基金会开展的，同时还创建了一个信托基金，为保护区提供了近三十年的额外支持，这笔资金目前已经差不多用完了。

瓜纳卡斯特保护区还接受了哥斯达黎加根据《热带森林保护法案》与美国签订的两项双边债务互换协议的资金。哥斯达黎加从 2007 年的第一次行动中获得了 2600 万美元的保护款，其中包括在瓜纳卡斯特保护区购买土地的款项。第二次是在 2010 年，共耗资 2700 万美元建立了哥斯达黎加永久基金。这些债务互换计划还利用了私人基金，第一笔交易为 250 万美元，第二笔交易为 390 万美元。瓜纳卡斯特保护区也接受来自哥斯达黎加永久基金的资金。

基于大量的历史数据，詹森估计从 1985～2015 年，瓜纳卡斯特保护区的"现成"成本约为 1.07 亿美元，其中不包括与国家生物多样性研究所有关的项目。哥斯达黎加政府通过债务交换提供了相当于 1750 万美元的资金，然后不得不向圣赫勒拿庄园支付了 1600 万美元，两项共计 3350 万美元。相应地，外部筹款活动则募集了 6500 多万美元，几乎是政府捐款的两倍。因此，实际上外部捐助者是以 2∶1 的形式来配套哥斯达黎加的捐款。

更值得注意的是，这一行动是政府、国家和国际非政府组织以及主要捐助者之间建立伙伴关系的成果。作为一项全球恢复计划，该项目得到 15 000 多人的捐助。

七、哥斯达黎加永久协会

哥斯达黎加永久协会是一个最近成立的以生态保护为主的机构，主要管理哥斯达黎加永久不可撤销信托基金以及哥斯达黎加和美国之间的次级债务-自然互换计划，掌管的资金总额约为 5600 万美元。

永久哥斯达黎加计划是由公私合作伙伴与哥斯达黎加政府、大自然保护协会、戈登和贝蒂摩尔基金会以及林登保护信托共同开发的，该计划的实施，让建立一个为其活动提供资源的常设机制成为可能。同时，哥斯达黎加永久协会负责管理该计划的资源并监督计划的实施。

该协会已与管理保护区系统的实体 SINAC 签署了一项为期五年的协议，以确定其工作计划的优先领域。这一协议的战略重点是：①填补生态代表性的保护空缺；②提高管理成效；③在易受全球气候变化影响的陆地和海洋保护区，确定并纳入与生物多样性相关的适应和缓解活动；④为现有和/或未来的保护区建立可持续的资金来源。

哥斯达黎加的保护活动一直有优先考虑陆地保护区的传统，而通过建立哥斯达黎加永久协会，该国海洋保护区的面积翻了一番。协会还致力于改善陆地和海洋保护区管理，为这些系统争取永久性的人均资金，为其应对气候变化挑战做准备。

2007 年 6 月，奥斯卡·阿里亚斯（Oscar Arias）总统发起了卓有远见的"与自然和平共处"倡议，其中包括一系列环境倡议，如碳中和提案。应其邀请，林登保护信托基金会、贝蒂和戈登·摩尔基金会和大自然保护协会建立了伙伴关系，与哥斯达黎加政府合作开展一项倡议——建立一个为国家保护区提供资金的长效机制。后来沃尔顿家庭基金会也加入进来。

哥斯达黎加永久协会的一个显著特点是，从构成上来看，该协会是由最高级别的政府与其私人合作伙伴达成的协议。而在更具交易性的层面上，该交易是以 2010 年 7 月 27 日发生并启动实施的"单一结算"来表示的。"单一结算"技术的好处是通过创造杠杆和紧迫感来激励捐助者，确保所有项目目标都能得到充分资助，并确保在资金发放之前采取关键的政府行动。一旦项目达到这些里程碑目标，就成立一个托管人，即一个哥斯达黎加的非政府组织，来履行相关职责。

八、结　论

在过去的 30 年里，利用创新的环保金融工具来对严格的政府行为进行补充已变得日益重要。商业和双边债务互换使哥斯达黎加成为利用这一新机制提升可持续发展进程的国家之一。例如，哥斯达黎加是从热带森林养护法案中获益最多的国家，曾根据法案协定开展了两轮债务互换项目。

事实上，债务-自然互换已经成为哥斯达黎加环保进程中的一个重要特征，并带头创立了一系列信托基金，包括公私部门的信托基金以及各种管理机制。为实现这一目标，哥斯达黎加与加拿大、荷兰、西班牙、瑞典和美国等捐助国政府建立了各种伙伴关系。这类伙伴关系包括所有主要的国际非政府组织（国际养护组织、大自然保护协会、世界自然基金会等）、私人基金会，以及经常支持哥斯达黎加发展创新举措的个人。

另一个关键的支柱是，哥斯达黎加有能力与科学家和环保主义者在世界各地建立伙伴关系，并得到热带研究组织等机构的支持。多年来，热带研究组织在拉塞尔瓦地区和哥斯达黎加全国各地为数以千计的植物学家提供培训课程，这一计划还在继续开展。事实上，世界上大多数热带生物学家都曾到过或多次前往哥斯达黎加。其中许多人成为了老朋友，有些还成为哥斯达黎加公民，例如 1954 年负责筹建蒙特维德保护区的美国教友会成员。除此之外还有许多其他的案例。

总之，哥斯达黎加尝试了一系列金融手段，并经常将公私部门的资金混合运用，以实现其环保养护目标。其中许多项目大获成功，并为重点项目提供了资源和稳定的开展条件。要想对森林保护工作作出全面的评估，还需要分析森林保护工作如何影响了农村社区。自从哥斯达黎加法律规定在国家公园内只能进行有限开发以来，公园周围的社区得以提供许多服务，包括餐饮服务、住宿服务，以及诸如观鸟、急速漂流和冒险旅游等其他生态旅游服务。热带农业研究和高等教育中心开展的一项研究表明，国家公园周围的社区，收入超过其他类似社区至少 10%。

PES 计划也可以被视为向农村地区转移资源的一项基本举措，该计划的很大一部分是通过合作社或社区农业中心来进行管理的。超过 10% 的项目已经转移到了本土社区，他们共同拥有土地，并根据自己的优先事项来开展学校或医疗中心建设一类的项目。

主要参考文献

FONAFIFO（National Forestry Financing Institute）. 2015. *Annual Report*. San Jose，CostaRica：FONAFIFO.

Gordon and Betty Moore Foundation，Linden Trust for Conservation，the Walton Family Foundation，The Nature Conservancy. 2011. *Forever Costa Rica*.

Perez，Isaac，and Alvaro Umana Quesada. 1996. *El Financiamiento del Desarrollo Sostenible*. Alajuela，Costa Rica：INCAE.

Porras，Ina，David N. Barton，Miriam Miranda，and Adriana Chacon-Cascante. 2013. *Learning from 20 Years of Payments for Ecosystem Services in Costa Rica*. London：International Institute for Environment and Development.

Pringle，Robert M. "Upgrading protected areas to conserve wild biodiversity." *Nature* 546，no.765：91-99.

Umana Quesada，Alvaro. 1990. "Costa Rica' s fight for the tropics." *In Encyclopaedia Britannica Science Yearbook*，127-45. Chicago：Encyclopaedia Brittanica，US.

——.2016. *Point West：The Political History of Guanacaste National Park Project*. San Jose，Costa Rica：CLAVE.CRUSA.

第十四章 美国：设立混合融资机制以提升海岸恢复力和气候适应性①

凯蒂·阿凯玛，里克·贝内特，艾莉莎·道斯曼和莱恩·马特曼

　　预计到 21 世纪中叶，风暴的发生将越发频繁，海平面也将显著上升，威胁到全球沿海地区的基础设施和社区安全。传统的海岸线硬化的成本、失败经历和后续影响，让人们开始研究如何降低沿海生态系统（通常称为绿色基础设施）可能出现的风险，以及这一系统所能带来的休闲和生计价值。越来越多的研究和实地调研表明，湿地、珊瑚礁、沿海森林和其他栖息地能增强海岸线的恢复能力。然而面对全球气候变化和沿海灾害，需要不同的资金机制来支撑恢复和保护生态系统，以提高沿海地区生态系统的恢复能力。在这里，我们分享来自美国三个地方的案例研究，这些案例研究的核心都是通过保护和恢复生态系统来降低风险，提升社会效益。这些来自美国东海岸、西海岸和墨西哥湾沿岸的案例涉及各种融资机制，包括债券、政府补贴和私营部门对生态系统的投资。尽管在融资方式和地理位置上存在差异，但这些案例说明，如果利益相关者想从沿海地区达到共同的生态系统服务目标，多个行动者间的相互合作是非常重要的。这些案例可以为其他地区提供生态恢复和保护方面的经验教训和机会，以便各地能充分利用由不同的金融机制开展融资、获取多方的实体支持，从而实现沿海生态恢复等方面的成果。

　　自然和基于自然的解决方案的总体目标是提高沿海地区应对海平面上升和风暴灾害的恢复力，同时保持或恢复生态系统现在以及将来对人类的多重效益。纯自然方式的海岸带保护对象主要包括现有湿地、海岸森林、沙丘、珊瑚礁和其他能够减弱海浪、降低水位和固定沉积物的生态系统。而基于自然方法的海岸带保护则包括恢复退化的生态系统以及结合自然特征和传统结构（如盐沼和岩堤）的混合方法。通过缓解海水对海岸线的侵蚀，生态系统可以减轻沿海灾害影响（图 14.1），并减少已建防御设施（如沼泽后的堤坝）的规模和成本。

---

① 本章的调查结果和结论均为相关作者得出的，不一定代表美国鱼类和野生动物管理局（US Fish and Wildlife Service）的观点。

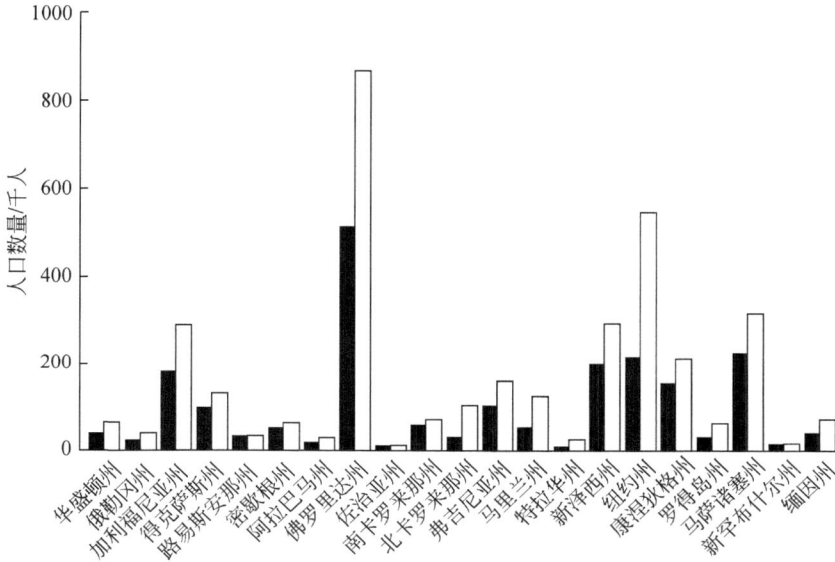

图 14.1　受危害最严重地区的人口，在栖息地保护下（黑色条状）的状况；如果由于气候变化或人类影响而失去栖息地，则受危害人口将会增加（白色条状）。这些条状区域之间的差异，代表了在生态系统庇护下少受沿海灾害风险的受益人数。

资料来源：Arkema et al.，2013

　　世界各地的国家、地区和地方政府机构、非政府组织、行业代表和海滨居民正开始向生态系统保护和恢复领域投资，以实现沿海地区的恢复能力和其他目标。在这一章中，本书描述了在美国开展的三个投资案例。第一个案例是在美国墨西哥湾海岸，卡特里娜飓风使全球都开始关注湿地在海岸保护中的作用，而深水地平线石油泄漏事件后的诉讼则为生态系统恢复提供了资金（图 14.2）。第二个案例来自美国东北部，2012 年飓风桑迪之后的政府补贴，提高了生态系统对灾后重建中沿海恢复作用的重要性（图 14.3）。最后一个案例来自美国西海岸的旧金山湾区，在该案例中一个单一的政府机构横跨多个司法管辖区工作，指导公私部门合作开展生态系统恢复，以实现海岸的恢复能力和气候适应性。

| 169 |

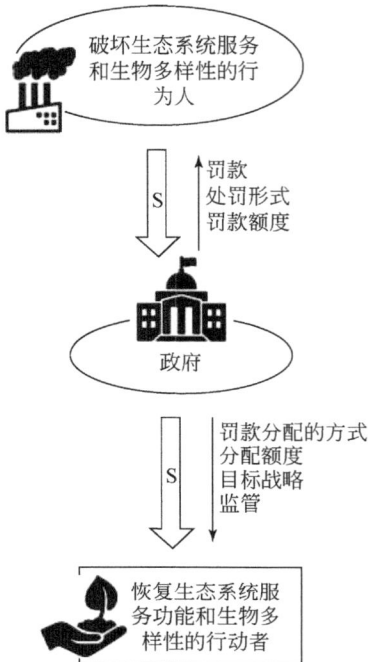

图 14.2　在责任机制下，政府机构，如法院等部门，对破坏生物多样性或生态系统服务的行为人处以罚款。政府可以收取罚款，并将其分配给恢复生物多样性或生态系统服务的执行者；资金也可以直接流向开展恢复的行动者。

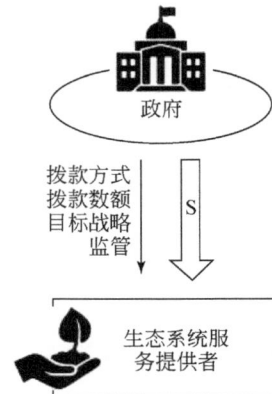

图 14.3　在政府补贴机制下，政府从总预算中拨款给生态系统服务的提供者。

一、案例 1　美国墨西哥湾沿岸生态系统恢复项目

1. 问题

墨西哥湾海岸生态系统可提供丰富的海产品、宝贵的能源资源、多样化的娱乐活动和丰富的文化遗产，对美国的民众、环境和经济至关重要。这一水域和海岸线是数以千计种生物的家园，包括生态和经济上非常重要的鱼类、无脊椎动物、鸟类、海龟和海洋哺乳动物。超过 2200 万美国人生活在墨西哥湾沿岸，其中许多人从事与水产和旅游等重要行业相关的工作。该区域拥有美国最大的 15 个港口中的 10 个，每年来自该地区的贸易额有近 1 万亿美元（Gulf Coast Restoration Council，2016）。这种经济价值大部分依赖墨西哥湾沿岸的环境，并为该地区和

其他地区的人们带来诸多效益。

这些效益及支撑这些效益的墨西哥湾海岸生态系统，因为"深水地平线"钻井平台事故和石油泄漏事件而严重退化。事故发生在 2010 年 4 月 20 日，造成在钻井平台上工作的 11 人死亡，另有多人受伤。随后发生的漏油事件影响了 650 多英里①的墨西哥湾海岸栖息地，并减少了整个海洋食物网中关键物种的数量。石油泄漏对沿海和海洋生态系统的影响也波及关键产业，导致超过三分之一用于商业捕鱼的联邦水域被迫关闭，旅游业损失估计达 36 亿美元。漏油以及其他过去和现在的人类活动造成的环境退化，对墨西哥湾海岸生态系统带来的文化、社会和经济效益构成了严重的威胁。

针对"深水地平线"石油泄漏事件，时任美国总统奥巴马于 2012 年 7 月 6 日签署了《恢复法案》，并将其写入法律。该法案要求采取区域性方法，恢复墨西哥湾沿岸地区宝贵的自然生态系统和经济的长期健康发展。《恢复法案》将根据《清洁水法案》规定支付的 80%民事和行政处罚，拨付给墨西哥湾海岸恢复信托基金，用于恢复墨西哥湾海岸地区的生态系统和社会经济，并促进该地区的旅游业发展。这项工作主要由联邦政府负责管理。

除了恢复法案外，还有另外两项重要的恢复工作，可以直接从"深水地平线"石油泄漏相关事件的诉讼中获得资金。其中一项行动旨在通过《石油污染法案》下自然资源损害评估来恢复因漏油而受损的自然资源。墨西哥湾沿岸国家和美国联邦政府共同负责协调这一举措。另一项行动是由国家鱼类和野生动物基金会这一非政府组织开展的，将对英国石油公司和跨洋深水水务公司进行的刑事指控获得的款项，注入海湾环境效益基金。这三项行动由各州和联邦机构通过不同的组合方式以及一个非政府组织进行多方式管理。但不管什么方式，都旨在寻求从"深水地平线"石油泄漏事件的诉讼和精细程序中获得资金，用于恢复生态系统，让墨西哥湾沿岸的经济和民众受益。（图 14.2）。

2. 生态系统服务

生态系统恢复有助于海岸区域应对风暴和海平面上升两个主要威胁。首先，恢复自然侵蚀和退化的海岸沿线栖息地有助于减少海岸侵蚀和洪水泛滥。红树林和其他类型的沿海森林、盐沼、牡蛎、珊瑚礁、沙丘和海草等生态系统可以减缓海浪和水流，固定沉积物并保持土壤。其次，这些沿海生态系统不仅提供了沿海保护，也提供了一系列其他生态系统服务。湿地和珊瑚礁区域可开展浮潜、皮划艇、狩猎和捕鱼等游憩活动，栖息地是主要鱼类和贝类早期生命周期的家园，进而支持沿海地区的生计、经济发展、植被隔离、碳存储、养分和污染物吸收、气

---

① 1 英里≈1.609km。

候变化缓解以及水质提升。

以墨西哥湾地区为例，如果不通过恢复和管理来维持海岸的生态系统服务，社区将越来越需要依赖堤防等硬化基础设施，而这类基础设施会进一步加剧海水侵蚀和洪水泛滥（如堤坝在卡特里娜飓风中的作用），并对支持渔业、旅游业、碳排放和水质效益的生态系统产生负面影响。

3. 生态系统服务的受益者

减缓沿海岸洪水和侵蚀的受益者主要是沿海地区的土地所有者和居民，以及沿岸公共土地使用者和公共土地的管理机构。此外，恢复墨西哥湾生态系统的受益者还包括商业和游憩性捕鱼业、旅游业从业者，以及以娱乐为目的的捕猎者和海滩游客等。最后，实施修复项目的承包商和环境工程公司也能从创造的就业机会中受益。

4. 生态系统服务的提供者

修复投资项目通常在公共土地和近岸水域开展，包括修复沿海湿地、海滩、沙丘、牡蛎栖息地和其他类型的区域。除此以外，私人土地上也会开展一些项目。例如，在有农业社区的沿海流域进行投资修复项目，或通过与更多城市化社区合作，将其使用的入海化粪池系统与集中的下水道系统相连。恢复委员会和其他负责恢复工作的机构与私人土地所有者密切合作，以识别、许可和完成相关恢复项目。他们还与各种政府机构和地方实体合作，在公共土地和近岸水域实施恢复工作，包括在整个墨西哥湾地区的多个大型沿海湿地恢复项目。

5. 交换条件

对"深水地平线"石油泄漏事件的处罚为墨西哥湾沿岸生态系统和经济恢复提供的资金总额超过 200 亿美元，其中主要的 53 亿美元资金来自《恢复法案》和《清洁水法案》规定的民事罚款。国家鱼类和野生动物基金会管理的修复资金超过 25 亿美元，自然资源损害评估委员会管理的修复资金不超过 88 亿美元。资金用于各项修复工作，自然资源损害评估委员会与国家鱼类和野生动物基金会直接参与恢复因漏油受损的自然资源，而《恢复法案项目》则更广泛地关注自然资源和经济之间的联系。

部分资金直接用于增加海岸地区的栖息地面积。例如，将资金用于海草、盐沼和沙丘草的再植，以及运用各种技术（如使用礁球、鱼鳞和贝壳）建造近岸牡蛎礁。资金还用于确定适合开展栖息地恢复的地点以及监测恢复后景观的生物变化。除了直接在沿海地区增加新的栖息地外，上述活动还间接恢复了沿海和海洋生态系统。例如开展根除入侵物种、投资雨水基础设施、保护和恢复海岸走廊以确保近岸水质、改善海草和牡蛎生长的必要条件、恢复沿海水文干预措施、适当增加或减少泥沙以解决土地流失或水质透明度问题等活动。部分资金还用于沿海社区的经济发展、就业和教育领域，并按公平的市场价格从自愿的土地所有者那里获取保护用地。

资金的接受方通常是各州和联邦机构，在某些情况下，还包括非政府组织或与这些机构协商的其他执行实体。这些政府机构主要是公共土地和水域以及受威胁和濒危物种的管理者，他们的职责是恢复公众有权获得的资源。

6. 价值转移机制

向服务提供方的资金转移取决于资金流向。根据《恢复法案》，从《清洁水法案》的民事处罚中获得的 53 亿美元将分配给墨西哥湾海岸恢复信托基金。修复资金由独立的联邦机构修复委员会以及美国财政部共同管理。修复委员会由位于墨西哥湾沿岸的 5 个州（得克萨斯州、路易斯安那州、密西西比州、阿拉巴马州和佛罗里达州）的州长，以及 5 个联邦机构（农业、陆军、商业、国土安全和内政事务）的部长和环保署署长组成。根据联邦法律，由理事会或财政部管理的恢复资金，通过赠款和机构间协议来管理相关资金，并且只能提供给墨西哥湾 5 个州理事会的 6 个联邦机构。然后，各州和各机构再具体实施相关项目，或者向当地企业、承包商和环境咨询公司支付开展工作的费用。由于联邦拨款的监督程序非常繁复，要想获得执行资金必须经过一个漫长的过程。此外，由联邦资金管理的所有项目都要遵守相关的联邦环境法，比如《国家环境政策法案》。

根据《清洁水法案》，刑事处罚的总金额约为 25 亿美元，上交给国家鱼类和野生动物基金会后，主要用于修复漏油事件产生的危害。国家鱼类和野生动物基金会有专门的拨款程序，并与当地实体和政府机构合作。该拨款程序已写入刑事同意令。国家鱼类和野生动物基金会不受联邦拨款法的约束，但他们的项目审查和批准流程也很健全。此外，根据实施主体的不同，拨款流程并不一定都受联邦环境法约束。

此外，最大资金流超过 80 亿美元来自于自然资源损害评估委员会。在这一过程中，各州和联邦政府共同决定如何投资使用这些资金。自然资源损害评估委员会的资金流不涉及拨款流程，因此监督相对较少。然而，由于这部分资金需要联邦机构的批准和同意，因而相关的所有项目都受《国家环境政策法案》约束。

7. 监测与验证

联邦政府新制定了覆盖广泛的环境修复监测指导规定。每个项目都必须提交监测计划，并向公众提供监测数据。通常，拨款程序主要关注修复过程中的"产出成果"，比如获取、建设或修复的面积。由于修复结果指能长期提供生态系统功能、服务和人类福祉的修复区域，监测工作可能无法获得到修复的"结果"。

8. 有效性

目前还不清楚自深水地平线石油泄漏事件以来开展的修复项目对实现沿海恢复力和其他相关社会经济目标有效程度如何。过去，人们关注的焦点一直是监测生物物理因素，如修复的栖息地面积，但海湾地区的机构和人民越来越关注修复工作的成效，因为只有有效的修复才能真正实现经济和人类福祉的共同目标。

9. 主要经验教训

墨西哥湾沿岸案例研究中重点介绍了投资于生态系统以实现提高沿海抵御能力的几个重要经验。首先，多个联邦机构和州政府之间的协调对接需要时间，在推进项目选择之前，确定恢复目标并与公众意见达成共识也非常重要。来自公众和非政府组织的不同供资实体之间的协调管理也很有挑战性，只有通过设立明确的治理方式和透明的决策程序并开发科学的工具来为项目选择提供有效信息，才能加快和改进决策，使项目带来更多的共同利益和公众支持。

其次，获得执行资金的机制（通常由与非政府组织和私人团体签约的州和地方政府实施）需要在实现充分监督与保障效率/成效之间取得平衡。如果实施不当，拨款的使用过程可能会变得负担重重。此外，遵循赠款规定通常意味着要监测"产出"，而不是"结果"。监测恢复成果，例如社会和经济发展成果，而不仅仅是生物物理产出，这对于了解恢复面积以外的实际成果非常重要，对于与公众和资助者之间的沟通也至关重要。

此外，联邦法律是为保护环境而制定的。但这些法律的执行成本也很高，因此会造成修复效率低下，特别是当项目是为了恢复生态系统时。通常各州和其他地方政府不希望联邦机构参与进来，因为这会涉及额外的合规成本。努力精简程序、提高监管效率对于实现多种生态和社会目标来说非常重要。

二、案例 2　美国东部沿海地区灾后恢复投资项目

1. 问题

桑迪飓风是美国历史上最致命、造成损失最严重的飓风之一。2012 年，这场二类飓风袭击美国东海岸，成为有记录以来最大的大西洋飓风。至少 223 人在飓风中丧生，其中仅美国就有 160 人，带来的损失超过 750 亿美元。美国共有 24 个州受到影响，其中纽约州、新泽西州、宾夕法尼亚州、特拉华州、马里兰州和西弗吉尼亚州遭受了巨大的生命和财产损失。风暴过后发起了许多救灾和筹款行

动，包括 2013 年 1 月通过的《救灾拨款法案》（图 14.3）。

《救灾拨款法案》包括两个主要资金来源：第一种是传统的来源，将资金流直接用于飓风造成的损失重建。相比之下，第二种更具有前瞻性，其目的是提高美国东部沿海地区对未来风暴和飓风的抵御能力。后者的资金主要流向内政部，一部分随后归国家鱼类和野生动物基金会管理。投资目标是通过加强有利于鱼类和野生动物的自然生态系统恢复，减少社区在面对沿海风暴、海平面上升、洪水、侵蚀等相关威胁和风险时的脆弱性。

2. 生态系统服务

正如本章案例一美国墨西哥湾沿岸案例研究所强调的那样，生态系统在减轻沿海灾害方面发挥着重要作用。盐沼、海草、牡蛎礁和其他海岸线栖息地，通过其三维结构可以削弱海浪能量、减缓水流、固定沉积物和土壤。通过缓和海浪能量，并在海岸和水下堆积沉积物，生态系统可以减少海岸洪水和侵蚀作用，避免对海岸社区和基础设施的威胁。

此外，同样影响海岸演变进程的生物结构（如盐沼和海草的根和芽、海岸沙丘和海滩）也为重要的生态系统和经济物种提供了栖息地。美国内政部（DOI），特别是其下属的美国鱼类和野生动物管理局，主要任务之一就是管理受威胁和濒危的物种、跨辖区渔业、候鸟以及支持这些种群的栖息地。因此，除了加强沿海地区的恢复能力之外，救灾拨款法案的一个核心目标就是为恢复和保护生态效益进行投资。例如，开展海草栖息地恢复项目不仅是因为具有减弱海浪、稳定海岸线的能力，还因为其具有作为蓝蟹（*Callinectes sapidus*）和渔业的栖息地的重要性。拆除堤坝为美洲鳗鲡（*Anguilla rostrata*）、美洲鲱（*Alosa sapidisima*）、河鲱（大肚鲱，*Alosa pseudoharengus*）和蓝背鲱（*Alosa aestivalis*）开辟的栖息地，也减少了因风暴造成的社区洪水和大坝溃决风险。同样的，海滩和屏障岛的恢复，可以缓冲沿海风暴，为重要的生态、经济和休闲海岸线提供生物［如滨鸟和马蹄蟹（*Limulus polyphemus*）］栖息地。马蹄蟹对生物医药行业具有重要价值，它们的淋巴液可用于检测医疗器械的细菌污染以及用于人和动物的注射药物，目前尚未研制出替代品。

3. 生态系统服务的受益者

开展修复资金项目旨在恢复沿海沼泽、湿地和海岸线，连接和开放沿岸水道，以增加鱼类通道和提高抗洪能力，并加强沿海地区保护以免受未来风暴的影响。由《飓风桑迪救灾拨款法案》拨款实施的项目，主要受益者为沿海地区的业主和居民，帮助他们投资基础设施、减少财产损失。受益者还包括使用沿海地区基础设施（如学校、道路、应急服务）和开放空间的广大公众。此外，商业和休闲捕鱼者以及相关产业，因关键物种的种群可持续性提高而受益，如切萨皮克湾的蓝蟹。此外，通过恢复和保护行动，很多人也从项目带来的娱乐机会中受益。许多游客被开放空间（如海滩、湿地）和野生动物（如特拉华湾的滨鸟）吸引到此，从事娱乐和体育活动。加强自然防御能力反过来也能更好地保护沿海居民的家园和基础设施，以及提升捕鱼、捕蟹、观鸟、远足和其他娱乐机会，从而促进生态旅游业的发展。

4. 生态系统服务的提供者

大多数由政府通过救灾法案资助的项目都在公共土地上开展，特别是在国家海岸、国家野生动物保护区、各州和地方公园及开放空间内。但也有一些项目是在老化的和具有高安全责任大坝的私人土地上开展的。在美国东北部，许多大坝都需要大量的维护费用，但运营收入只占其中的一小部分。因此，许多拥有水坝的私人土地所有者都愿意拆除水坝，投资恢复栖息地质量和连通性，以消除老化的基础设施对下游安全影响的风险。

5. 交换条件

2013年《飓风桑迪救灾补充拨款法案第113-2号公法》，也被称为《桑迪补充法案》，共向内政部拨款8.29亿美元（封存后为7.867亿美元），用于应对飓风桑迪及灾后重建。向内政部的拨款包括4.69亿美元（封存后为4.45亿美元），直接拨付到了国家公园管理局、美国鱼类和野生动物管理局以及安全和环境执法局，用于灾害响应和恢复、重建土地和设施，并向各州提供历史保护补助金（即传统资金来源）。另外3.6亿美元（封存后为3.419亿美元），拨给了美国能源部部长办公室，授权其向各局和办事处转移资金，并签订减缓财政资助协议。该法案明确规定了缓解基金用于恢复和重建国家公园、国家野生动物保护区和其他联邦公共财产，以期提高沿海栖息地和基础设施的恢复能力，从而有效抵御和减少风暴造成的损害。

政府通过《救济法案》中的缓解资金对各种项目进行补贴。其中许多涉及重新连接零散的河流，以促进物种恢复和抵御洪水危险。其他项目包括修复和建设涵洞，保证水流汇合以及鱼类通行。拆除大坝，以方便鱼类通行和降低洪水风险。部分项目包括恢复关键和濒危物种的河岸栖息地，清除入侵物种，清理大型残骸，重建池塘，恢复盐沼和牡蛎礁。针对海滩和沙丘的项目则主要致力于恢复和增强海滩环境、稳固重要的筑巢岛屿、建设生物多样的海岸线。此外，还有一部分资金用于项目设计和海岸恢复力评估。这些规划拨款产出的结果将用于为第二阶段募资中开展恢复项目提供信息支持，剩余的部分资金则用于行政管理和日后的跨项目监测。

6. 价值转移机制

在拨给内政部的 3.6 亿美元中，封存了其中 5% 的资金（3.419 亿美元），用于缓解和增强未来沿海防灾能力的战略投资。此外，还有一笔 3500 万美元的资金拨付给了海洋能源管理局、美国地质局、安全和环境合规局和监察主任办公室，这些资金分别用于沙砾管理项目、科研支持、设施维修，以及项目监管。在剩下的 3.11 亿美元中，内政部提供了 2.07 亿美元用于支持其下属各局开展的 113 个项目，这些项目旨在降低气候相关风险（包括沿海风暴、海平面上升、洪水等）对生态系统和当地社区的威胁。此外，内政部与国家鱼类和野生动物基金会合作形成外部竞争，以便由各州、地方政府、大学、非营利组织、社区团体、原住民部落和其他非联邦实体领导的类似项目能更好地开展。在此过程中，《桑迪补充法案》提供的 1 亿美元内政部资金共资助了 54 个项目，同时，国家鱼类和野生动物基金会还调动了 270 多万美元的私人资金，并通过竞争性拨款计划进行资金分配。

通过实施促进生态恢复力的项目，消除关键科学和知识方面的差距，将大大提升生态恢复力和早期危险预警能力，避免在恢复和缓解行动中出现代价高昂的错误。这些努力将使政府和公众得以更好地应对气候变化和海平面上升所带来的挑战。

7. 监测与验证

《飓风桑迪救灾拨款法案》所资助的每个项目都包含一个监测和验证计划。但这些监测计划是在项目获得资金之前设计的，早于内政部和其他机构合作制定完整的监测恢复计划和其他生态系统服务目标之前。因此评估由内政部资助的灾后恢复项目成果至关重要，评估对倡导最佳做法、明确学科间的知识分歧、维持或加强项目活动对海岸生态的恢复力，以及向美国民众通报纳税资金使压效率等方面都有重要意义。

为此，内政部成立了一个由物理和生态科学家以及社会经济专家组成的评估专家组，就飓风桑迪的灾后生态恢复性能指标提出建议。为实现相关的项目评估指标，内政部采用了新方法和专用资金来开展后续分配，以支持跨项目指标的实施。2018 年，这些机构启动了一项 1600 万美元的竞争程序，让之前得到过《飓风桑迪救灾拨款法案》资金的项目来申请获得资金，在 2023 年之前对现有项目进行监控和评估。生态和社会经济监测的结果，让内政部能够有效评估已经资助的项目，并为今后在各地州和国家各级开展自然和绿色基础设施项目的投资提供决策信息。最终，相关机构可以评估政府通过救灾拨款法案提供的资金使用目标是否达成，从而更好地提升生态系统和社区的恢复力，并将恢复力纳入未来的社区规划和项目管理中。

8. 有效性

2013 年《救灾拨款法案》资助的许多项目刚刚完成，内政部目前正处于成效评估的早期阶段。恢复美国东部沿海地区的自我恢复能力是一项艰巨的任务，制定准确而灵敏的绩效指标是一项重大挑战。尽管如此，目前得出的初步数据结果显示出积极的成效。例如，报告表明大坝拆除后在恢复项目上游发现了各种鱼类。许多机构的科学家和项目经理认为，与生态恢复成果相比，海岸恢复力出现成果则需要更长的时间。不过，从一个大型盐沼和障壁滩修复项目（特拉华州普莱姆胡克国家野生动物保护区）收集的数据显示，在修复了 1600 多公顷的区域、4km 长的海滩和 35km 长的河道后，笛鸻正在回归这一地区，各种燕鸥物种开始在自 20 世纪 60 年代以来就没再出现过的区域重新出现。过去一段时间来，邻近的海湾沿岸农业社区的居民直接受益于减少的洪水灾害，而且恢复的工程并未遭受明显的破坏。这些行动不但有助于保护当地居民今后免受大风暴的影响，还创造了就业机会，让年轻人和退伍军人都参与到项目中，野生动物的栖息地也得以恢复。

9. 主要经验教训

飓风桑迪的案例研究强调了向生态系统投资来实现沿海恢复能力和气候适应性过程中的几个关键经验。首先，司法管辖区和各机构之间的交流与合作是恢复资金计划、项目实施和实现共同目标得以成功的关键。为了促进合作，内政部成立了执行委员会（包括各部门的主要负责人），该委员会决定了大多数方案的内容。此外，还成立了一个区域领导小组，包括来自美国地质局、美国鱼类和野生动物局、国家公园管理局、海洋能源管理局的区域主管和一个技术小组。跨学科（生态学、工程学和实地实践）协调也至关重要，各学科共同探讨了吸取的经验教训；制定规划、形成标准所需的信息；以及解决责任、风险和其他问题的方法。

其次，规划和资助进行监测与验证具有重要意义。为了实现监测目标，飓风桑迪救灾预算中的一部分被用于开展后期评估和监测。为了了解在项目规模上对生态系统恢复进行的投资，如何影响土地利用规模上的社会和经济成果，飓风桑迪计划制定了与生物物理变化和指标相关的社会和经济指标。该项目目前正在收集项目规模方面的信息，并使用模型扩展到整个美国东北部和中大西洋海岸地区，以便了解关键物种栖息地的总体变化，以及恢复投资项目对海岸群落恢复能力变化的影响。

三、案例3　美国旧金山湾区滨海及洪泛区规划投资项目

1. 问题

美国加利福尼亚州圣弗朗西斯奎托河的分水岭和洪泛区，从圣克鲁斯山脉到旧金山湾，流域范围超过 130km²。旧金山湾区是该地区金融、旅游、港口和重工业中心。圣弗朗西斯奎托河位于旧金山湾南端硅谷的中心地带，其洪泛区与旧金山湾的洪泛区有很大的重合。在这些洪泛区内或附近，有包括谷歌（Google）、脸书（Facebook）、惠普（Hewlett-Packard）和其他科技巨头的总部，是交通、供水、水处理、电力和天然气传输，以及商业活动的主要分布区域。这一区域密布着住宅和商业开发项目，以及广泛的沿海湿地系统及其他开放空间。河谷流域和周围地区生活着众多动植物，为当地居民和游客提供了各种游憩场所。然而，尽管该地区拥有丰富的自然资源和金融财富，但这里的社区却经常遭遇河流和沿海洪水的侵袭。这一地区内最贫穷的社区，房屋都位于海平面以下，屋顶位于用来当作堤坝的非工程护堤以下。由于圣弗兰西斯奎托河形成了各市县之间的边界，历史上自然灾害频发，这条河在历史上被视为一种防护负担。而且由于没有一个单独的机构来管理河流及其周围的集水区，以及还有重叠在一起的河流和沿海洪泛区，多个司法机构都在争取实现共同目标。

1998 年，在经历了 20 世纪最大的几次洪水后，约有 1700 处房屋被冲毁，该地区两个县的 5 个地方机构开始联合起来。帕洛阿尔托市、门洛公园、东帕洛阿尔托市、圣马特奥县、圣克拉拉县的全县水务局，以及圣克拉拉山谷水区联合成立了一个新的地区政府机构。他们将自然名称分割并统一起来，将其命名为"圣弗朗西斯奎托河联合权力机构"（SFCJPA），并选举公职人员代表各司法管辖区组成 SFCJPA 委员会。SFCJPA 还有一名执行主任和三名专职工作人员，并由创始机构的顾问和工作人员协助开展日常工作。SFCJPA 的首要目标是通过协调城市共同面临的洪水、环境和娱乐方面的问题和利益，将圣弗兰西斯奎托河及该地区三个城市 18km 的湾区海岸线从负债转变为统一资产。

SFCJPA 开展了 3 个大型项目，充分体现了其对硅谷多个辖区的多重利益（洪水防护、生态系统恢复和娱乐游憩功能）的重视。这些项目包括"旧金山湾至 101 号公路"项目、"101 号公路河流上游"项目，以及"推进旧金山湾沿岸防洪、生态和游憩功能战略"项目（也被称为"SAFER 湾"项目）。这些项目充分联合公共和私人资金，结合天然和基础设施，以提升该地区的生态恢复力、栖息地生态、

游憩功能、水质、再生水获取、景观带和其他方面的价值。

2. 生态系统服务

SFCJPA 负责计划、设计并开展了针对高度城市化地区的生态项目，覆盖了从上游集水区到下游潮汐沼泽在内的区域。这一项目尽可能将自然和基于自然的方法应用于海岸恢复，包括盐沼、溪漫滩和其他生态系统的创建、恢复和保护。与墨西哥湾沿岸和美国东部海岸的情况一样，旧金山湾区及其周围的生态系统可以通过减弱海浪和固定沉积物来降低海岸侵蚀和洪水风险。此外，在旧金山湾区，主要是要处理好雨水、潮汐以及海平面上升导致的洪水问题。保护和修复的开放空间可以为高水位预留泄洪空间，防止洪水淹没基础设施和住宅。

除了关注沿海地区的恢复力外，SFCJPA 的工作重点还包括为社区间的游憩娱乐项目创造相互联系的机会。海滨湿地和潮汐溪流被人们亲切地称为"海湾地带"，有助于在高度城市化的环境中进行体育锻炼和精神放松。随着脸书、谷歌和其他大型雇主在湾区设立总部，众多的海滨小径也为在这些企业工作的员工提供了重要的通勤路线，并为改善员工健康、减少交通拥挤起到了重要作用。湿地、海滩和泥滩也是众多濒危物种的家园，吸引了大量的观鸟者和户外爱好者。此外，海岸植被有助于过滤污染物和营养物质，以维持水质，并发挥碳固定作用以调节气候。这些共同利益的重要性促使人们不断开展海岸线保护调查，积极研究促成新的海岸保护方法。因此，SFCJPA 也已经开始探索实施各种基于自然的方法，以及降低沿海社区和基础设施风险的混合方法。

3. 生态系统服务的受益者

栖息地恢复和保护投资项目的受益者包括沿海土地所有者，因为他们使用的基础设施都面临洪水和侵蚀破坏的风险。部分置业者的土地位于联邦应急管理局（FEMA）划定的洪水危险区域内，这一区域同样被划入洪水保险承保区域中，根据相关项目，只要这些置业者有抵押贷款，就必须购买洪灾保险。其他受益者包括在海湾地区通勤、散步、跑步、观鸟和从事教育活动的居民。许多靠近海岸线的业主都很关心这一地区的景观和房产价值。建在沼泽地上的脸书总部、各类酒店、律师事务所和其他商业部门，也都属于这一区域的受益者。然而，并非所有的福利都归于私营部门。除了位于旧金山湾洪泛区的大约 2700 所房屋外，圣弗朗西斯奎托河周围的区域还包括连接旧金山和硅谷的主要公路、机场、该区域重要的供水和水处理设施、天然气和电力传输线路，以及学校、消防局、警察局和邮局等公共设施。

4. 生态系统服务的提供者

与其他两个案例类似，海岸栖息地和传统防洪工程（如堤坝和防洪墙）的维护和重建投资项目主要集中在公共土地上开展。但 SFCJPA 项目还需要收购一些关键的私人资产，包括一些私人地产的地役权，以便实施"旧金山湾至 101 号公路"项目和"101 号公路河流上游"项目，同时也包括调动脸书公司和湾区其他私人开发商的参与。在开展"旧金山湾至 101 号公路"项目和"101 号公路河流上游"项目的过程中，有一个区域在开发前曾是一片沼泽，SFCJPA 向位于这个区域内的一个 18 洞高尔夫球场（随后被改建为更为环保的小型球场）购买了土地，在宽阔的新河道内恢复了沼泽地。这一项目现已结束，此前该项目的其他土地交易还包括一个邮局停车场、私立学校、汽车商店、仓储设施和（在某些情况下）储存危险物质的仓库。

5. 交换条件

在上述项目的规划、设计和建设方面，五年来，SFCJPA 共筹集了 1 亿多美元资金，其中包括来自两个县的城市和水域管理部门的 5000 万美元，州水务和交通部门筹集的 3400 万美元，私营部门（包括一家公用事业公司和脸书公司）筹集的 1000 多万美元。与联邦政府相比，这些投资主体为 SFCJPA 项目提供了更多的资金。联邦政府依然是 SFCJPA 的长期合作伙伴，且通常是大型水利基础设施项目的传统资金来源。为开展圣弗朗西斯奎托河和"SAFER 湾"项目，SFCJPA 正在寻求新的资金来源，包括创新的社区私人洪水保险、湾区海岸线恢复税、新的金融区以及碳排放限额和交易市场等。

有资金支持的项目还包括将河道拓宽至帕洛阿尔托市高尔夫球场（该市为此得到了 300 万美元款项）。其他例子还包括私人土地征用行动（包括永久和临时建筑地役权征用）。比如，SFCJPA 将消防栓从私人财产中移除，而不是现金支付地役权，这对企业、当地消防局和附近物业都有利，从而也说明了 SFCJPA 在项目融资和实施方面采取了灵活多变的方法。在开展 SFCJPA 项目的三个城市的海湾沿岸，SFCJPA 对 $7km^2$ 的海岸生态系统恢复项目进行了潜力评估，并称之为绿色基础设施。SFCJPA 已经在具有高生态价值的沼泽中建立了这种绿色基础设施，并打算在其他地区复制这种绿色基础设施，例如水平堤坝。水平堤坝有一条通往沼泽中的缓坡，坡上有不同的栖息地，对应不同的潮沙高度。这种新方法可以帮助海岸堤防在海平面上升的过程中保持沼泽和堤防免受侵害，还能固定和储存更多的碳，并降低堤防高度和成本。SFCJPA 业已完成的项目将保护该河段免受洪水影响，即便达到可能的最大流量，或者当海平面比易受灾区域水位高出 3 米，那些曾经很容易受灾的河段如今也可以幸免。该机构在这两个县海岸线附近开展的"SAFER 湾"项目也体现出了应对海平面上升的防护能力，大大降低了 18km 海岸线上 5000 多处房产所面临的洪水风险。

6. 价值转移机制

收购私人地役权，大多通过支票的形式向私人土地所有者转账，只有一个案例是购买公共用地的，项目向帕洛阿尔托市支付了费用，并用市政高尔夫球场的土地来拓宽河道。在部分情况下，SFCJPA 或私人实体亦提供实物捐助，以实现其资产或财产的长期价值收益。

7. 监测与验证

这些 SFCJPA 项目包括为物种和栖息地监测提供资金，特别是评估对《濒危物种法案》的遵守情况。一般来说，现有的监测计划往往侧重于生态指标，而追踪与娱乐、弱势社区开放空间的获取和沿海恢复能力等有关的人类福祉和经济信息，将有助于彰显沿海栖息地恢复的社会效益和成果。

8. 有效性

要想从生物学和社会学的角度来评价 SFCJPA 项目的成果还为时过早。然而，从治理的角度来看，政府间跨区域筹集和分配资金的做法，似乎对该区域的许多公共和私人利益都颇具吸引力。

9. 主要经验教训

旧金山湾案例显示了投资生态系统项目以实现沿海区域生态恢复力和气候适应性过程中的几个重要经验。首先，与其他案例类似，各地、州和联邦机构之间的协调需要时间，但在推进大型区域性重大项目的选择、设计和实施之前，必须明确恢复目标，并在相关各方之间达成共识。三级政府中，民选官员的直接参与和努力也是保证和维持政府机构支持的关键。

其次，跨多个行政区、涉及多重效益的大型项目资金，可以从项目受益方（包括公共和私人受益方）那里募集，这种更广泛的成本和效益分担方式能更好地鼓励投资。通常，私营部门将公共工程（包括环境）项目视为公共部门的责任，然而当私营实体从项目中获得独特和直接的利益时，这些实体就应该参与这些项目的规划、设计和投资。同样的情况也适用于项目许可。即使是涉及开展具有管辖边界、土地利用、敏感物种、公共设施和其他基础设施等重大限制条件的项目时，只要能实质性防止洪水和海平面上升带来的威胁，并加强相关区域的生态系统和游憩功能，那么这样的项目也应该得到许可并开展。正如融资一样，区域项目的多个受益方可以促成更广泛的认可，让更多利益相关者达成共识。这一过程虽然具有挑战性且非常耗时，但也能带来为社区实现更广泛效益的项目。

在硅谷海湾的大部分地区，恢复海岸线的生态功能与保护民众和财产安全是相互依存的。这意味着应该保留并利用好沿海沼泽地，从而在应对海平面上升时能让其充分发挥防洪的作用。

四、结　论

墨西哥湾沿岸、美国东海岸和旧金山湾的案例研究，说明了自然资本评估和沿海恢复力规划与融资过程中的几个重要启示。首先，这些案例强调了为保护和恢复生态系统提供资金的各种机制，通过这些机制可以实现人们希望从沿海生态系统获得多重利益的愿望。除了传统的慈善来源以外，政府补贴、责任机制和公私部门都有望拓宽资金渠道，以保护和加强生态系统，增强沿海地区的恢复力。不管采用什么机制，在充分监督与效率/效力最大化之间找到平衡都至关重要。

其次，这些案例强调了多个实体之间协调的重要性。这些实体包括政府机构、私营部门、非政府组织和其他利益相关方。虽然协调需要时间和资源，但广泛的参与对于确定共同目标和建立共识而言至关重要。海岸恢复和生态保护项目的诸多受益方可以联合起来，共同克服资金、许可和管辖方面的挑战。私人部门在这些过程中也可以扮演重要的角色，特别是当其能从此类公共项目中获得独特和直接的利益时。

最后，这些案例表明可以资助和实施那些既能恢复生态功能又能降低风险的项目。虽然项目的长期发展是否能达到这些不同的预期目标，还需要对生态属性和社会经济结果进行持续监测。但是，早期的成果是很乐观的，几个飓风桑迪救灾项目的实施表明，这些项目得到资助和实施后，沿海风暴所带来的洪水灾害影响已被显著减弱，相关濒危物种也已经重新出现在受灾区域。

主要参考文献

Abt Associates. 2015. "Developing socio-economic metrics to measure DOI Hurricane Sandy project and program outcomes." https：//www.doi.gov/sites/doi.gov/files/uploads/Socio _Economic_ Metrics_Final_Report_11DEC2015_0.pdf.

Arkema，Katie K.，Greg Guannel，Gregory Verutes，Spencer A. Wood，Anne Guerry，Mary Ruckelshaus，Peter Kareiva，Martin Lacayo，and Jessica M. Silver. 2013. "Coastal habitats shield people and property from sea-level rise and storms." *Nature Climate Change* 3，no. 10：913.

Department of the Interior （DOI） Metrics Expert Group. 2015. *Report for the Department of the Interior Recommendations for Assessing the Effects of the DOI Hurricane Sandy Mitigation and Resilience Program on Ecological System and Infrastructure Resilience in the Northeast Coastal*

Region. https：//www.doi.gov/sites/doi.gov/files/migrated/news/upload /Hurricane-Sandy-project-metrics-report.pdf.

Disaster Relief Appropriations Act. 2013. Public Law 113-2. https：//www.congress.gov/113/plaws/publ2/PLAW-113publ2.pdf.

Gulf Coast Ecosystem Restoration Council. 2016. "Comprehensive Plan Update 2016：Restoring the Gulf Coast's Ecosystem and Economy." https：//www.restorethegulf.gov/com prehensive-plan.

Hurricane Sandy Coastal Resiliency Competitive Grant Program. http：//www.nfwf.org/hurricanesandy.

National Fish and Wildlife Foundation. 2015. "Developing socio-economic metrics to measure Hurricane Sandy project and program outcomes."https：//www.doi.gov/sites/doi.gov/files/ uploads/ Socio_Economic_Metrics_Final_Report_11DEC2015_0.pdf.

Resources and Ecosystems Sustainability，Tourist Opportunities，and Revived Economies of the Gulf Coast States Act （RESTORE） Act. 2012. Subtitle F of Public Law 112-141. https：//www. treasury. gov/services/restore-act/Documents/Final-Restore-Act.pdf.

San Francisquito Creek Joint Powers Authority. sfcjpa.org.

Sutton-Grier，Ariana E.，Rachel K. Gittman，Katie K. Arkema，Richard O. Bennett，Jeff Benoit，Seth Blitch，Kelly A. Burks-Copes et al. 2018. "Investing in natural and nature-based infrastructure：Building better along our coasts." Sustainability 10，no. 2：523.

第十五章　英国：为公共和私营部门的生态系统服务付费

伊恩·贝特曼，艾米·宾纳，布雷特·戴，卡洛·费齐，亚历克斯·罗斯比，格雷格·史密斯，露丝·韦尔特斯

自然资本提供了大量的生态系统服务，其中大部分属于"公共产品"，所有人都可以享受其带来的利益，任何个人对这类产品的使用也不会影响其他人对这类产品的利用率。虽然这些特点可以使这类公共产品具有巨大价值，但因为高昂的生产成本（要么直接生产，要么必须放弃其他有利可图的活动），也意味着私营公司很难或不可能从这些产品中盈利。因此，这类公共产品的供应通常都不足。在这里，我们展示了如何通过引入生态系统服务付费（PES）计划来激励私营企业提供公共产品，三个来自英国的案例研究说明了PES计划的灵活性。前两个案例依次在国家层面和流域层面应用了形式更为普遍的PES计划，其中公共部门为私营机构提供资金。第三个案例，再次研究了在流域层面运作的情况，但这一案例体现了由私营部门资助的PES计划中一种较少见的开展形式。这一案例中，公共利益是为资助者提供私人利益过程中的一个（受欢迎的）副产品。整个过程中的资金来源渠道和决策层范例，为我们展示了在各种情境下的广泛适用性。

对研究文献的大量分析表明，自然资本的变化及其导致的生态系统服务供给是如何提高环境可持续性和公共利益的。然而，实现这一切所需的许多关键资源都是私有的。这就产生了一个问题，因为在通常情况下，要想提供更多的生态系统服务，会增加私人资源所有者的成本（包括放弃利润）。举例来说，减少农用杀虫剂的使用可能会提高河流和饮用水的水质，但也会给农民带来额外成本，因为由此导致的病虫害加重会让他们赖以谋生的作物减产。总的来说，社会可能会从这样一个行为上实际受益，但农民却将承担几乎所有的成本，因此农民的抵制行为是可以理解的。为了克服这样的问题，人们制定了各种各样的生态系统服务付费（PES）计划，以保证高价值的关键生态系统服务能够得到有效提供，因为目前这些服务要么就是完全没有，要么就是在私营生产者的正常市场活动中供应不足。

本章探讨了两种 PES 的资金支付机制：①由公共部门向私营企业支付；②在私营企业之间支付。公共部门向私营企业的资金支付是 PES 机制在大多数其他国家最常见的。相比之下，私营企业之间的 PES 机制仍然相对新颖，但是由于它们利用私营部门的资金，因此具有极大的潜力来激励环境改善，特别是在这种改善带来利润机会的情况下。

我们通过三个案例来说明这些机制的排列情况：①为国家层面的决策提供从公共和私人的自然资本改良资金；②为流域层面的自然资本改良提供从公共和私人的资金；③同样是在流域层面提供从企业之间的自然资本改良资金。三个案例都取自英国。英国最近推出了一项 25 年环境规划，其总体目标是确保当代人能进一步改善他们所继承的自然环境（H.M. Government，2018）。但本文提出的主要是与世界各国的实践更为相关的 PES 方法。

一、案例 1　改善自然资本的公对私筹资：国家层面的决策

继具有里程碑意义的 2005 千年生态系统评估之后，英国决定再进行一次全国生态系统评估（UK–NEA，2011），并对其效益进行系统的环境和经济分析。2011 英国全国生态系统评估试图对自然资本利用和土地利用变化的结果进行评估，结果显示，英国自然环境提供的生态系统服务有 30% 以上处于下降的状态。

2011 英国全国生态系统评估（UK-NEA，2011）数据提供了非常详细的带坐标系的时间序列环境数据，数据覆盖整个英国，包括土壤特征（如易受水涝影响）、气候变量（如温度和降雨量）和土地利用情况（如农业产出）。同时，还收集了在空间和时间上参照市场变量（如价格和成本）和政策（如补贴等激励措施和土地使用限制等法规）等方面的类似数据，对其进行补充。该评估的结果将环境、政策、市场和其他经济因素联系起来，以检查土地利用变化所产生的市场和非市场的后果和价值。这些在空间上的敏感性分析也证明了未来的政策将如何以最有效地分配可用资源为目标，从而实现其净收益的最大化。

这项成果的关键点是让决策者了解自然资本资源使用变化的驱动因素。这类分析常见的失误是，在分析从当前资源使用转移到替代资源使用的优势时，没有考虑到这两种状态之间的转移是如何受到影响的。英国全国生态系统评估研究了到 2060 年时，不同预期下的土地利用情况。这一研究突出了评估市场和非市场变化效应的优势以及空间导向性政策的重要性。这个案例也说明了理解环境、经济和政策变化驱动因素的重要性（Bateman et al.，2013）。因此，决策者可以看到某一特定政策的转变可能导致土地利用、生态系统服务和价值发生变化。

1. 生态系统服务

2011 英国全国生态系统评估对市场和非市场生态系统服务的结合体进行了分析。

1) 粮食产出提供了具有高市场价值的关键性生态系统服务，决定了英国约75%的土地用途，包括农田、草地、山地、荒原和荒地环境。

2) 温室气体的固定具有非市场价值，包括土地利用和土地管理产生的直接和间接排放、土地利用变化引起的土壤中碳的年度流动、陆地植物生物量中碳的累积和排放。

3) 开放式休闲访问具有非市场价值，在不同的环境（例如，山脉、海岸、森林、城市绿地、城市中心等）和地点（随着与人群距离的增加，访问量下降）都有所不同。

4) 城市绿地具有非市场价值，反映了审美、身体和心理健康，也影响着社区、噪声调节和减少空气污染方面的效益。

5) 野生鸟类物种多样性被用来作为英国生物多样性的代表，因为鸟类在食物链中处于高位，通常被认为是更广泛生态系统健康的良好指标。

2. 生态系统服务的受益者

同样的变化会给不同的群体带来非常不同的后果。

1) 农民。虽然气候变化将对世界许多地区的农业生产产生负面影响，但就英国普遍凉爽的气候则意味着，气温升高可能会增加一些地区的农业生产和利润。然而，这反过来又可能对水质产生负面影响，从而影响到供水客户，因为农业集约化程度越高，导致水体养分污染加剧，需要更高的处理成本。下游河流水质也将对淡水生物多样性产生负面影响。

2) 休闲主义者。开放式游憩场所有利于个人参观访问者。

3) 城市居民。通常增加城市绿地的使用机会会产生显著的社会效益。然而，福利的分配可能并不平衡，并可能导致局部地区的高档化，将较贫穷的家庭推向生态效益较弱的地区。

4) 生物多样性受益者。野生物种多样性的改善，不仅能直接或间接保护相关物种（例如通过食物链），还能给重视这种改善的人带来收益。这些人包括持有使用价值的人（例如，从事狩猎或捕鱼以及喜欢观赏野生物种的人），以及持有非使用存在价值的人。生物多样性还通过传粉等作用和对维持生态系统的各种贡献，间接地提供各类价值。

5) 国家和全球受益者。保护生物多样性和通过土地利用变化来封存温室气体、减少气候变化，不仅有益于英国，而且对全世界也产生溢出效应。

3. 生态系统服务的提供者

生态系统服务可以由公共部门或私营部门提供。在英国，私人农业土地所有者和农民是主要的供应者，因为他们控制着大部分的土地。

4. 交换条件

通过对六种不同的政策情景进行了建模，探讨了每种情景对英国土地利用的影响，建模时间范围为 2010～2060 年。为了简单起见，这里只讨论两个最极端的政策场景。世界市场情景通过完全放开贸易，将经济增长置于首要地位。在这一情景下，贸易壁垒消除了，农业补贴消失了，农业向大规模、集约化的生产方式发展。相比之下，自然主导情景下的首要任务是，提高和保持所有生态系统服务的产出，并适应气候变化。

在忽略所有其他价值的情况下，对土地市场价格产出的分析表明，由于实现了农业土地的最大化集约利用，世界市场情景是最优选项。然而，一旦要考虑到非市场价值，则自然主导情景显然体现出更好的社会价值，而世界市场实际上降低了整体价值，对生物多样性尤其不利。在这两种情况下，土地利用决策的空间导向性，致使土地使用效率大幅提升，尤其是让公共支出更加"物有所值"（即相对于成本的效益水平）。

5. 价值转移机制

在英国，最常见的转移农业相关价值的方法是政府补贴，事实上，这些补贴占到目前英国农民收入的 50% 以上。目前，大部分资金是按每公顷面积来支付的，与之所产生的生态系统服务几乎没有什么联系。然而，脱欧的决定以及由此产生的共同农业政策导致英国政府宣布，将采取新的"公共资金换公共产品"的农业支持方式（Defra，2018）。这有可能显著提高通过 PES 计划所产生的货币价值，特别是如果这些计划针对的是产生收益最高的领域（Bateman and Balmford，2018）。通过分析哪些地区可为农业带来更高的经济价值，哪些地区最好转用其他生态系统服务的生产，并一致确定资金目标，那么补贴的总体效率可以大大提高。从政策角度看，采用这种空间导向机制，只需根据其产生的效益调整当前的补贴水平，就可以大幅、无成本地提高纳税人的货币价值。

6. 监测与验证

PES 计划在现行和潜在的英国农业政策中都是从公共部门向私营部门（这里主要指农民）支付资金的。英国农村管理计划（The UK Countryside Stewardship Scheme，CSS）是一个重要的 PES 计划，1991 年首次实施时，其占地面积只有

25 000hm^2。到 2004 年暂停时，该计划已覆盖 53 万多公顷土地，每年向农民支付的款项超过 5200 万英镑。该计划旨在维持乡村景观的美丽和多样性，并为农民提供维护野生动物栖息地的奖励。它向农民支付了重建耕地、维护草原、管理和服务人行道和马道的费用。参与的农民必须签订通常为期 10 年的合同，并按照合同在这段时间内保持一定的土地使用权。他们通过一系列检查（包括视察农场）来监测农民是否履行了合同要求，如果农民未能提供生态系统服务，合同就会终止，有时还会被罚款。支付机构设定的目标是每年检查 10% 的农场，但实际检查率从未达到这个水平。

下一步的改进方向可以采用按成果付费的方式来实现。在某些情况下，这可能很容易实现。例如，从农田里流出的水的质量，从某些方面来说（如农药或肥料含量）是农民可以左右的。然而，其他按成果付费的计划似乎较难实施。例如，在野生动物保护方面，一个农民为鸟类提供食物来源，使其繁衍生息，而鸟类却很可能栖息在另一个农民的土地上。然后就出现了谁应该为这些服务收费的问题。尽管如此，与基于投入的方法相比，按成果付费具有重要的优势。

1）基于成果的方法鼓励对土地的使用，以产生最佳的环境效果。

2）基于投入的制度的限制规定被取消后，农民在土地管理方面能有更大的灵活性。如果按照预期的环境产出来适当设立目标，可能带来更多的参与计划和更好的改善结果。

3）允许农民进行创新，并将其现有知识纳入环保规定中，从而提高生产效率。这些知识的扩展可以通过培训来实现。

无人机信息采集、地球观测、卫星数据和其他大数据体系的不断整合，可以用于监测农田使用情况及结果（如植树和生长情况），为加强 PES 计划提供了更大的潜力。

7. 有效性

农业环境下的 PES 计划已被证明卓有成效，因为 PES 非常注重生态系统服务的提供，例如为繁殖鸟类建立栖息地（Baker et al.，2012）。然而，这种目标制是一种例外，而不是一种按每公顷分配大部分补贴的制度性规则。这必须与管理目标计划（如 CSS）的困难进行平衡，CSS 因给农民带来沉重的行政负担而备受批评。

8. 主要经验教训

该研究强调了在做出土地利用决策时，应考虑以下关键因素。

1）对政策、市场和环境变化驱动因素的分析使决策者能够了解哪些变化杠杆是可用的，哪些驱动因素是由外部因素决定的。

2）尽可能捕捉土地利用变化可能对生态系统服务产生的所有的主要影响，以免得出误导性结论。

3）确保用于衡量生态系统服务变化的不同单位具有可比性（通常以货币价值来度量）。

4）把不能用货币来度量的价值列入考量。

生物多样性是一个特殊的挑战，应通过认可和拒绝违反这些目标的投资，将普遍商定的目标（部分来自立法，但也来自其他优惠措施，并以生态知识为依据）纳入分析。可以对实现这些目标的成本进行估算，并评估实现这些目标的各种选择的有效性，但不应将这些成本解释为实现可持续生物多样性或其他目标的价值指标。

1）通过审视备选方案和投资目标，来考量空间变化。

2）通过将驱动因素的变化（如气候变化影响所引起的变化）纳入分析，来考量时间变化。

3）探索其他政策情景，查看不同政策可能产生的不同结果。

二、案例 2 改善自然资本的公对私筹资：流域层面的决策

虽然国家层面的决策对于指导总体和长期战略至关重要，但大多数实际的环境管理决策是在有限的范围内作出的。尽管如此，在决策中保持环境一致性仍然很有必要，而且目前有一个明显的趋势是考虑将流域作为一个重要的决策单元。但是无论规模大小，决策的关键原则是，条件变更可能带来的所有主要影响都应纳入到分析范围中，包括相关的溢出效益和活动直接地点以外的成本。

本案例通过分析气候变化可能对英国约克郡艾尔河流域的影响，研究如何在流域层面上改进传统公对私的 PES 决策。由于农民充分发挥了增加农业集约化的潜力，气候变化产生的平均气温上升也引起了土地利用的变化。反过来，这促进了粮食产量增加，但也产生了肥料使用量增加、河流污染加剧以及生态质量和游憩价值降低等方面的影响，二者需要相互平衡。Bateman 等（2016）提供了本案例研究的所有细节。

1. 生态系统服务

艾尔河流域面积为 86 000hm²，流域内具有高度异质性的土地利用方式、水质和社会经济特征。流域上游的西半部人口密度较低，其主要的土地利用方式是以牧业和农业为主。下游东半部流域有一些混合的可耕地，但主要是高密度城市区域，

这些区域本身是河流生态的主要决定因素，也是游客的主要来源。

由于整个河流流域的农村土地使用方式既有粗放的畜牧业，也有集约的种植业，艾尔河受到严重的面源污染，并导致了水体富营养化。河流流域生产的可耕作物和根茎类作物与高度富营养化状况密切相关。在放牧密集地区，河道的富营养化程度较高。相反，在开阔的草地，河道富营养化程度较低。

2. 生态系统服务的受益者

公众从几个方面受益于这条河。首先，河流具有游憩价值，这包括沿河散步、跑步、骑行、观看自然景观、划独木舟、钓鱼和游泳等。其次，河流还具有与流域生物多样性水平相关的非使用价值，这与直接利用野生物种完全不同。此外，水质改善也有利于水务公司降低水处理成本。

3. 生态系统服务的提供者

河流流域内的农民和土地所有者对河流水质有着重要影响。据预测，气候变化将导致农业生产的进一步集约化，从而使化肥等的使用量增加，而这又会通过扩散污染降低河流水质。相反，农民可以通过采用更多样的生产方法来维持甚至改善水质。

因此，农民是改善水质的潜在服务供应者。这反过来又可避免游憩价值和其他相关生态系统服务价值的潜在损失。然而，这会导致农民收入减少。这项研究的一个关键目标是计算如果农民放弃采用高投入、集约型的农业，可能减少多少收入，以及因此需要提供多少补偿。然后将此成本与此类行为所创造的游憩和其他价值相比较。

4. 交换条件

首先考虑变化的驱动因素。假定市场驱动因素不变，价格会追踪总体通胀水平，并保持实际水平不变。其次模拟环境驱动因素的变化，特别是假设整个地区的温度升高 1℃ 且降雨的季节性模式发生变化。最后，还要考虑抵消气候变化负面影响和改善水质的政策驱动因素的有效性。

如案例 1 所述，虽然全球气候变化将对世界农业系统产生更大的压力，但在某些温带国家，如英国，气温升高可能导致农业增产。分析表明，农民将从畜牧业生产转移到预期会变得更有利可图的种植业，农场总收入每年也将由此增加约 1100 万英镑（Bateman et al., 2018）。然而，这种生产转变涉及加大农业投入，特别是化肥的使用量。这反过来又会增加水道和河流的面源污染，加重水体的营养水平和富营养化状况，并导致河流生态质量下降。这不仅削弱了相关的非使用价值，而且因其对河流的娱乐价值产业影响，还对潜在的非市场外部性产生了影响。

通过应用具有空间敏感性的方法来评估这些外部性，我们可以估算出这些损失的地理分布特征。从整个研究区域的汇总情况来看，向更集约的农业生产方式转移所产生的面源性污染，每年会带来大约 2600 万英镑的游憩价值损失。很明显，采用 PES 来完全补偿农民放弃的利润，每年将产生约 1500 万英镑的净收益。

进一步地政策干预不仅避免了提高农业集约度带来的损失，而且还提高了这一区域的中心城市利兹和布拉德福德周围的水质，使其从目前较差的水质变得清澈。这项政策既能避免气候变化导致水质下降，又能将水质变得清澈，每年将产生 7400 万英镑的净收益（Bateman et al.，2018）。

5. 价值转移机制

上述改善措施的资金应来自目前农业环境或水资源管理计划的专项使用资金。此外，通过混合实施监管和激励措施，也可以从私人水务公司获取资金（见案例 3）。

6. 监测与验证

英国一般采用流动检测和偶尔现场视察相结合的模式对类似土地使用政策进行监测和验证。同时还应鼓励开发更便宜的水资源监测机制，如应用实时传输数据的数字监测设备，以便向农民和监测当局分发有关的水质信息。这类信息有助于采取预防措施，例如在重大农药事故发生之前关闭取水口。

7. 有效性

本书选取了一个简化的气候场景来进行阐述。今后的分析可以加入更广泛的气候变化维度和动态，包括非线性影响和不确定性。有效性分析因环境变化的时间尺度变得复杂，在政策决策、实施、行为后果和环境响应之间通常存在滞后性。

8. 主要经验教训

虽然承认气候变化对农业的直接市场影响在英国可能具有积极作用（在许多其他国家并非如此），但这项研究的核心贡献是证明仅关注这些直接影响还远远不够，还不足以了解气候变化的全部影响。通过对艾尔河案例的研究，可以得出几个关键结论。

1）了解和模拟气候变化可能对流域产生的直接和间接影响非常重要。在艾尔河流域内，这些影响包括：①温度升高 1℃，导致水温升高，对河流生态质量就会产生直接影响，进而对河流的本地动植物产生负面影响。②土地利用变化对河流生态质量产生间接影响，导致土地利用向农作物种植转移，造成河道污染加剧，降低河流的游憩价值。

2）可以制定政策，抵消土地利用向农业转移的负面影响，使收益大幅超过成本。

3）为这种变化提供资金的方法包括国家直接资助和企业对企业支付。

三、案例3　企业对企业自然资本改善的筹资：流域层面的反向拍卖

河流的水质是私人水务公司的重要利益关切，这些公司动用了大量的财力进行水处理，以保证水质符合法定标准。通过向农民支付减少农药、化肥和化学物质的投入，从源头上防止污染，可以大大降低这一成本。减少污染同样也能带来公共效益，因为减少污染会提升生物多样性水平、增加生态环境的游憩和旅游价值、提高鱼类捕获量、减少泥沙淤积及相关成本。这一方案的挑战在于，需要制定和实施能够实现双赢的政策。

1. 生态系统服务

英格兰西南部的佛威河流域，当地水务公司西南水务（SWW）使用该流域的水供应康沃尔地区95%的饮用水。但上游取水区也从事各种农业生产，导致大量污染和泥沙进入河道中，上游地区也是重要的旅游和游憩活动区。

2. 生态系统服务的受益者

目前，农民是高水平农业投入的主要受益者，而高水平的农业投入也是佛威河污染的根源。相比之下，水务公司及其客户承担水处理成本，而更广泛的社会面则遭受与水污染相关的外部影响。通过补贴农民，让农民采用低污染技术，即使最坏的情况下也不会让现状变得更糟。由此减少的污染将有利于水务公司及其客户降低水处理成本，从而降低水费。此外，这一举措也对环境和社会产生了积极的溢出效应，环境受益于自然资本市场，以降低河流的污染水平。较低的化学负荷增加了河流溶解氧的水平，也降低了富营养化的程度。因此，本地动植物（如睡莲）得以茁壮成长，给生态系统带来了更丰富的多样性。娱乐和经济活动（如通过提高商业渔业和贝壳养殖业的生存能力、旅游业的增长等）增强了，成本（如疏浚港口和水道的成本）降低了，非使用价值得以改善（如野生物种栖息地和相关生物多样性日趋丰富），整个社会也由此受益。

3. 生态系统服务的提供者

所有居住在河流附近的土地所有者都是为西南水务提供清洁水的潜在提供

者。这些土地所有者大多是农民，也是造成河流污染的主体。

4. 交换条件

西南水务率先推行了佛威河改善计划。这是该公司上游倡议的一部分，该倡议是一项主动防止污染而非补救的计划。通过与各方合作（Day et al.，2013），该计划制定的干预措施的决定因素包括：①发生的变化——可用的资本投资包括泥浆储存，不包括河道中的牲畜，覆盖牲畜饲养区等。②对水质的影响——各项投资的有效性。这项分析的一个主要因素涉及水质变化发生的位置、河道的邻近性、土壤特性和坡度等污染迁移决定因素。③变化的可能成本——促使这一变化所需农民和西南水务投入的资金额以及监测发生变化的成本。

5. 价值转移机制

价值转移的一个关键决定因素是，英国水务监管机构事先决定，允许水务公司直接与农民接触，以防止发生污染事件，而不是单纯处理已受污染的水体。在此前提下，Day 等（2013）设计了一个具有竞争力的 PES 反向拍卖市场，其运作方式如下。

1）水质研究人员提供相关流域的污染迁移信息，确定不同位置发生潜在变化的影响。

2）农民被邀请为水务公司的投资准备投标，以改善其农场中与水有关的基础设施（如改进排水和动物污水控制）。水务公司与流域的所有农民都进行接触，在农民中间形成了投资竞争，并降低规定成本。

3）将所有投标金额与预期收益额进行比较，使水务公司掌握每项潜在投资的性价比情况。具有最高性价比（即最低单位收益成本）的投标即获得实施资金。

为了进一步降低成本，市场还允许开展"投标练习"。一旦水务公司收到投标，农民会被告知他们的投标没有达到必须的投资价值，可以通过降低成本或改变投资方式来提高效益，从而修改他们的投标。经过两轮这样的练习，最后一轮"正式投标"开始，中标后即签订合同，开始投资。

通过邀请多个农民投标，买方建立了一个竞争性的市场，农民也无法夸大补偿要求。西南水务直接向受资助的农民支付现金，以便投资能够迅速开展。付款的前提条件是，农民要签署并履行通常为期 25 年的合同，开展长期有效的投资（如泥浆储存和屋顶铺设）。也有为期 10 年的合同，主要针对较短期的项目（如围栏和混凝土浇筑）。合同规定，必须专款专用，妥善管理并专门投保。

6. 监测与验证

所有的资本投资都很容易监测和验证，只有农民切实履行了合同义务，款项才会兑现。只需要核实项目是否按要求实施或受到管理即可。

7. 有效性

这里讨论的反向拍卖案例，涉及的预算较低，容易验证，事实证明效果不错，为今后实施类似计划提供了积极的经验。西南水务共有 36 万英镑的资金可供分配，但已经被超额认购，获得了价值 77.6 万英镑的投资。投资决策的反向拍卖法也比以前的非竞争性计划（顾问根据农民的成本报表分配资金）高出 20%～40% 的成本效益。预计随着时间的推移，随着农民获得更多关于 PES 市场运作的信息，成本可能会进一步下降。但市场管理的便利性和剩余竞争效率，使得这一方式仍然是一个颇具吸引力的选择。

该计划的局限性在于难以评估资本投资对水质的影响。首先，很难知道所开展的投资是否能给农田水质改善带来最好的效果。所有的投资都由一位顾问进行审查，审查结果认定项目能够改善环境，但也指出，农民只确认农场中 54% 的项目能确保环境改善。反向拍卖的一个不足是农民一开始很可能对环境投资选择的知识缺乏了解，随着拍卖的持续开展，农民的相关知识才得以不断增加。未来的一个改进方案是，制定一个混合方案，其中一个顾问访问农场并对投资进行评分，而这个评分反过来又会改善评估投标的性价比。或者，可以创造机会向农民提供培训课程，帮助缩小知识差距。

其次，要确定所做的资本投资是否是农民在没有赠款的情况下也应该进行的投资。拍卖后开展的调查显示，62% 的农民表示"无论是否从西南水务获得资金，他们都会进行相关投资。"然而，几乎所有的受访者都对这一说法持怀疑态度，并认为"只有获得资金才会实施"，"不是现在，可能是未来几年内"，"以低于投标书中所提的标准来实施"。但至少这些资金还是推进了环保资本投资的。

在反向拍卖的情景中，通过从基于行动支付资金转为基于成果支付资金，可以改进验证水质状况的方式。基于行动支付的问题在于，没法保证河流的水质会随着农场资本的变化而改善。如果不去衡量这些变化带来的实际成果，也很难掌握每项投资究竟产生了多大的影响。虽然监测技术的不断改进对这方面大有裨益，但在实践中，为了防止农民阻碍项目参与，基于行动和成果的混合支付方式很可能会继续下去。

8. 主要经验教训

本案例研究可总结得出以下关键经验教训。

1）企业的投资可以产生双赢的结果，尤其对公司、农场、水质、相关生物多样性和社会都有利。

2）增加投资者可获得的信息，可以提升这类投资对社会产生的价值。

3）反向拍卖可用于鼓励环境产品提供者向投资者披露其成本。

4）以物有所值的方式评估投标有助于确保做出最佳投资方案。

四、结　　论

本章概述了 PES 设计所具有的灵活性，可在不同地理和行政规模区域开展，也可以动员公共和私营部门参与。这些信息表明，通过改进当前决策方法以实现经济高效的环境改善的做法，具有巨大的潜力。

主要参考文献

Baker，David J.，Stephen N. Freeman，Phil V. Grice，and Gavin M. Siriwardena. 2012. "Landscape-scale responses of birds to agri-environment management: A test of the English Environmental Stewardship scheme." *Journal of Applied Ecology* 49，no. 4：871-82. doi：10.1111/j.1365-2664.2012.02161.x.

Bateman，Ian，Matthew Agarwala，Amy Binner，Emma Coombes，Brett Day，Silvia Ferrini，Carlo Fezzi，Michael Hutchins，Andrew Lovett，and Paulette Posen. 2016. "Spatially explicit integrated modeling and economic valuation of climate driven land use change and its indirect effects." *Journal of Environmental Management* 181：172-84. doi：10.1016/j.jenv man. 2016. 06. 020.

Bateman，Ian J.，and Ben Balmford 2018. "Public funding for public goods: A post-Brexit perspective on principles for agricultural policy." *Land Use Policy* 79：293-300. https://authors. elsevier. com/sd/article/S0264837718308603.

Bateman，Ian J.，Amii R. Harwood，Georgina M. Mace，Robert T. Watson，David J. Abson，Barnaby Andrews，Amy Binner et al. 2013. "Bringing ecosystem services into economic decision-making: Land use in the United Kingdom." *Science* 341，no. 6141：45-50.

Bateman，Ian J.，Amy Binner，Brett H. Day，Carlo Fezzi，Alex Rusby，Greg Smith，and Ruth Welters. 2018. "A natural capital approach to integrating science，economics and policy within decision making: Public and private sector payments for ecosystem services." *LEEP Working Paper*，Land，Environment，Economics and Policy Institute（LEEP），University of Exeter Business School. http:// www. exeter.ac.uk/leep/publications/workingpapers/.

Day，B.，L. Couldrick，R. Welters，A. Inman，and G. Rickard. 2013. *Payment for Ecosystem Services Pilot Project: The Fowey River Improvement Auction*，Final Report to the Department for Environment，Food and Rural Affairs，LEEP （University of Exeter） and Westcountry Rivers Trust.

Defra. 2018. "Health and harmony: The future for food，farming and the environment in a Green

Brexit." *Cm 9577*.https：//www.gov.uk/government/consultations/the-future-for-food-farming-and-the-environment.

H. M. Government. 2018. *A Green Future：Our 25 Year Plan to Improve the Environment*. www.gov.uk/government/publications. Millennium Ecosystem Assessment. 2005. *Ecosystems and Human Well-Being Synthesis*. Washington，DC：Island Press.

UK-NEA. 2011. *The UK National Ecosystem Assessment：Synthesis of the Key Findings*. UNEPWCMC，Cambridge，UK. http：//uknea.unep-wcmc.org/.

第十六章　加勒比地区：推行成功的发展规划和投资战略

凯蒂·阿克马

　　世界各国越来越热衷于在其发展计划和投资中，阐明其生态系统对生计和人类福祉的贡献。生态系统在哪些方面及如何保持水质、固碳、提供食物，以及支持旅游业、农业、渔业和其他部门并减少社区遭受自然灾害的风险……这些信息都可以为确定基础设施和环保领域的投资目标提供参考。然而很少有实例表明，在设计可持续发展计划以及随后的投资时，确实考虑了对自然资本的评估。在这里，本书分享两个案例，一个来自伯利兹，另一个来自巴哈马。在案例中，替代发展情景下的生态系统服务建模，被用于制定综合管理计划。通过这些案例，本书展示了如何让利益相关者参与生态系统服务评估过程中，以便让制定的发展计划不仅得到广泛支持，还能通过融资机制和具体行动得以实施。结果说明生态系统服务方法可以帮助决策者从规划过程中开始考虑不同的目标，明确一个国家自然资产的提供者和受益人，并展示今天所做的决定如何影响未来的规划目标。研究成果还凸显了政府在促进不同机构和利益相关方参与规划和决策进程方面的核心作用。伯利兹和巴哈马将成为寻求包容性绿色经济增长的其他国家的榜样。一个重要步骤是监测和调整这些方案，以改善社会、经济和环境成果。

　　世界上许多国家都在如火如荼地推进重大发展项目。预计到2030年，全球基础设施建设的投入将达到57万亿美元，到2050年，全球路网长度将增长60%。随着人们越来越意识到生态系统在支持生计和人类福祉方面的作用，各国政府也在制定相关的发展规划来促进人民和环境的长期健康发展，并实现近期经济目标。

　　生态系统在哪些方面及如何保持水质、固碳、提供食物，以及支持旅游业、农业、渔业和其他部门并减少社区遭受自然灾害的风险……这些信息都可以为确定基础设施和环保领域的投资目标提供参考。例如，对自然资本的评估，可以为前几章讨论的融资机制提供参考，表明在哪些方面及在多大程度上需要恢复或保护，从而确保在未来提供生态系统服务。

对自然资本的核算也有助于选择开发项目，以充分利用自然效益并避免不必要的服务损失。例如，考虑到沿海和山坡森林在防止侵蚀方面所起的作用，以及在自然区域开展旅游业的重要性，可以帮助人们确定应在何处修建新路、维护老路。

在本章中，本书介绍了两个来自加勒比地区的案例，案例中，生态系统服务评估为制定可持续发展规划提供了重要的参考。本书特别探讨了在项目规划阶段纳入自然资本信息是如何在实施阶段对促进项目融资起到作用的。在伯利兹，人们利用生态系统服务信息，确定海洋和沿海活动（例如疏浚、捕鱼、石油勘探、海洋运输等）的地点，并制定了该国第一个综合沿海区管理计划。该计划已用于为可持续旅游发展和基于自然的沿海恢复项目提供投资参考。在巴哈马，可持续发展规划的生态系统服务策略正在帮助确定美洲开发银行向巴哈马政府提供贷款的范围，以便在两次大飓风之后开展红树林恢复以增强沿海地区的恢复力。

虽然从人口和面积方面看，伯利兹和巴哈马都是加勒比地区小国，但它们面临的问题与世界各国甚至与中国和美国等大国所面临的一些问题是相似的，因为大国拥有更广阔的海岸带和更多生活在潜在危险之中的人民，也具有更多类型的问题。在全球范围内，超过三分之一的人口生活在距离海洋 100km 的范围内。巴哈马和伯利兹通过在全球气候变化中提升沿海地区抵御自然灾害的能力，展示了沿海和海洋生态系统在支持经济发展方面的作用。

一、案例 1　伯利兹沿海地区在开发、保护和恢复领域开展的综合管理和投资

1. 问题

伯利兹位于中美洲东部海岸，以其独特的沿海和海洋生态系统而闻名。伯利兹的沿海地区具有很强的生产力，是许多物种的家园，包括濒临灭绝的海牛和海龟。伯利兹 35% 的人口生活在沿海地区，许多沿海社区依靠捕鱼为生。这里有世界著名的浮潜和潜水胜地，每年能吸引 80 多万游客。除了吸引渔民和游客外，沿海地区的珊瑚礁、红树林和海草床还能保护沿海社区免受洪水和海洋侵蚀的危害。尽管伯利兹的海洋环境如此重要，但海洋和沿海部门的经济发展，包括旅游业、水产养殖、石油和天然气开发以及海洋运输，都日益威胁着作为该国国民经济和人类福祉基础的生态系统。

为了解决沿海地区经济活动的非结构化性质，并保护影响今后几代人的生态系统，伯利兹政府开始进行大规模的行动，制定了该国第一个沿海地区综合管理

计划。《2000 年沿海地区管理法案》呼吁制定基于科学和当地知识的规划。该规划在范围上虽是全国性的，但也同样强调区域差异，并在空间上提供明确指导，说明在何处以及如何开展海洋和海岸活动，以实现二者的保护和发展目标。伯利兹沿海地区管理局和研究所于 2010 年与自然资本项目合作，利用生态系统服务模式，预测在海洋和海岸活动分区的若干未来情景下，旅游、渔业和海岸保护方面的目标。通过利益相关方的广泛参与，以及对生态系统的建模，最终制定出了沿海地区综合管理计划的首选分区规划，这一规划反过来也推动了恢复和保护沿海和海洋生态系统的投资和融资进程。该规划已于 2016 年获得批准。

2. 生态系统服务

沿海和海洋生态系统，如珊瑚礁、红树林和海草床，为全世界的游客和伯利兹人提供了众多的生态系统服务。旅游业是伯利兹经济增长的最重要来源，2008 年为该国创造了 2.644 亿美元的收入，2014 年吸引了超过 100 万游客。海洋环境是吸引游客的主要原因，例如，游客来到该国探访伯利兹堡礁保护区和大蓝洞，二者都是联合国教科文组织认定的世界遗产地。而游客花费在游览活动（如浮潜、潜水）、食宿、游憩和其他设施上的支出也促进了当地经济的发展。

渔业为伯利兹沿海和海洋生态系统带来的另一重要效益。除了鳍鱼、龙虾、海螺和其他渔业物种外，珊瑚礁、红树林和海草也为具有重要生态和经济价值的物种提供了生长和成虫栖息地。例如，在伯利兹出口渔业中占最大份额的多刺龙虾，都要从公海洄游到红树林和海草中产卵。龙虾在沿海植被中生长到幼年期，然后迁移到近海的海草和珊瑚礁中生活，至成年后被捕获。

珊瑚礁、红树林和海草床还可以提供沿海保护，有效防止海平面上升和风暴。生态系统通过不同深度分布的珊瑚礁以及珊瑚和植被之间的摩擦作用，吸收波浪能、减弱水流，并固定沉积物。它们对近岸海水动能和泥沙输移的影响，反过来又可以减少海岸侵蚀和洪水对沿海社区的影响。当沿海和海洋生态系统因污染、疏浚、风暴破坏和其他因素而退化时，它们在渔业、旅游和沿海防护方面的服务供给能力就会受到影响，而依赖这些服务的伯利兹人和游客也会受到影响。

3. 生态系统服务的受益者

沿海房产所有者，包括独户住宅、酒店和寄宿处，都受益于珊瑚礁、红树林和海草的减少沿海洪水和稳定海岸线的作用。生态系统降低了公共基础设施（如医院、学校等）面临的风险，让生活在沿海地区的三分之一以上的伯利兹人口直接受益。从事小规模手工业者、个体渔业者以及商业捕鱼经营者则从收获的海产（如多刺龙虾和海螺）中受益。渔业部门的其他组成部分，包括加工商、出口商及其雇员，也从中受益。健康的沿海生态系统对旅游业的好处包括很多方面。小旅馆和生态旅游胜地、大型度假村、旅馆、餐馆、零售商、户外广告公司和其他游客经常光顾的企业，以及他们的所有者和雇员，也都是沿海生态系统的受益者。

4. 生态系统服务的提供者

沿海和海洋生态系统服务由沿海和近岸水域的公共土地和私人土地提供。与许多国家一样，沿海资源和公共土地由多个机构分管。阐明生态系统在支持不同沿海部门方面发挥的作用，可以加强这些机构之间的协调，以确保实现经济、环境和社会目标。例如，将栖息地纳入多刺龙虾渔获量和收入的量化模型，可以凸显由林业部门管理的红树林对由渔业部门管理的龙虾经济重要性。除了公共区域的分区和管理外，私人土地所有者还提供生态系统服务。例如，鉴于红树林在提升海岸恢复能力、碳固定和渔业方面所具有的多重效益，伯利兹南部开展了一个项目，奖励海滨地产所有者向红树林恢复和保护领域的投资。另一个案例是，在以美丽海滩闻名的伯利兹半岛的几处度假胜地，取消了海堤修建计划，这也导致了长期的海水侵蚀和海岸地貌的变化。然而，业主们宁愿在严重的飓风灾害过后重建度假村，也不愿冒失去海滩这一主要旅游资源的风险。

5. 制定该国第一个国家海岸带综合管理计划

为了尽量减少生态退化，更好地管理使用沿海地区产生的各种冲突，伯利兹政府开始为该国制定第一个国家海岸带综合管理计划（Integrated Coastal Zone Management，ICAM）。该方法将利益相关者的广泛参与、生态系统服务的场景开发和定量建模相结合。利益相关者的参与包括界定目标范围、收集信息，并通过由来自不同部门、代表不同利益的当地代表组成的沿海咨询委员会、公众咨询和专家审查来获取反馈。情景开发包括综合八类海洋和沿海活动（海洋开发、运输、渔业、农业径流、旅游、疏浚、水产养殖和石油勘探）方面的空间数据，根据利益相关者投入、政府报告以及现有和待决的立法情况，开发出一个2010年分区情景和三个未来（2025年）分区情景。2010年和未来情景中生态系统服务的空间变化也用生物物理和经济指标进行了量化，包括InVEST软件序列中的旅游和游憩、海岸保护和渔业模型。

通过利益相关者参与、情景开发和建立生态系统服务模型，伯利兹沿海地区管理局和研究所与自然资本项目合作，为伯利兹的国家海岸带综合管理计划制定了一个首选的空间计划。对生态系统服务的分析表明，与旨在实现保护或发展目标的情景相比，该首选计划将带来更丰厚的沿海保护和旅游回报。该计划还将减少对沿海栖息地的影响，并增加与当前管理相关的龙虾捕捞收入。通过计算沿海和海洋活动对生态系统利益影响的空间变化，生态系统服务模拟的结果可以让利益相关者和决策者作出明智的决策，划定人类使用区域的范围和位置。通过涵盖生态系统服务供给和价值方面的成果数据（如渔业捕捞和收入、免受风暴和避免损害的沿海土地、游客数量和旅游支出），可以有效衡量海洋和海岸带来的多种利益。这些利益通常是在管理决策中进行单独评估的（图 16.1）。

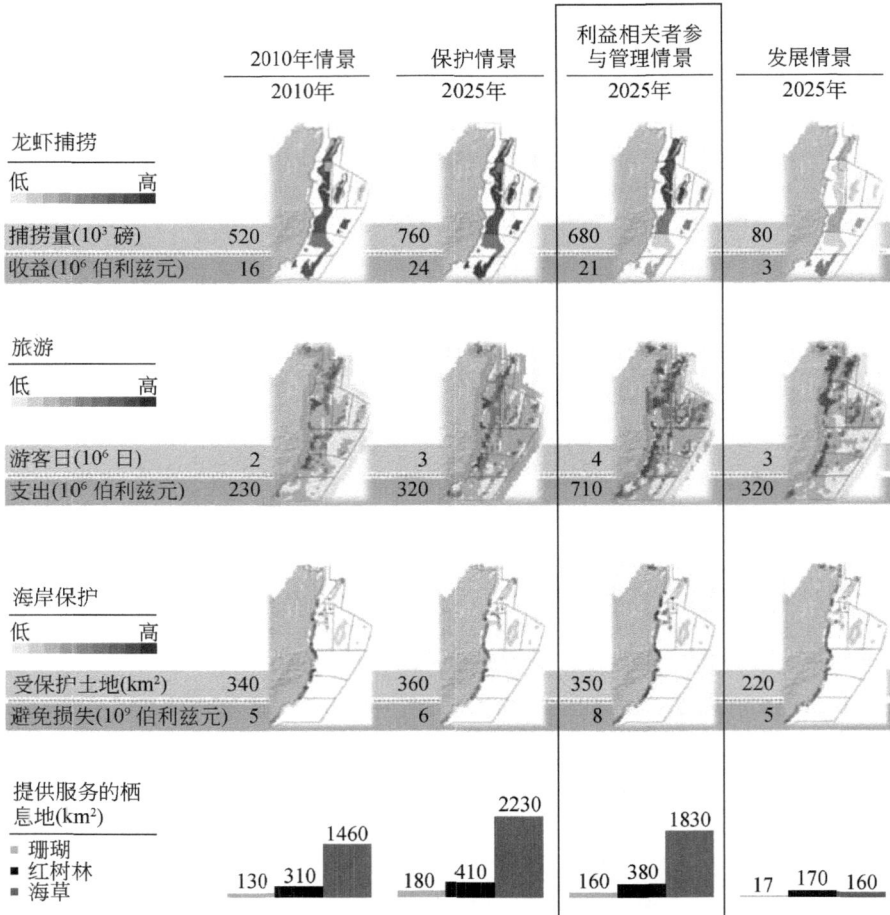

图 16.1　三种生态系统服务中的生物物理和经济价值，以及能够在伯利兹国家海岸带综合管理计划中当前和未来三种情景下提供服务的栖息地区域。

资料来源：Arkema et al.，2015

6. 伯利兹 ICZM 计划如何被用于许可和投资

通过阐述生态系统服务的作用，伯利兹国家海岸带综合管理计划强调了该国的珊瑚礁、红树林、海草以及其他沿海和海洋生态系统，是如何在国家经济发展和抵御沿海自然灾害方面发挥关键作用的。这些关于生态系统的经济和社会价值的信息，有助于为生态保护、恢复和可持续发展投资铺平道路。例如，美洲开发银行正与伯利兹旅游业理事会合作，为符合伯利兹国家海岸带综合管理计划的可持续旅游项目提供资金。美洲开发银行还投资了托莱多、凯考克和科拉扎尔的三个海岸线稳定项目，这些项目均采用了基于自然规律的项目设计。沿海保护的传统做法（如海堤建设）往往由负责重大基础设施项目的机构管辖。伯利兹在开展三个以自然为基础的沿海复原项目时，伯利兹沿海地区管理局和研究所以及旅游部在内的一系列机构都参与其中。由于自然和基于自然的沿海复原项目有可能实现多种目标，这些项目往往得到各利益相关方和机构的支持，因此也能获得更为多样化的资金来源。

7. 监测与验证

伯利兹目前正在对国家海岸带综合管理计划以及旅游和海岸线稳定项目进行监测和核查。国家海岸带综合管理计划将在四年内进行修订。为了向沿海地区的适应性管理提供信息，伯利兹沿海地区管理局和研究所与众多科学家、非政府组织和可持续科学专业的学生合作，设计了一个监测方案。伯利兹沿海地区管理局和研究所开展的海洋保护和气候适应项目下的数据中心，负责管理 9 个规划区域内沿海地区的开发地点和活动清单。这份清单将用于评估国家海岸带综合管理计划的合规性，并在四年的时间内监督各地对指导方针的实施情况。此外，非政府组织，如健康人的健康珊瑚礁组织，也在进行生态监测，以评估国家海岸带综合管理计划的生态结果。每隔几年会发布一份定期报告，综合珊瑚礁覆盖率、鱼类密度和生物量以及藻类覆盖率等方面的野外监测数据，以便跟踪珊瑚礁系统在一段时间内的健康状况。海岸线稳定项目也同样受到监测，以跟踪当地水动力和沉积过程的变化。

8. 有效性

随着 2016 年国家海岸带综合管理计划获批，海岸线稳定项目已稳步推进，目前还无法确切评估国家海岸带综合管理计划以及海岸线保护投资所取得的成果。

但自从伯利兹政府在 2016 年正式批准了国家海岸带综合管理计划以来，沿海地区管理局和研究所完成了体制评估并确定了战略行动计划，以加强伯利兹沿海地区管理的体制结构和立法框架。该机构还制定了一个"短期路线图"，以支持协调上述计划的执行。此外，还改进了宣传教育工作和利益相关者的参与活动，包括但不限于与美洲开发银行合作庆祝的以"商业和环境：可持续发展的基础"为主题的"2017 沿海意识周"。

9. 主要经验教训

伯利兹的个案研究得到了若干重要的经验教训，通过评估自然资本，有助于开展沿海地区的管理和发展。第一，利益相关方的广泛参与、生态系统服务的建模，以及通过场景开发促进规划过程的合法性，都让规划人员能够把社会和科学知识与解决方案结合起来。第二，阐述生态系统服务的重要性，可以为制定国家海岸带综合管理计划提供参考，以便更好更及时地提高旅游业、渔业和沿海生态保护，这样产生的整体效益远超各利益相关者各自为政所能提供的收益。第三，充分衡量生态系统服务成果及其价值，可以明确将海洋和沿海地区带来的多重利益纳入沿海管理计划中，而以往这些利益在管理决策过程中是被分开评估的。第四，沿海规划生态系统服务框架使多个机构得以进行沟通和协调，以实现共同的愿景。

在伯利兹，中央政府在借助自然资本信息制定发展和投资规划过程中发挥了关键作用。沿海地区管理局和研究所广泛约见地区和当地的利益相关者，以确保私营部门和公民社会的参与。广泛的参与对于设计替代发展场景和确定关键生态系统服务至关重要。沿海规划人员还与科学家合作，确保技术分析能够为决策过程提供实时参考。国家海岸带综合管理计划最终从这一系列进程中诞生，呼应了2000年海岸法案（Coastal Act of 2000）的要求。这一法案本身也是诸多非政府组织、公民社会成员和政府官员十年来共同努力的结果。

框 16.1   缅甸：将自然作为经济发展和决策的基础

汉娜·赫辛根，尼玛尔·巴加巴蒂，赛内翁敏

1. 站在十字路口的缅甸

缅甸如今正处于发展的十字路口，在与外界隔绝多年之后，缅甸于2012年开始开放，缅甸人民、经济和自然资本因而面临着更多的机会和挑战。有迹象表明，缅甸政府希望从其他国家的经验中学习，以寻求更具可持续性的发展之路。自从前总统吴登盛在2013年作出发展绿色经济的承诺以来，重视自然的政策倾向日益明显，缅甸正在通过实施新的可持续发展计划（Myanmar's new Sustainable Development Plan，MSDP）来发展绿色经济。

2. 绘制自然资源分布图，讲述政策故事

2015年，根据缅甸方面的要求，世界自然基金会与缅甸自然资源和环境保护部、自然资本项目和美国哥伦比亚大学共同开展第一次缅甸国家自然资本评估。通过将气候风险纳入评估，评估得出很明显的结论：该国的自然资本既受到临气候变化的威胁，也对适应气候变化至关重要。该评估已成为缅甸指导发展政策和计划以更好的评估自然价值的一个重要依据。

---

3. 业已出台的新政策和规划文件

缅甸正在制定和更新一系列计划和政策，以体现该国对自然资本和利用自然资本价值的日益重视。政府希望通过阐述自然价值的重要性，能增加公共和私人投资，改善大型基础设施投资的规划和设计，促进生态保护和可持续发展，从而提升当地社区福祉。例如，国家环境政策强调，需要充分了解和利用自然的价值，并将其作为经济和社会发展的基础。

2018 缅甸可持续发展计划承认，自然环境是所有经济和社会发展的基础，并强调需要将自然价值纳入基础设施规划和设计、国家问责机制和绿色经济发展规划中，以支持低碳发展，提升气候适应性。可持续发展计划可能带来的最重要变化是私人和公共投资方向都向其制定的目标靠拢，并积极支持相关项目的实施。这将意味着投资评估的依据不再仅仅关注经济潜力，还将考虑社会、环境成本和效益。

缅甸的新投资法也强调了这一点，规定所有投资活动必须有利于经济和人民，而且不得损害自然环境。其投资规则将环境影响评估作为上游决策过程的一部分，同时也作为投资方案评估标准的一部分。这些文件都表现出了保护自然的雄心壮志，目前最大的挑战在于具体的实施。

4. 前进的道路

当前还需要推进相关工作以确保：①各类信息能充分强调，不考虑自然价值的发展行为可能带来的损失和代价；②在正确的决策时间点提供相关信息。这对于将缅甸的政策和信息转化为绿色经济发展成果至关重要，因为对缅甸而言，自然价值目前已经是国家发展的核心。

主要参考文献

Government of Myanmar. 2018. Climate Change Strategy and Action Plan（draft）. Naypyitaw.

Government of Myanmar. 2018. Draft Green Economy Policy Framework. Naypyitaw.

Government of Myanmar. 2018. Myanmar Sustainable Development Plan. Naypyitaw. http://themimu. info/sites /themimu.info/files/documents/Core_Doc_Myanmar_Sustainable_Development_ Plan_2018_-_2030_Aug 2018.pdf.

Government of Myanmar. 2018. National Environmental Policy（Final）. Naypyitaw.

Mandle, Lisa, S. Wolny, P. Hamel, H. Helsingen, N. Bhagabati, and A. Dixon. 2016. "Natural connections：How natural capital supports Myanmar's people and economy." Yangon：WWF–Myanmar. http：//www.myanmarnaturalcapital.org.

World Bank. 2015. "Myanmar—Post-disaster needs assessment of floods and landslides： July-September 2015." Washington，DC：World Bank Group.

二、案例 2 巴哈马安德罗斯岛发展规划

1. 问题

安德罗斯岛位于巴哈马首都拿骚以西 40 英里①处。安德罗斯岛的陆地面积超过了巴哈马其他 700 个岛屿的总和，该岛大部分仍然没有开发。巨大的红树林和灌木林、世界第三大珊瑚礁、海草床、沙滩，和独特的蓝洞群（大致呈圆形的陡壁碳酸盐洼地，因其深蓝色水域而得名），支撑着该国的渔业、自然旅游业、农业和淡水资源，为向巴哈马群岛的每个岛屿提供人类发展的基本条件。但由于人口稀少影响了规模效率，安德罗斯岛的许多地区需要更好的基础设施和培训计划来支持自身发展，以确保后代的福祉。巴哈马政府面临的主要挑战是如何通过投资支持可持续经济发展和教育普及，以及如何在不牺牲支撑其经济发展和维持公民福祉的生态系统前提下，合理利用该岛丰富的自然资产。

为了应对这一挑战，巴哈马总理办公室在美洲开发银行的支持下，开展了一项创新行动，为安德罗斯岛设计可持续发展总体规划，以确定公共和私人投资机会、政策建议、分区指导方针和其他管理行动，并指导该岛在未来 25 年的可持续发展。在与岛民、政府机构、非政府组织和其他利益相关者协商后，总理办公室与自然资本项目开始合作，共同绘制一个协调人类活动、环境和社会发展目标的最优全岛未来发展情景。2017 年年初，规划过程中提出了社区支持的前景，包括具体的发展项目、政策和投资方向。

2. 生态系统服务

生态系统为巴哈马带来了一系列的重要效益。作为一个环境比较原始的岛屿，安德罗斯岛的环境尤为独特。该岛拥有世界上密度最高的蓝洞群之一，除吸引游客外，这些蓝洞和安德罗斯岛在地质学方面的其他独特之处也是世界各地科学家将其作为重要研究地的原因。广阔的沙地和淡水小溪为北梭鱼（一种利润丰厚的休闲渔业品种）提供了重要的栖息地。陆地蟹是当地特产和创收来源，它们生活在沿海和海洋栖息地，雌性在近岸水域产卵，早期生活在海洋中，幼年和成年阶段生活在沿海森林底部的洞穴中。

像许多发展中的小岛国一样，巴哈马特别容易遭受自然灾害。在过去 4 年里，几次飓风袭击了巴哈马群岛。2016 年的飓风马修（Hurricane Matthew）影响了整个岛屿链，包括安德罗斯岛，造成全国损失约 6 亿美元。退化的海堤和沿海结构

---

① 1 英里≈1.61km。

突出了对已建基础设施进行定期维护的投资挑战。对一个拥有 700 多个岛屿的国家而言，这一挑战尤其严峻，因为该国的大部分财力和人力资本都集中在一个岛上（新普罗维登斯岛）。作为传统海岸线稳定结构的替代物，珊瑚礁、红树林、灌木森林和海草床形成了一个三维结构，可以固定沉积物并减弱海浪。

3. 生态系统服务的受益者

安德罗斯岛上的所有主要定居点都位于沿海地区，这意味着岛上几乎所有人口都在一定程度上受益于珊瑚礁、红树林、热带雨林、海滩草和水下海草提供的生态恢复力。利用 InVEST 海岸脆弱性模型并结合安德罗斯岛的人口普查数据进行沿海灾害分析，研究发现沿海和海洋生态系统降低相关风险发挥了重要作用，可使最易受影响地区的 50% 人口受益。可持续发展的其他受益者包括 2500 多名渔民，他们捕捞多刺龙虾、海螺、石斑鱼、笛鲷和其他生活在珊瑚礁、大巴哈马河岸、近岸海草床和沙滩上的海产品。安德罗斯岛上的北梭鱼利润尤其可观，钓鱼爱好者往往花费数千美元在安德罗斯岛上住宿一周，当地导游会带他们乘船前往最佳垂钓点。此外，由于陆地蟹每只售价可达 5～8 美元，许多岛民在谈到当地和附近的螃蟹市场时表示"靠陆地蟹带来的收入让我的孩子一直读完了大学"。

4. 生态系统服务的提供者

安德罗斯岛的大部分土地都是政府所有的公有土地，岛上人口最稠密的东海岸分布着许多生态旅游小屋和小型度假村。一些业主已经开始开展注重生态环境的投资，既能获取个人利益，也能从寻求可持续旅游体验的游客那里获得经济收益。例如，为提高海岸恢复力，小希望湾推出了沙丘修复行动，设立标志牌向游客解释沙丘的好处。另一个度假胜地卡马拉梅礁，主要面向对自然保护感兴趣的高端客户，小屋面朝大海，利用海风代替空调。这个度假胜地的主人一家把房子建在附近的红树林里，利用红树林遮蔽暴风雨的侵袭。

5. 安德罗斯岛可持续发展总体规划设计

巴哈马政府与利益相关者、机构和非政府组织合作，为安德罗斯岛制定了一项可持续发展总体规划。该规划的目标是确定公共和私人投资机会、政策建议和分区指导方针，以改善岛民的生计，为他们提供培训和教育机会，改善旅游条件和就业机会，加强沿海地区的恢复力，保护有利于居民福祉的生态系统。这一方案与伯利兹方案的类似之处在于，它结合了利益相关者的广泛参与、情景开发和生态系统服务的定量。但因为巴哈马规划过程中的财政支持来自多边开发银行，项目由中央政府（总理办公室）牵头，所以人们更加关注发展项目以及生态系统对居民福祉和经济利益的重要性。

通过广泛的参与，利益相关者使用手绘和打印的地图传达了他们对未来情景的偏好，规划团队创建了反映人类活动当前情景和 4 个未来发展情景的空间数据层。正常情景模式描绘了与当前情况类似的未来场景，在新的基础设施、教育机会或发展方面几乎没有投资。保护情景模式则优先考虑生态系统健康，保护栖息地和物种而非经济发展。例如，这一情景包括批准建立安德罗斯堡礁国家公园，但没有开展新的沿海开发行动。可持续繁荣情景模式通过在重要基础设施和教育领域投资，将人类发展和保护目标相结合，以实现可以长期维持的以自然为基础的经济。具体模式案例包括：开通每天往返拿骚的渡轮、巴哈马中小型企业（如酒店、本地货物加工厂）、社区农业和红树林恢复等，既能通过自然手段保护海岸线免受风暴袭击，也能为龙虾提供栖息地。集约发展情景模式优先考虑影响较大的经济发展，而非生态系统健康和栖息地物种保护。具体模式案例包括：在安德罗斯北部建造一个邮轮港口；开发大型、能源密集型度假村和豪华住宅；扩大采矿活动；以及沿该岛整个东海岸建造海堤。

通过利益相关者参与、场景开发和生态系统服务建模的迭代，总理办公室与当地居民、巴哈马大学以及自然资本项目合作，将可持续繁荣情景模式作为安德罗斯可持续发展的首选方案。随后，一家咨询公司与规划团队和投资者一起确定了一系列优先项目，这些项目将在 5 年、10 年和 15 年的时间内实现这一设想。通过生态系统服务方法和参与式描绘，安德罗斯岛的居民对可能影响生态系统并造成严重风险的大规模新开发项目都不太热衷，相反，人们更希望在现有定居点内投资改善退化的基础设施，如道路和当地货物加工厂，使他们能够更好地获得和保护岛上丰富的自然资源。

6. 如何利用可持续发展总体规划为投资决策提供信息

在设计安德罗斯岛可持续发展总体规划时充分考虑生态系统服务，有助于优先为巴哈马的生态系统重建和沿海及海洋生态系统保护提供资金。从保护的角度来看，该规划为巴哈马中央政府提供了一个框架，根据这个框架至少可以非正式地评估几个发展建议。例如，提出了在安德罗斯岛及其周围大量采矿（特别是霰石）和开发游船的建议。这类活动和投资被纳入了未来集约发展情景模式，而生态系统服务模式则认为，这将导致旅游业、渔业和与海岸保护相关的利益减少，安德罗斯岛居民基于可持续繁荣情景模式的设想，也反对这种发展方式。该规划包括对替代未来的生态系统服务评估的解释和结果。因此，根据该规划提供的定量信息，利益相关者可以对拟建的基础设施项目进行评估，援引这些信息来说明项目对该岛环境和居民福祉的潜在影响，并对岛屿未来发展达成的共识进行交流。

在总体规划的设计中考虑生态系统服务，同样也有助于为生态系统恢复提供资金。对该规划的分析，强调了传统海岸线保护方法（如修建海堤）对渔业、旅游业和海岸线的长期健康可能产生的负面影响。据此，巴哈马政府及其发展筹资伙伴正在考虑建立相关机制，为群岛上几个不同的沿海管理项目提供资金。此外，由于对安德罗斯岛总体规划开展的生态系统服务分析，美洲开发银行和巴哈马政府希望可以利用该岛作为示范点，来证明自然基础设施对海岸线稳定的有效作用。该项目包括拿出 300 万美元来恢复红树林等生态系统。除了沿海恢复力方面的效益外，通过自然途径实现海岸线稳定和防洪的共同效益（如渔业、旅游业等方面），对安德罗斯岛的经济和生计也至关重要。

7. 监测与验证

目前还没有正式的协议文件来监测安德罗斯岛的可持续发展总体规划。但在过去几年中，巴哈马一直在开展一项名为"2040 愿景"的国家发展规划倡议。作为这项倡议的一部分，巴哈马总理办公室的发展规划部门已将联合国可持续发展目标纳入了该愿景的规划框架中，并提出了跟踪进度的监测和评估框架。在岛屿规模上也有可能应用可持续发展目标及其相关目标来监测总体规划。就安德罗斯岛可持续发展总体规划而言，巴哈马总理办公室、自然资本项目、美洲开发银行和巴哈马大学用来探索利益相关方提出的替代方案的生态系统服务目标，可以很好地映射到几个可持续发展目标上。与安德罗斯岛总体规划相匹配的几个可持续发展目标包括：水下生物、消除贫困、零饥饿、健康和福利、气候行动以及可持续城市和社区发展。

8. 有效性

根据 2017 年刚刚获批的《安德罗斯岛可持续发展总体规划》以及仍在制定中的红树林恢复新伙伴关系行动，现在还不知道该规划对实现长期生态、经济和环境目标的有效性。但也有传闻称，该规划过程本身已经是一种有效的方式，至少让岛民能够明确并探讨他们想要的未来是什么样的。例如，现在巴哈马政府会收到国内和国际公司对涉及安德罗斯岛发展的重大项目（例如木材采伐、游轮、采矿等）的建议和咨询，同时，安德罗斯岛总体规划也为审查这些建议提供了依据。在任何一个国家，特别是在一个群岛国家，当地社区往往很难与中央政府就其优先事项进行沟通。而巴哈马则因为制定了《安德罗斯岛可持续发展总体规划》这样的路线图，可以更好地说明拟建项目是否符合该岛屿的未来总体设想和具体投资类型。此外，在发展规划中对生态系统服务的核算，改变了围绕沿海减灾基础设施的投资方式以减少灾害风险的话题。因此，工程住房和城市发展部的工程师们也越来越多地考虑采用其他自然和基于自然的方法（如红树林恢复），来提升沿海地区的恢复能力。

9. 主要经验教训

巴哈马的案例，突出了评估自然资本对促进沿海管理和发展的几个关键经验教训。第一，通过让决策者、科学家和利益相关者反复、全面参与到决策过程中，共同设计未来愿景，使规划过程合法化。第二，衡量和比较不同情景选项下自然效益的变化，便于人们确定共同目标并理解相关的利益权衡原因及过程。第三，用手绘和印刷的地图体现利益相关者的建议，用大型海报说明生态系统服务变化可以作为可持续发展过程中的"边界对象"，利益相关者、科学家和决策者可以围绕这些目标走到一起并分享看法。第四，生态系统服务可用于评估总体规划对经济、环境和社会的影响和利益，从而鼓励在整个规划过程中充分考虑可持续发展的三个方面。

与伯利兹开展的工作类似，巴哈马中央政府在促进科学政策制定方面发挥了重要作用。在其召集下，总理办公室能够利用利益相关者参与过程中的当地知识，以及科学团队的技术分析，为沿海发展规划和投资提供信息。美洲开发银行也发挥了关键作用，为利益相关者参与、情景发展和自然资本评估相结合的规划过程提供了资金保障。此外，巴哈马大学、环保领域的非政府组织和私营部门等其他机构的参与，对于政府领导层换届后仍然保持实施的连续性至关重要。

三、结 论

伯利兹和巴哈马的案例共同说明了其他国家自然资本评估和发展规划中的一些重要经验。首先，利益相关者的参与对于使过程合法化、提高规划目标和结果的接受程度、确保可行的提议和投资都至关重要。在伯利兹和巴哈马，利益相关方的参与，在填补沿海区活动地点的知识空白和设计替代发展方案方面都发挥了关键作用。然而，利益相关者的参与是时间和资源密集型的，在这两种情况下，中央政府都是公共会议和区域规划机构的重要召集人。但它也与不同的团体和机构合作以支持规划过程。在伯利兹，地方领导人是由其同僚遴选出的，以便协调沿海咨询委员会会议的召开。在巴哈马，地方政府官员和具有丰富本土经验的咨询公司合作，促成了利益相关方的广泛参与。其他机构，如环保领域的非政府组织（如世界自然基金会、健康珊瑚礁和大自然保护协会）、各大学和多边开发银行等，确保了国家领导层在更迭时，能够保证规划过程的连续性。

其次，将多种生态系统服务纳入发展规划，有助于鼓励不同目标行动者的参与。伯利兹和巴哈马的沿海规划倡议，综合了各种机构和行业（如减灾、应急、渔业、农业和旅游业）的目标诉求，并将这些自然资本的技术评估纳入规划之中，对于提高环境可持续性在国家发展规划中的位置至关重要。例如，在巴哈马，人们估算了安德罗斯岛的龙虾栖息地对龙虾捕捞业的经济回报和财政贡献，这也显示了特定岛屿的发展决策如何在国家层面上对渔业等重要部门产生经济影响。

此外，这些案例都凸显了金融机制对实施沿海综合发展计划的重要性。在巴哈马，美洲开发银行从一开始就参与了这一进程。因此，当有机会在两次严重飓风之后提出向沿海管理部门提供贷款时，巴哈马政府和世界银行都做好了向创新性自然项目投资的准备，以减少沿海灾害带来的风险，而这也有助于维持其他关键生态系统服务的可持续性。因此，有必要建立各种形式的伙伴关系，以确保这项工作的可持续性，这对于发展中岛屿国家来说尤为重要，因为这些国家中很多都面临着严峻的负债问题。

主要参考文献

Agency.Sustainable Development Master Plan for Andros Island. February 2017. https：// www. dropbox. com/s/dbkyw0lzvrbd6qk/AMPpercent20FINALpercent20VERSIONpercent20FEBpercent202017. pdf?dl=0.

Arkema，K. K.，and M. Ruckelshaus. 2017. "Transdisciplinary research for conservation and sustainable development planning in the Caribbean." In *Conservation in the Anthropocene Ocean：Interdisciplinary Science in Support of Nature and People*. P. Levin and M. Poe，eds.San Diego，CA：Elsevier.

Arkema，Katie K.，Gregory Verutes，Joanna R. Bernhardt，Chantalle Clarke，Samir Rosado，Maritza Canto，Spencer A. Wood et al. 2015. "Assessing habitat risk from human activities to inform coastal and marine spatial planning：A demonstration in Belize." *Environmental Research Letters* 9，no. 11：114016.

Arkema，Katie K.，Gregory M. Verutes，Spencer A. Wood，Chantalle Clarke-Samuels，Samir Rosado，Maritza Canto，Amy Rosenthal et al. 2015. "Embedding ecosystem services in coastal planning leads to better outcomes for people and nature." *Proceedings of the National Academy of Sciences* 112，no. 24：7390-7395.

Coastal Zone Management Authority and Institute （CZMAI）. 2016. *Belize Integrated Coastal Zone Management Plan*. Belize City，Belize：Coastal Zone Management Authority and Institute. https://www.coastalzonebelize.org/wp-content/uploads/2015/08/BELIZE-Integrated-Coastal-Zone-Management-Plan.pdf.

Dobbs，R.，H. Pohl，D. Y. Lin et al. 2013. *Infrastructure Productivity：How to Save $1 Trillion a Year*. Seoul：McKinsey & Company.

Dulac，J. 2013. *Global Land Transport Infrastructure Requirements*. Paris：International Energy.

Verutes，Gregory M.，Katie K. Arkema，Chantalle Clarke-Samuels，Spencer A. Wood，Amy Rosenthal，Samir Rosado，Maritza Canto，Nadia Bood，and Mary Ruckelshaus. 2017. "Integrated planning that safeguards ecosystems and balances multiple objectives in coastal Belize." *International Journal of Biodiversity Science，Ecosystem Services & Management* 13，no. 3：1-17.

第十七章　城市：将自然资本纳入城市规划

佩林·哈梅尔，弗朗索瓦·曼塞波，克莱门特·费格，斯蒂芬妮·哈梅尔

　　随着城市化进程的加速，城市在全球环境中的作用也变得越来越重要。将自然资本纳入城市规划，可以使城市人口和自然环境都受益。因此，规划者和决策者需要了解何时、如何以及何种基于自然解决方案，才能够解决城市所面临的具体挑战。本章介绍三个案例来说明自然的效益是如何被纳入城市规划决策中的。这些案例涉及法国南特和波尔多的城市农业政策和战略城市规划，以及澳大利亚墨尔本的城市水资源综合管理战略。这些案例表明，城市绿地提供了多种效益，包括有效的水资源管理、粮食生产、游憩机会和生物多样性保护。本书确定了将城市的特性纳入规划的机会和障碍，尤其将参与性方法和自下而上的倡议纳入城市规划面临的机会和障碍，这些进程有助于将自然解决方案的实施合法化。管理方面所面临的挑战包括：选择基于自然的组合解决方案，以适应城市系统的社会、生态和技术特性。最后，我们还讨论了自上而下和自下而上的机制，这些机制可用于实施和维护基于自然的解决方案。

　　世界范围的城市化水平不断增加，到2030年，城市面积预计将达到2000年的三倍，各大洲的增长率变化都很大（Seto et al.，2012）。城市的发展加大了其他土地利用方式（如农业、林业、游憩和生物多样性保护）的压力。例如，据估计，到2030年，城市化将导致一些非洲和亚洲国家多达三分之一的农田丧失（d'Amour et al.，2017 年），一些地区高达7%的生物多样性热点也将随之消失（Seto et al.，2012）。因此，更好地理解城市系统对于帮助我们迈向更可持续、更宜居和更公平的未来至关重要。

　　城市在粮食、水、气候和公共卫生方面的安全极大地依赖于生态系统。它们还面临着与气候变化相关的发展、社会不公平和自然灾害（如洪水、干旱和热浪）等方面的巨大挑战。为了应对这些挑战，工程师和规划师们正在寻求新的解决方案，包括发展基于自然生态系统的基础设施。与此同时，许多公民倡议也在呼吁让自然回归到城市生活中来。包括创建社区花园、安装蜂箱或鸟舍，在城市公园组织种植日活动等。因此，在不同规模的社区、城市，甚至全球范围内，基于自然的解决方案都在为城市系统管理提供了广阔的前景。

基于自然的解决方案是一系列干预措施的总称，这些干预措施依靠自然系统来应对气候变化、环境退化、自然资源匮乏和自然灾害等社会挑战。这一说法是在20世纪末气候适应的大背景下产生的。自那时起，它已经扩大到涵盖了所有类型的双赢解决方案，这些解决方案利用自然效益或生态系统服务来解决相关挑战，同时还提供额外的福祉或生物多样性利益。从绿色屋顶到昆虫旅馆、从城市农场到在区域绿色走廊……解决方案可以采取多种形式、多种空间尺度。

在以下章节中，将具体说明基于自然的解决方案如何在三种不同情境下进入城市规划。这三种情境分别是：在澳大利亚墨尔本实施的雨水管理战略；在法国波尔多实施的参与式城市规划进程；以及法国南特社区园林的当代发展。来自美国加州旧金山湾区的案例研究（第十四章）也为我们提供了一个基于自然的解决方案的案例，介绍了相关方案是如何提升城市对海平面上升的弹性应对能力。本章最后综合了案例研究的经验教训，并讨论了将基于自然的解决方案纳入城市规划过程中所面临的机遇和挑战。

一、案例1 澳大利亚墨尔本的城市水资源管理

1. 问题

墨尔本市因其在城市水资源综合管理领域的创新而获得国际认可。为应对面临的干旱、洪水和热浪等多种灾害，该市制定并实施了水资源综合管理计划，其中就包括基于自然的解决方案。本案例研究描述了雅拉山脉市市政厅的经验。该市政厅是大墨尔本地区首创雨水管理创新方法的市政府。

雅拉山脉市市政厅采用的战略来源于一个名为"小斯特林巴克溪项目"（https：//urbanstreams.net/lsc/）的十年研究工作经验。该项目由市政水务局（Metropolitan Water Agency）、墨尔本水务局（Melbourne Water）和几个研究小组共同设计，旨在推广、测试和实施流域规模的新型雨水控制措施。

2. 生态系统服务

从不透水区域流出的暴雨雨水会降低受纳水体水质，加剧洪水风险。为避免这些问题，可以采取一整套雨水控制措施，包括工程雨水控制，采用生物过滤器、洼地、雨水池和绿色屋顶等（图17.1）。这样的解决方案有助于在源头保留雨水，让雨水随后可以被渗透、蒸发或重新利用。此外，通过保护和恢复森林植被，或在住宅区内设置最低限度的透水区域，也可以增加雨水的截留量。

图 17.1 雅拉山脉市市政厅实施的基于自然的雨水控制措施示例。

图片来源：P. Jeschke 和 S. Hamel

除了主要的雨水管理目标外，项目还推出了其他的雨水控制措施。以自然为基础的解决方案，如采用生物滤池或缓冲带，有助于补给地下水，为特殊环境提供栖息地，改善生态美学，促进休闲游憩。另一个间接促进生态系统健康发展的重要好处是，雨水储槽中雨水的再利用——收集的雨水可用于灌溉或内部用途（如洗衣或冲厕），从而减少抽取生态系统中的水。用收集的雨水代替市政供水也减少了对自然河流的依赖，通常自然河流是城市大部分供水的来源。这些举措有助于确保有足够的水资源供家庭使用和环境流动，从而维持健康的水生生态系统。

3. 生态系统服务的受益者

采用基于自然的雨水管理解决方案使多方受益。首先，该方案帮助雅拉山脉市市政厅实现了城市水资源管理目标。健康水道战略为墨尔本水务局确定的每个城市流域的透水区域和雨水收集计划制定了目标。该市市政厅的目标是，在整个流域内实现同样的最佳实践环境管理目标（这些目标最初只在住宅区实施）。

其次，该方案有利于当地居民享受更高的水质和生物多样性，同时也提升了大型项目（如沉淀池或湿地）的美学质量。一些志愿者团体对当地的小溪系统给予了很高的评价，他们对基于自然的解决方案表现出极大的兴趣。

最后，实施基于自然的解决方案给教育和研究也带来了诸多好处。多所大学正在研究这些系统对水质的影响，并制定了一些教育方案，以提高人们对基于自然的城市水管理解决方案及其带来的多重好处的认识。该项目的政治和学术价值也吸引了大量的资金支持，其中一些项目使当地居民受益。有的项目在不同的时间点为土地所有者提供了经济激励，鼓励其在土地上安装雨浇花园（生物过滤器）或其他雨水控制设施。

4. 生态系统服务的提供者

市政厅和私人土地所有者负责提供相关服务，前者掌握着实施雨水控制措施的空地和通行权，而后者则利用经济激励在其土地上实施类似的解决方案。

5. 交换条件

根据相关国家规划条例，新建住宅小区需满足与水质有关的雨水截留指标（截留80%的年总悬浮物负荷、45%的总氮和45%的总磷），以及径流量指标。市政厅负责执行这些条例，以促进地区发展。

为此，由市政厅实施的水资源综合管理计划和由市政厅两个部门共同制定的水敏感城市计划实施草案提出了两个目标：在可能的情况下促进所有市政基础设施建设采纳基于自然的解决理念；指导实施以低直连不渗透性为特征的雨水控制措施。直连不渗透性，有时被称为有效不渗透性，是城市雨水影响的指标，指通过雨水管道直接与河流相连的不渗透表面的数量。这一指标已被确定为造成城市水系生态健康退化的主要因素。

目前没有任何国家政策要求采用基于自然的解决方案对相关流域进行改造，这意味着，市政厅的水资源综合管理计划和水敏感城市计划中，有关流域改造的规定仅被视为指导性文件。其他的水质保护措施也由市政厅部门负责实施：例如，生物多样性保护、公园和丛林计划旨在保护和恢复森林地区生态系统，而市政厅的规划方案则规定，20%的透水性地面标准，有助于在小型住宅区项目没有其他条件的情况下实现雨水渗透。

6. 价值转移机制

项目的实施得到了一些资金的支持。墨尔本水务公司和相关的研究项目通过对市政厅的补贴以及对私人利益相关者的直接激励，为雨水截留措施的实施提供了资金支持。在小斯特林巴克溪项目实施期间，项目向居民提供了经济补偿（如对在其土地上安装渗漏水箱系统提供补偿）。渗漏水箱系统是雨水收集系统，其中出口连接件设置为向室外雨浇花园或类似设施渗漏，以确保恒定的雨水截留量。此外，相关服务的收费对象还向市政厅的雨水管理预算贡献了部分资金，该预算直接为执行雨水截留措施提供资金。作为该预算的一部分，项目负责水敏感城市计划的维护，包括专门的维护官员、相关的维护预算，以及支付基础设施成本的其他资金。

7. 监测与验证

市政厅跟踪监测所有与"雨水截留战略"相关的公共措施，并通过每三年一次的定期审计，对所有设施的业绩进行量化。市政厅的水敏感城市计划维护官员还负责执行每个设施的月度检查，以启动必要的维护或改造。市政厅的所有设施及其状况都保存在一个内部设施测绘登记系统中。

与该市政厅相关的研究项目负责监测雅拉山脉市市政厅下属的多个系统，以便更好地了解雨水截留措施的有效性。项目还测量了这些系统的流出量和水质等关键指标，以改进未来设计，并改造现有的低性能系统。

8. 有效性

该计划的有效性可以通过三个方面来评估：雨水截留措施的实施情况（和法规遵守情况）、沟通情况，以及研究目标。雨水截留措施有助于实现新住宅区的监管目标，事实上，上述最佳做法已经在这些地区实现了。在小斯特林巴克溪的流域规模试验中，一个地区的直连不渗透率从6%降至2%以下（相对于总流域面积）。目前，在其他私人或公共领域，还没有流域测算数据可用于其他的改造工作。

从治理的角度来看，该计划有助于确定雨水截留实施过程中出现的机遇和挑战。例如，与一个研究项目建立伙伴关系，有助于与土地所有者建立关系和信任，以便在私人土地上实施雨水控制措施。雨水控制措施的投资回报（包括减少洪灾损失和提升生态价值等），到目前为止已在市政厅内积累了部分数据，计划的实施将使深化这一领域成为可能。

9. 主要经验教训

墨尔本的经验为实施基于自然的解决方案提供了以下经验教训。

1）雨水法规是实施基于自然的解决方案的强大驱动力。这些法规有利于根据国家政策制定的最佳实践环境管理指南（包括基于自然的解决方案），推动水资源综合管理计划和水敏感城市计划的制定和实施。

2）其他基于自然解决方案的共同效益还涉及灌溉水、内部使用和游憩，这意味着城镇改善和总体规划等类型的项目，会越来越多地考虑采用此类解决方案。

3）市政水务局、研究小组和市政厅之间的伙伴关系，对于改进工程解决方案的设计以及与私人土地所有者建立信任都至关重要。

4）相关拨款计划（如墨尔本水务局资助的河流项目），对于正在进行的市政厅水敏感城市计划实施至关重要，因为该计划让人们认识到共同承担责任的重要性，敦促人们为水系带来积极的生态影响。

5）对于一个有许多重要栖息地的地区而言，将敏感城市计划与其他促进可持续性、生物多样性保护和城市规划项目进行充分整合，发挥各项目间的协同作用，有助于改善对基于自然解决方案的认识和投资。

二、案例 2　法国波尔多：将生态系统服务纳入城市发展规划

1. 问题

波尔多市（以下简称"波尔多"或"该市"）位于法国西南部，靠近大西洋海岸，由 28 个市镇组成。除了包括历史中心在内的大面积城市建成用地外，城郊地区还包括小型农业用地和酒庄，西北部包括部分兰德斯森林，加龙河沿岸有大型湿地，沿着较小河流存在丰富的生物多样性走廊。该市目前正在不断扩张，预计到 2030 年人口将达到 100 万人（目前约 77 万人）。这对城市维持长期的生物多样性、确保生态系统服务的供给能力提出了重大挑战。

自 2011 年以来，波尔多市当局进行了前瞻性研究，以便更好地将自然保护纳入市政景观规划和管理中。本案例中描述的项目，利用生态系统服务模型和参与性方法，为这些前瞻性研究提供了参考依据。研究的参与者包括：涉及自然区域管理的公共和私人利益相关者（波尔多市政府的自然、水务、城市规划等部门），

以及当地的水务公司、农业协会、市镇政府，以及两个地方生态保护非政府组织。研究旨在评估波尔多生态系统服务的现状，并监测与其他城市规划与之相关的变化。这项研究得到了当地水务公司里昂水务（现苏伊士水务）的支持。该公司同样也想更好地了解其自身对生态系统服务的影响和依赖性，并就绿色基础设施开发与市政府和其他利益相关者展开了对话。

2. 生态系统服务

研究小组与市政府及参与自然区域和土地使用管理的当地利益相关者开展多次访谈，并据此选择确定重点生态系统服务。

由于波尔多面临着严重的水灾风险，郊区生态系统对水量的调节作用是一项重要的生态系统服务。在所研究的各种城市发展情景中，生态系统调节水流量的能力估计将下降 8.8%（生态保护情景）～10.5%（当前城市规划情景）。研究还利用 InVEST 模型（www. naturalcapitalproject. org/invest）对其他的水量调节服务进行了预测，其中包括对水质净化服务（氮和磷截留）的预测。结果显示，在所有考虑的未来情景下，这些服务自 1990 年以来都呈下降趋势。这些服务对农业生产活动起着重要的作用，而农业活动的径流则增加了藻类水华的风险。

与生物多样性的栖息地质量一起接受评估的还有另外三个重要的生态系统服务——为实现全球气候调节的碳储存服务、基于自然的游憩服务，以及食物供给服务。位于波尔多西北部的兰德斯森林大大提高了城市的碳储存能力和全球气候调节作用。生态系统游憩服务被定位为周围居民可进入的"绿地"。农业生产力被评估为该市城郊地区现有粮食供应的替代指标。考虑到小规模农业在市政前瞻性研究中的作用，以及葡萄园在波尔多地区身份中的重要性，这一点意义比较特殊。此外，由于波尔多的自然区域具有丰富的生物多样性，生活着两栖动物、鸟类、濒危爬行动物和哺乳动物（如欧洲池塘龟和欧洲野牛等），这些物种的栖息地日益面临威胁，因此，该地区的栖息地退化也被列为重要评估对象。

3. 生态系统服务的受益者

总体而言，城郊自然区域提供的生态系统服务有助于维持城市的恢复能力，也为城市居民和游客带来各类福祉。波尔多生态系统服务的主要受益者是城市居民，他们既可以在离家不算太远的地方接触自然，也可以在生物多样性丰富、维护完好的栖息地观察动物。

波尔多市政府还很重视碳储存服务，碳储存除了具有全球生态效益以外，还有助于实现气候目标。负责卫生和饮用水服务的水务公司及城市水务部门都从生态系统带来的水资源调节服务中受益，因为生态系统有助于改善水质，实现河流和地表水的生态健康目标。这些目标是欧盟水框架指令中的一部分。水资源调节服务还可以减少洪水，使市民和城市基础设施免受洪水侵袭。

4. 生态系统服务的提供者

波尔多生态系统服务的提供者众多，他们对限制由于城市发展所导致的生态系统服务退化起到重要的作用。兰德斯森林有助于维持碳储存能力，这一广阔区域由国家森林办公室和私人土地所有者共同进行可持续管理。在游憩服务方面，波尔多市自然管理局通过改善步行道路网络，让人们更容易抵达各种公园和郊区自然景观区。除了这类增加游憩服务的行动外，还通过保护水生和陆地生态走廊来增强生物多样性保护。地方生态保护非政府组织在维持这些走廊的活力方面也发挥了关键作用。例如，一个非政府组织在波尔多北部管理着一个湿地生物多样性丰富的小型自然保护区，而另一个非政府组织拥有并维护着一段野外河流的老水磨区，这一区域是欧洲池塘龟的栖息地。当地水务公司还与当地非政府组织合作，在其监督下，多个区域推行了更有利于生物多样性的流域管理方法。

波尔多市政府与农会一道，还向当地农民提供奖励，支持开展区域内的传统小规模农业，减缓住房用地的开发销售。维持小型农业活动和生态走廊也有助于实现水资源调节服务。在"55000公顷自然保护区"倡议下，市政府还提出了停止开发大型湿地的计划。

5. 交换条件

保护生态系统的行动由不同的利益相关者发起，波尔多市政府则制定了相关的政策和方案，以便在城市发展中更好地兼顾自然。然而，目前还没有基于可测结果的生态系统服务总体保护战略。通过开展研究，各利益相关方更好地了解生态系统服务评估所具有的潜力，并致力于建立利益相关方共同讨论基础。尽管如此，该研究在本质上仍然是探索性的，到目前为止，还没有改变保护和恢复该地区生态系统的动机。

6. 价值转移机制

在这样的城市环境中，土地控制的多个层面以及私人和公共倡议的多样性并存，因此需要确定到底是谁通过哪些机制对保护生态系统服务做出了贡献，这一点很关键，也很具有挑战性。该研究绘制了市政府和其他土地管理者计划开展或业已开展的多个项目（包括气候计划、55 000公顷自然保护区倡议、生物多样性地图开发等）。这类项目的目的是保护或改善生态系统服务，包括：非政府组织和河流信托机构开展的栖息地恢复行动；小规模农业生产者采用的环境友好型农业实践；各种研究中心开展的生物多样性和土壤质量监测等（图17.2）。

图 17.2　波尔多目前有助于维持或恢复关键生态系统服务的项目。

7. 有效性

　　该研究第一次提出并开展了对波尔多多种生态系统服务过去和未来发展趋势进行评估和绘图（图 17.3）。体现这一地区生物物理结果的图表，让利益相关者之间得以开启对话、交流意见。这一对话对于理解相关的研究结果也很重要。通过描绘未来情景模式，可以对比不同的规划方案对重要生态系统服务能产生什么样的影响。

　　由于该研究仍属探索性，有效性有限。截至 2018 年，还没有作出有助于改善生态系统服务保护的具体决定或新的承诺。尽管城市规划局对这一观点很感兴趣，但研究编制的生态系统服务分布图和指标还未用于新的城市规划（http：//fichiers. bordeaux-metropole. fr/plu/PLU31_interactif/ plu31. html）中。然而，有证据表明，就生态系统服务保护而言，城市规划情景实际上是最糟糕的方案。

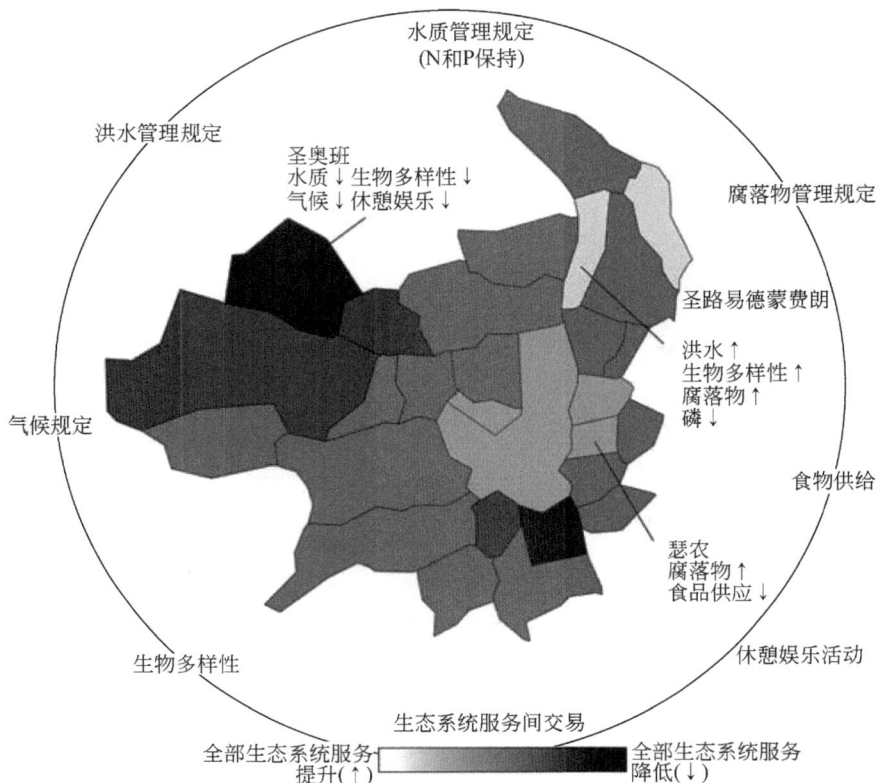

图 17.3　为波尔多案例研究绘制的地图示例，显示了不同社区生态系统服务之间的利益权衡关系。

资料来源：Cabral et al.，2016

该研究有助于找出解决生态系统服务退化问题所需克服的集体行动因素。比如说，波尔多市自然管理局在促进生态系统保护方面的权力有限，因为它必须与其他部门和公共机构竞争，而其他部门也有各自力推的优先发展事项（如经济和工业发展、住房政策等）。波尔多市政府还必须与其下属的 28 个市镇的民选代表就城市规划选项进行谈判，而这些代表不一定对维护生态系统服务感兴趣。

8. 监测与验证

虽然目前还没有对波尔多生态系统服务功能进行定期监测的机制，但本研究可以作为开发系统监测和验证机制的基础。这样一个框架可以用来系统地长期监测城市发展对自然的影响，以及各利益相关者对城市保护所做的贡献。

9. 主要经验教训

波尔多的经验为城市规划提供了重要的见解。

1）城市和郊区大规模的生态系统服务评估，有助于针对生态系统的作用开展多方利益相关者对话，并确定维护生态系统服务的优先领域。这种参与性方法极大地丰富了生物物理学成果的发展和解释。

2）然而，按照波尔多市或较小城市的规模，参与性进程和对话并不能保证在制定和实施城市规划的过程中，生态系统服务价值能够得到充分考虑。

3）探索性方法（如本研究中使用的方法）与多个利益相关方维护生态系统服务新责任、承诺和行动的具体谈判之间存在差距，有必要弥补这种差距。

4）解决这一差距需要在开展生态系统服务评估的同时，进行严格的社会和政治背景分析，以确定目前已经对维护生态系统服务做出贡献的项目，分析优先事项和权力动态，并把生态系统服务的结果用于制定有效的城市环境战略。

三、案例3 "狂野的"城市农业：欢迎来到富尼耶尔

1. 问题

富尼耶尔是法国南特市的一个区。历史上，这个地方被水果和蔬菜罐头厂占据，员工们在这里开辟家庭菜园。第二次世界大战后繁荣时期，公共住宅取代了罐头厂，并开始了各种发展项目，菜农被驱逐。但这些项目最终被废弃，菜园变成了 $3hm^2$ 多的荒地。从 20 世纪 70 年代中期开始，住在附近的人们开始搬回富尼耶尔，重建一些家庭菜园，很快就形成了一个非正式社区。有两类常驻菜农在富尼耶尔工作，一类是以前被驱逐的菜农及其子女，他们多半是还没有被边缘化的贫困人群；还有一类是住低收入公共住房的居民，他们出身和种族背景各异，大多失业，靠社会福利生活。对他们来说，"拥有"富尼耶尔的一块土地是保持积极心态的一种生活方式，这也是一个他们可以扎根的地方。虽然这两个群体倾向忽视彼此，但团结的因素使他们走到了一起，他们都充分意识到自己的未来存在很大的不稳定性和不确定性。

20 世纪 90 年代初，新当选的市政府再次对富尼耶尔产生兴趣，想将这一地区建成一个新的社区公园项目，这时发生了一些不寻常的事情。园丁们没有组织抗议要求留下来，而是联合各方力量，提出了一个维护花园的替代项目。他们编写了一份关于富尼耶尔的报告，提供了不同土地的精确描述和地图，不同花园的空间格局以及它们的历史。报告向外界披露了他们所做的一切清理和种植工作，以及他们创造的公共产品，还阐述了这些菜园对整个城市的社会和生态价值。南

特市的规划者们明白，园丁们的反对并非消极的反应（"不关我事"），而是集体意志和技能的表达。他们意识到一个得到当地社区大力支持的替代方案正在出现，于是同意与园丁开展讨论。在漫长的谈判过程结束后，市政府决定支持园丁们提出的替代项目，取代原来提出的项目。

富尼耶尔现在是一个公园，围绕着曾经的家庭菜园形成的地块而建(图 17.4)。步道和健身道与地块相互交织，阡陌相通。在中心区域有一个游客和教育中心，向游客介绍如何回收利用城市园艺中材料和废弃物，包括废弃物分类、堆肥，以及提高生物量和生物多样性的方式。迷宫般的服务小巷围绕着五个关键项目展开：三口水井、一个池塘和一个即兴的法国草地滚球运动场。

图 17.4　南特富尼耶尔的一个家庭菜园。

资料来源：P. Hamel

2. 生态系统服务

富尼耶尔当地提供了多种生态系统服务：供应当地食物、丰富城市生物多样性，并有助于保持宜人的空气温度。除了上述生物物理方面的好处外，富尼耶尔也是一个休闲区，供人们散步或跑步。它还是增强社会凝聚力、赋予地方社区权力的重要资产。

3. 生态系统服务的受益者

富尼耶尔提供的服务使园丁、市民和地方政府都受益。首先，园丁们把他们的家庭菜园视为一个可以隐居的地方，用各种各样的创意来装饰花园。厨房菜园也能带来直接的经济效益——靠全年种植卷心菜、土豆和其他蔬菜养活家庭。其次，其他市民也从公园中受益，因为公园是一个理想的游憩区，也是城市热岛效应中的一个冷却带。富尼耶尔位于城市的黄金地段，许多人上学、工作或到南特市场可以从这里抄近道。最后，当地政府从这个地方得到了一些好处：厨房菜园有助于缓解附近公共住宅区的社会压力，而富尼耶尔是一个他们可以拿出来展示的成果，是城市化进程中自下而上和自上而下决策过程的一个绝佳案例。通过将社区紧密联系在一起，富尼耶尔的存在，让城市的凝聚力变得更强。

4. 生态系统服务的提供者

这一案例中，生态系统服务的主要提供者是园丁。他们创造了这个地方，现在公园里还设立了一系列规则：开展更有效和更明智的水资源管理；禁止在自己的花园里砍伐任何树木，因为树木被视为共享资产，等等。

其次是南特市政府。该市决定推行园丁们的倡议并使之合法化，成为利用农业重新规划城市土地的一个成功案例。

5. 交换条件

从法律上讲，富尼耶尔属于南特市，是一个市政公园，这意味着市政府负责支付其维护费用。园丁们无须为园地付钱，但作为使用园地的交换条件，他们承诺要创建并经营一个博物馆，教游客如何回收城市园艺废弃物和材料。园丁们还承诺帮助市政府维护公园，并确保穿过这一地段的许多道路都能正常通行。园丁们形成了一个非营利性的合作社组织，负责管理新园丁并为其提供地块。

6. 监测与验证

据调研所知，园丁协会或南特市政府尚未对这一地区的管理开展正式的监测或评估。

7. 有效性

从食物生产到游憩娱乐，这一地区带来的直接健康和福利效益尚未得以量化，但根据对类似城市公园的评估，这些效益应该都是相当可观的。都市农业是一项造福大众的事业，能增强人们的凝聚力，因此也为城市的重新融合提供了一个新方式。这些各种各样的好处很难具体衡量，但毫无疑问，它们确实有助于提升环境管理水平，并增进公民与规划部门之间的关系。

8. 主要经验教训

富尼耶尔的案例展示了如何将社会住宅区附近的贫困荒地转变成受欢迎的城市农业公园，体现了一种自下而上的城市规划方法，也代表了参与式规划程序的潜力。也就是说，让每个人都参与到规划中来，让公民明白城市事务从根本上说是他们自己的事务。

城市农业适合作为一种长期的城市政策，尤其是那些致力于将荒地变成环境商品和城市便利设施的政策。在废弃区发展城市农业，可以提高城市的生态恢复力，并带来多种直接效益。富尼耶尔的案例表明，城市结构中也能撒下城市农业的种子，参与式城市规划可以促进其生根发芽，成长为城市可持续性发展的成熟解决方案。

四、结　　论

本案例表明，从有效的水资源管理到粮食生产、从气候缓解到提升游憩机会和生物多样性保护，基于自然的解决方案可以提供多种服务。这类解决方案具有多尺度、多效益的性质，既是解决复杂系统中多重挑战的优势，也是其融入现有规划的潜在障碍。下面我们将通过总结在城市中实施此类解决方案的机制来具体阐述这些结论。最后，我们还提出了克服这些障碍的实施和管理选项。

1. 将自然纳入城市规划的机制

推广基于自然的解决方案，通常需要市政部门（工程、规划、住房等部门）间的协作，以实现正式的"自上而下"机制，并运用参与性方法，将"自下而上"的倡议整合到正式的规划当中。

2. 自上而下的机制

通过实施监管和经济激励，城市可以直接影响如何采用自然解决方案。如雅拉山脉市政厅的案例所示，负责基础设施的部门与水资源管理机构合作，提供指导并执行提升基于自然的雨水管理技术的法规。另一个案例是建筑规范，政府可以通过相关规范，强制规定采用基于自然的解决方案的最低水平要求。在墨尔本，2012 年规划修正案通过了这样一项战略：新建筑必须符合严格的节能节水要求。

与此同时，城市可以采取软措施提高民众意识和专业人员的能力，并鼓励私营部门投资。这些措施可以采取一系列的形式，比如战略计划（如雅拉山脉的城市水资源综合管理计划、巴黎的雨水计划等）、专业论坛和多种形式的激励措施，鼓励公司对基于自然的解决方案进行投资和创新。例如，旧金山湾区发起了一场雄心勃勃的设计竞赛，鼓励专业人士和民间社会联合起来，共同应对该地区面临的气候挑战。

3. 自下而上地参与

任何城市都不是仅靠建筑师、规划师和政治家的意志和技能就出现的。居民对城市的塑造作用也至关重要。这样的塑造过程需要很长的时间，这往往与受选举周期和建设期限等因素制约的民选官员和规划者的时间表相去甚远。因此，基于自然的解决方案有助于促进参与性办法和城市"修补"，即承认：非计划的、由市民主导的倡议是构成城市生活的一部分，能有效促进城市的可持续性。

在我们的案例研究中，富尼耶尔的案例再次体现了这一缓慢的基层进程，即城市农业最初是由非法占用者发起的，后来被城市规划采用，承认了社区建设中社会和生态资本的共同作用。在旧金山湾区（见案例 3，第 14 章），多个组织正致力于推进以自然为基础的解决方案，从环保非政府组织到研究机构，都在研究适应策略的多重效益。研究机构和学术团体的参与也是雅拉山脉和波尔多案例研究中的关键要素。在这两个案例中，他们的参与都有助于建立相关各方之间的信任，并提升项目的可信度。在雅拉山脉，持续监测、不断改进也是该战略确保更佳成效的一个重要组成部分。

4. 驾驭社会、生态和技术因素之间互动的复杂性

几个案例都从生物物理和社会两个角度证明了基于自然的解决方案的多重效益。墨尔本的雨水案例体现了这类解决方案可提供的直接环境及经济效益。波尔多案例研究表明，将效益指标的范围扩大到涵盖大自然提供的"无形"服务，可能对区域规划产生影响。在另外几个案例中，比如南特的都市农业案例中，与保护社会资本有关的粮食生产以外的主要利益可能是最难以具体衡量的。

虽然这些案例是为了说明基于自然的解决方案的重要好处，但也并不意味着基于自然的解决方案应该不惜一切代价在任何情况下实施。与更传统的替代方案相比，社会、技术和生态因素决定了此类解决方案的最终效益。地方相关各方需要携手，在特定的时间和地点确定采用哪些解决办法才是最合适的。然后，可以利用上述各种政策或社会机制，结合自下而上和自上而下的办法，实施最适宜的解决办法。

从治理的角度来看，构建社会生态恢复力和促进生态适应性规划的方法，为驾驭城市自然概念的复杂性提供了切实可行的建议。一般方法是促进针对复杂系统的思考，并随着社会、技术和生态因素的变化，定期重新审视调整策略。尽管

这与传统的规划方法不同，但城市似乎完全有能力推动这些社会变革。地方政府提出的很多举措，如 C40 城市（www.c40.org）、地方政府环境行动（www.icei.org）和 100 个弹性城市（www.100resilient cities.org）等，都已经证明了他们可以在实现可持续发展的进程中，起到良好的领导作用。

主要参考文献

Cabral，Pedro，Clement Feger，Harold Levrel，Melodie Chambolle，and Damien Basque. 2016. "Assessing the impact of land-cover changes on ecosystem services：A first step toward integrative planning in Bordeaux，France." *Ecosystem Services* 22：318-327.

d'Amour，Christopher Bren，Femke Reitsma，Giovanni Baiocchi，Stephan Barthel，Burak Guneralp，Karl-Heinz Erb，Helmut Haberl，Felix Creutzig，and Karen C. Seto. 2017. "Future urban land expansion and implications for global croplands." *Proceedings of the National Academy of Sciences* 114，no. 34：8939-8944.

Feger，Clement，and Laurent Mermet. 2017. "A blueprint towards accounting for the management of ecosystems." *Accounting，Auditing & Accountability Journal* 30，no. 7：1511-1536.

Keeler，B. L.，et al. Forthcoming. Context-dependency of urban ecosystem service values. *Nature Sustainability*. Lefebvre，Henri. 1968. *Le Droit à la Ville*. Paris：Anthropos.

Levrel，Harold，Pedro Cabral，Clement Feger，Melodie Chambolle，and Damien Basque. 2017. "How to overcome the implementation gap in ecosystem services? A user-friendly and inclusive tool for improved urban management." *Land Use Policy* 68：574-584.

Magnaghi，A. 2005. *The Urban Village：A Charter for Democracy and Local Self-Sustainable Development.* London：Zed Books.

Mancebo，Francois. 2018. "Gardening the city：Addressing sustainability and adapting to global warming through urban agriculture." *Environments* 5，no. 3：38.

Pasquier，E. 2001. *Cultiver son jardin：Chroniques des jardins de la Fournillière*，1992–2000. Paris：L'Harmattan.

Seto，Karen C.，Burak Guneralp，and Lucy R. Hutyra. 2012. "Global forecasts of urban expansionto 2030 and direct impacts on biodiversity and carbon pools." *Proceedings of the National Academy of Sciences* 109，no. 40：16083-16088.

Viljoen，A. and J. Howe. 2005. *Continuous Productive Urban Landscapes.* London：Routledge.

Yarra Ranges Council. 2017. *Integrated Water Management Plan* 2017. www.yarraranges.vic.gov.au.

原 书 致 谢

我们非常感谢参与本书研究、编写和出版的每一位同仁。有太多的幕后英雄，我们无法一一列举他们的名字。是他们，把思想变为行动，让世界成为一个对人和自然都更美好的家园。我们希望这本书的出版，能让他们的故事更广为人知，让他们所做的努力得以薪火相传。他们当中有很多人、很多机构曾参与过 2005 年成立的自然资本项目。书中涉及的很多研究正是通过这一全球伙伴关系项目实施开展的。

我们尤其感谢艾琳·约翰逊（Erin Johnson）和岛屿出版社（Island Press）对本书出版过程中的给予的支持、鼓励、耐心和建议。我们也感谢许多人的慷慨贡献，他们分享了自己的专业知识，并就特定章节和案例研究提供了反馈，其中包括巴哈马总理办公室的尼古拉·维吉尔·罗尔（Nicola Virgill-Rolle）、大自然保护协会自然基金会的马克·迪亚兹（Marc Diaz）、世界自然基金会（WWF）的艾米莉·麦肯齐（Emily McKenzie）、大自然保护协会非洲项目的弗雷德里克·基哈拉（Fredrick Kihara）和科林·阿普塞（Colin Apse）、南非科学和行业研究委员会的大卫·勒迈特（David Le Maitre）和娜蒂娅·西塔斯（Nadia Sitas）、夏威夷森林和山径之旅的罗布·帕切科（Rob Pacheco）、爱达荷大学的山姆·汉姆（Sam Ham）；自然资本项目的格雷戈里·韦鲁特斯（Gregory Verutes）。我们还感谢斯坦福大学的克里斯塔·安德森（Christa Anderson）、世界自然基金会美国分会的米歇尔·戴莉（Michele Dailey）、大自然保护协会的艾米莉·查宾（Emily Chapin）、土地信托联盟的凯蒂·张（Katie Chang）和世界自然基金会巴西分会慷慨地共享地图和数据。自然资本项目的莎拉·卡法索（Sarah Cafasso）协助了本书的编辑工作，夏洛特·威尔（Charlotte Weil）负责书中许多地图和插图的编辑排版工作。

感谢多年来一直支持我们这一愿景和行动的众多资助者，你们让这一切成为了可能。保尔森基金会资助了这本书早期概念文件（中文版）的编写。我们还要特别感谢彼得·宾和海伦·宾夫妇，以及维姬·桑特和罗杰·桑特夫妇，是他们从一开始就相信并鼓励我们，让这一切从无到有。

作 者 简 介

丽莎·曼德尔（Lisa Mandle）斯坦福大学自然资本项目的首席科学家，主要研究领域是土地管理和基础设施发展对提供生态系统服务的影响，以及生态系统服务效益的社会和经济公平。她还在生态系统变化和人类健康等方面组织了开拓性研究，并开展了相关的实际应用。

曼德尔博士国际合作广泛，尤其是拉丁美洲和亚洲各国政府、多边开发银行和非政府组织合作，将其研究成果纳入各国的发展决策。她牵头为美洲开发银行制定了关于将自然资本纳入道路规划和投资项目的指导方针，为哥伦比亚开发了提升生物多样性和生态系统服务补偿的决策支持工具。此外，还在世界各地开展基于自然资本决策方法和工具的相关培训。

欧阳志云 中国科学院生态环境研究中心主任、研究员。他领导开展了大量卓有成效的研究，使人们更加了解地球生态系统对人类福祉的贡献。他主要致力于研究：①生态系统服务、生态系统评估，以及城市和国家层面的生态保护规划；②生态恢复和生物多样性保护，包括国家公园空间布局规划；③实现包容性绿色增长的政策和融资机制。他开启了生态系统服务、生态系统恢复和生物多样性保护方面的科学研究，并将其在中国乃至世界范围内应用推广。

欧阳志云博士出版了十余部著作和 500 多篇科学论文和报告，其中 170 多篇论文发表在国际期刊上。他的著作包括：《面向生态补偿的生态系统生产总值（GEP）和生态资产核算发展》（2017 年）、《生态安全战略》（2014 年）和《区域生态环境状况评价与生态功能区划》（2009 年）等。他还担任中国生态学学会理事长和国际生态学会常务理事，曾三次荣获国家科技奖励。

詹姆斯·萨尔兹曼（James Salzman）唐纳德·布伦环境法杰出教授，在加州大学洛杉矶分校法学院和加州大学圣巴巴拉分校布伦环境科学与管理学院联合任教。他是首位研究创造生态系统服务市场中法律和体制问题的学者，曾与澳大利亚、加拿大、中国、印度、新西兰和其他国家政府合作，帮助其设计开展生态系统服务付费项目。

萨尔兹曼博士的研究领域包括饮用水、政策工具制定，以及生态保护和贸易冲突等，著有 90 余篇论文和 10 余部著作，其著作已被下载 10 万余次。他积极参与各类环境委员会和政府政策机构的工作，并在美国国家饮用水咨询委员会（美国环境保护署报告下属机构）和贸易与环境政策咨询委员会任职。他的著作《饮用水的历史》（2012）读者广泛。

格雷琴·C. 戴莉（Gretchen C. Daily）美国国家科学院、美国人文与艺术科学院和美国哲学学会院士、斯坦福大学环境科学冠名教授、斯坦福伍兹环境研究所高级研究员、保护生物学中心主任、自然资本项目的联合创始人。自然资本项目是一个全球伙伴关系项目，主张通过创新，在政策、金融和管理方面明确和系统地重视自然。戴莉博士的跨学科研究侧重于：①协调人与自然在生物多样性动态和生态保护、土地利用和农业，以及人类生计发展等方面的关系；②生态系统为人类健康、繁荣和福祉提供的价值；③实现包容性绿色增长的政策和金融创新。她在全球范围内与决策者在关键项目领域开展合作，共同开发实用工具和广为采用的方法。

戴莉博士发表了数百篇科学论文和科普文章，出版了十余部著作，包括《自然服务：社会对自然生态系统的依赖》（岛屿出版社，1997）、《新自然经济：探索自然保护的盈利方式》（岛屿出版社，2002）、《自然资本：绘制生态系统服务图谱的理论与实践》（2011）、《农户生计与环境可持续发展研究》（2017）和《一棵树》（2018）等。